東西を繋ぐ白い道

森和朗

鳥影社

出発点

まず最初に、次の二つの文章をじっくりと読み比べていただきたい。

A

ある人が西に向かって百千里の道を行こうとしていたとき、忽然として途中に二つの河のあるのが見えた。一つは火の河で南にあり、もう一つは水の河で北にある。二つの河は、それぞれ幅が百歩で、どちらも深くて底なしであり、南も北も果てしなく続いている。ちょうど水と火の二河の中間に一筋の白い道があって、幅が四、五寸ばかりのようである。この道は東の岸から西の岸まで続き、その長さはまた百歩である。水の河の波浪はこもごも打ち寄せて道をぬらし、火の河の火焔もまた押し寄せて道を焼き、水と火とが互いに交わって、常に止むことがない。この人がすでに広々とした果て知らぬ処に来たときは、だれ一人もおらず、多くの盗賊の群れや猛獣がいて、この人がただ一人なのを見て、われがちに迫ってきて殺そうとする。この人が死をおそれて、すぐ西に向かって走ったところ、忽然としてこの大河があるのを見て、自分でこう思った。「この河は南と北に遠く続き、その際限も見えない。中間に一筋の白い道が見えるが、その幅は非常に狭い。二つの岸のへだたりは近いけれども、どうやって渡ることができようか。今日こそ、きっと死ぬに違いない。もしあと戻りしようとすれば、盗賊の群れや猛獣がだんだん近づき迫ってくるし、南か北に避けて走ろうとすれば、猛獣や害虫がわれがちに自分に向かってくる。また、西に向かって道をたどりゆこうとすれば、おそらく水の河か火の河に落ちてしまうだろう」と。こういったときの恐ろしさはどう言っていいか分からないほどで、すぐさまこの人はまたこう思った。「私はいまあと戻りしても死ぬだろう。とどまっても死ぬだろう。進んでも死ぬだろう。どれ一つとして死を免れることができないとすれば、私はむしろこの道をたどって前に向かって行こう。すでにこの道があるのだから、きっと渡れるであろう」と。

このように思ったとき、東の岸からすぐに人の勧める声が聞こえてきた。「そなたは、ただ心を決めて、この道をたどっていきなさい。決して死ぬようなことはないであろう。もしそこにとどまっていたら、すぐにも死ぬだろう」と。また西の岸に人がいて呼んで言う。「そなたは、一心に正しく念じて、まっすぐに来なさい。私がよくそなたを守ってあげよう。決して水や火の危難がおきることを恐れてはいけない」と。この人は、すでにこちらから行くように勧められ、あちらから来るようにと呼ぶ声を聞いて、即座にこれを自分の身と心に受けとめ、心を決めて道をたどってまっすぐ進み、疑いひるみ退く心を起こすことがなかった。ところが、一歩二歩と進んで行くと、東の岸の盗賊たちは呼んで言った。「おまえは戻るがよい。その道は危なくて渡ることができない。きっと死ぬにちがいない。われらはだれ一人、悪い心をいだいておまえに襲いかかるようなことはしないのだ」と。

しかし、この人は、その呼び声を聞いても振り返りもせず、一心に道を思いつめてまっすぐ進んで行くと、たちどころに西の岸に到着して、とこしえに様々な苦難を離れ、善い友にめぐり会って喜び楽しむことが尽きなかった、という。(1)

B

ある都建てられて平野に置かれ、すべての良き物にて満ちたり。されど、その入口は狭くして絶壁の箇所にあり。右のかたに火、左のかたに深き水あり。その間、すなわち火と水との間は一筋の道なれば、その道は、ただ一人より歩みて過ぐることあたわず。その都、ある人に嗣業として与えられんに、その嗣業を継ぐ者、その前に置かれたる危険を冒して通らずば、いかでそれを継ぐことを得んや。

さらば、この世の入口は狭く、悲しみに満ち、かつ苦しく造られたり。その入口は少なく、悪しくして、多くの危難に満ち、大いなる労苦に囲まれたり。さらに、大いなる世の入口は広くかつ安全にして、とこしえに朽ちざる実をたがわず結ぶ。されば、生ける者このつらく、またむなしき世を経ずば、彼らのために蓄えられたるものを受くることあたわじ。なんじは朽ち果つべき人なるに、何ゆえ心を煩わすや。なんじ死ぬべき者なるに、なにゆえに揺り動くや。なんじ何ぞ、今の世の事にまさりて、来らんとすることを思わざるや。(2)

先に示した文章は、種明かしするまでもなく判る人は多いかもしれないが、浄土教の大成者、善導の有名な「二河白道《にがびゃくどう》」の場面である。

次に掲げた情景は、文語で訳されていてややトーンが異なるが、あまり目に触れるものではない。その出処は旧約聖書の外典、いわゆる「アポクリファ」と呼ばれるもので、『エズラ第二書』という題名がつけられている。つまり、旧約聖書の一部であっても、正式に認知されていないという、いささか身許のあやしいものなのである。

それにしても、冒頭に並べたこれら二つの断章は、書かれた時代も地域もバックグラウンドもまったく違うにもかかわらず、そっくりと言ってもいいほどよく似ているではないか。なにやら恐ろしげな火の河と水の河の真中を一筋の細い道がまっすぐ伸びていて、一歩踏み誤れば転落しそうな危険ものものかは、死を覚悟したかのような人間が、何かに追い立てられるように、ただひたむきに進んでくる。よろめきながらどうやら半ば以上歩いて、ふと前方を見上げてみると、ずっと夢見るまでに憧れ続けてきた光景が、まだいくらか茫洋としながらも、くっきりとした形となって浮かび上がっている。それはこれまでの苦悩をいたわるかのように凝然として聳え、数々の屈辱を振り払うかのように栄光に包まれ、ただならぬ救済を約束しているようではないか。そのうえになお、そそり立つ高みから「最後まで希望を捨てるな、努力を怠るな」と力強く励ます声まで響いてくるではないか！……

ここで、最初の二つの文章をもう一度眺めてみると、それがよく似ているのはまったくの偶然のなせる業とも思われない。さりとて、両者の間に直接の歴史的な影響関係があるかとなると、それもはなはだ突き止めにくい。さらになお、見かけの相似にもかかわらず、両者はそのよって立つ基盤も、それを支える伝統も、とりわけ、それを形づくった思想や宗教は、ただ異質であるというにとどまらず、互いに相対立するようなものがあるような気もしてくる。

この二本の道の根源を探りあてたあと、それらが見かけはそっくりな構図を描きながらも、仏教とユダヤ＝キリスト教というそれぞれの宿命を担って、東と西へと正反対の方向に進んでいった軌跡を歴史的事実によってあとづけるとともに、地球が球形であるが故に近代から現代にかけて、逆方向からやってきたこの二本の道が激しくぶつかり合ったあげく、今ようやく実現しかかっている両者の力の均衡のなかで、どのように共存し、融合する道を見つけていくか——それがいささか野心的すぎる、本書の課題といえば課題である。

東西を繋ぐ白い道

――地球をめぐる思想のドラマ

目次

東西を繋ぐ白い道

――地球をめぐる思想のドラマ

序章　二本の道と一つの橋

〈一〉善導への道　――遥かなる浄土

「二河白道」に至るまで

私たちがつい先ほど見た善導の「二河白道」は、まことによくできた譬喩《ひゆ》であり、説話であり、掌編小説としても読めるが、また、一幅の絵画を見るようでもある。中国にはそれを絵に描いたものは遺っていないが、海を渡った日本では、浄土教の普及とともにその教化を兼ねて、いくつもの絵図がつくられている。あるいは善導の『観経疏《かんぎょうしょ》』の本文を読んでいなくても、絵だけは見た記憶のある人もいるのではないか。

もちろん、善導が独力であのような「二河白道」を構想したのではなく、漢訳された仏典を深く読み込んでいるうちに、そのヒントになりそうなものにあちこちでめぐり会ったであろう。そのうちの一つと見られるのが、四世紀ごろに漢訳された『大般涅槃経《だいはつねはんぎょう》』である。

ある男が旅の途次に盗賊や毒虫に襲われて、通りかかった集落に逃げ込むと、住民はみなそろって避難してしまったらしく、戸はすべて閉め切られて人語はおろか物音ひとつしない。もうこうなったらどこへなりと、ぶっ倒れるまでやみくもに走り抜けていくしかないではないか。

「道に一河に値《あ》ふ。河水漂急にして船筏《せんばつ》有ること無し。怖畏を以ての故に、即ち種々の草木を取りて筏《いかだ》と為す。」このまま追い詰められたら、賊に斬り殺されるか毒蛇の牙にかかるだけだと、いったん死を覚悟した彼はありったけの勇を鼓して、草や枝を寄せ集めたにわか造りの筏に乗り込んで、急流の中に截《き》り進んでいった。疲れ切った手足をばたばた動かして、水を掻き掻きしているうちに、なんとか向こう岸に着いたようだ。

「既に彼岸に達し、安穏にして患《うれ》ひ無く、心意泰然にして恐怖消除するが如し。(1)」

このように九死に一生を得られたのは、仏による救いを念じたればこそであり、とりわけ、「涅槃経」を読誦した功徳であったかもしれない。

盗賊や毒蛇に迫られるのは善導と同じ状況設定であるが、河には道は伸びてはおらず、筏に身を託すより術がなかった。

紀元後二百年ごろに活躍した、インド大乗仏教中観派の祖とされる竜樹に、『大智度論』という文字通りの大著がある。ここには河と道がワンセットになって出てくるが、その叙述はまことにあっけない。

「譬えば人の狭き道を行くに、一辺は深水、一辺は大火にして、二辺倶《とも》に死するが如し。有に著し、無に著する二事は、倶に失あり。(2)」

インド仏教では、個我や魂や物質は存在するか否か、つまり、「有」と「無」が大論争点になっていたが、ここで竜樹が言わんとしていたのは、有でもなく無でもなく、その中道を実践すべしということであろうか。

善導が示唆を得たのは、おおよそこのようなものであるが、それらに比べたら彼の「二河白道」のイメージは極めて鮮烈であるばかりでなく、その含意するところは深刻かつ切実である。あの白道の両側に迫っているのは、怒りの火と貪欲の水であり、それらは風波に煽られて絶えず細い道を浸蝕しており、そこを通りかかる人間が少しでも気を緩めたら、たちどころに呑み込んでしまう。彼が思いをこらしているのは仏教の抽象的な問題ではなく、彼が恐れているのは三悪道や輪廻などの神話ではない。彼が直面しているのはもっと個人的で内面的な迷いや苦悩であり、さらに言えば、道徳的で実存的な抜き差しならない問題なのである。

いまこの路上で突きつけられているのは、自分で自分の感情や本能を制御できるかどうか、つまりは、自力救済のための覚悟と能力であるのだ。

怒りと貪欲の自己制御

善導が言わんとするところは、これまで見てきたような「二河白道」に尽きるものではない。彼にはもっと別の、あるいは、もっと重いかもしれない狙いがあった。彼の視野にあったのは、自分で難局に対処できる聖者や達人だけではなく、世間にごろごろしている凡人や愚者たち、つまりは人間一般というものなのだ。

善導はとりあえず『観無量寿経』の記述に沿って、人間一般を上中下の三品《さんぼん》と、そのそれぞれの三種の合わせて九つの品級に種分けする。ピンは上品上生《じょうぼんじょうしょう》からキリは下品下生《げぼんげしょう》までの九品である。そして、このような区分ができたのは「釈尊の教えに遇《あ》う縁が違うからにすぎない」として、こう続ける。「上品の三種の人は大乗に遇った凡夫であり、中品の三種の人は小乗に遇った凡夫であり、下品の三種の人は悪に遇った凡夫である。(3)」すなわち、上品だの下品だのと言っても、人間としての品性や素質が違うのではなく、ただ偶然のめぐり合わせによるにすぎないのだ。こうしたあとで、彼が最も熱い視線を注いだのは、最下位の下品下生である。「これはとりもなおさず、五逆などを犯す重罪の凡夫である。(4)」

五逆というのは、父と母を殺すという普通の刑法の重罪ばかりか、阿羅漢を殺したり寺院や仏像を破壊するという仏教に対する重大な犯罪である。ただの凡人ではなく、このような大悪人は阿鼻地獄へ落されて永遠に苦しめられるのは当然の報いだとされてきたが、「このまま見捨てて迷いの世界に流転させることはできない」として、阿弥陀如来は「このような者をもおさめ取って往生させる」と善導は書いているのである。

もしかくのごとく最下で最低の者まで浄土に往生できるとするなら、あらゆる凡夫はその罪の軽重を問わず、極楽行の切符を手にすることができることになる。しかし、このような者たちに、菩薩になろうとする者たちがやっているような苦行を課すのは、とうてい無理だとして、ただ「南無阿弥陀仏」の六字名号を称えるだけで立派な資格ができるとまでするのである。これは有難すぎてちょっと信じ難いではないか。

ブッダの慈悲はあまねく全人類まで及ぶという仏教的な平等主義、いや、徹底した民主主義かもしれないが、その有難いご利益にあずかるのにわずか一度か二度の称名念仏だけでいいのだから、少し呪術のにおいがしないでもない。それになお、先ほど見たばかりの「二河白道」図から引き出される怒りと貪欲の厳しい自己制御と、このような安易な称名念仏による万人救済というのは、どうもしっくり嚙み合わないような気もする。

善導の主観的意図を推察すれば、この感情と本能のセルフ・コントロールと称名念仏とは、深いところで繋がっているのだろう。というのも、念仏による救済を押し拡げていって、なおかつ念仏倒れにならないためには、帰依者の内面を強く引き締めていかなければならないからだ。

善導がなしとげようとしたのは、仏教信仰の自力と他力、自利と利他の矛盾を、その柔軟な教義によって突破しようとすることではなかっただろうか。

ブッダの歩んだ道

善導が称えた浄土教についてざっと見てきたが、もちろん、それは仏教の開祖であるブッダ＝釈迦にまで遡る。「二河白道」にしても万人平等にしても、その教えの源泉はブッダその人にあったのだ。

ブッダが弟子や修行者たちに説き聞かせ、彼らが記憶にとどめたのを文書化したものが、原始仏教と言われるものである。そのなかでも最も古いとされる『スッタニパータ』（中村元の邦訳では『ブッダのことば』）には、早くもこんなくだりが出てくる。

「わが筏はすでに組まれて、よくつくられていたが、激流を克服して、すでに渡り終って彼岸に到着している。(5)」

もうこれは私たちにはなじみになった光景であろう。

また、同じ原始仏典の『ダンマパダ』（『法句経《ほっく》』）とも呼ばれているが、中村元訳では『真理のことば』）にも、こんな言葉が見つかる。「思慮ある人は、奮い立ち、努め励み、自制・克己によって、激流も押し流すことのできない島をつくれ。」ブッダはこのように自助努力を強く求めているのである。

「情欲に等しい火は存在しない。妄執に等しい河は存在しない。」[6]

ここには、「二河白道」図が目に浮かぶようではないか。まだ浄土は明確な形になっていないが、欲望にまみれた現実の彼方にある遥かな天や地上に、ブッダは光に満ちた清澄な場所を捜し求めているのである。

苛酷とも見える節制や苦行で鍛えあげたブッダの身体も、齢八十を迎えるとさすがに衰弱が目立ってきた。死が近づいていることを悟った彼は、弟子や修行僧たちと共に人生で最後の旅に出かける。在俗信者の多く住む村々や、托鉢や布施で支援してくれた有力者たちの林苑などをめぐって、請われるままに別れの説教もした。豊かに賑《にぎ》わう都市の郊外も訪れて、かつて教えたことのある遊女のマンゴー林にもとどまった。麗しく飾られた馬車からあでやかな姿を現わした遊女アンバパーリーは、こころづくしの美味な料理でブッダたち一行をもてなしたのは言うまでもない。

こうして様々な人たちに会い、わずかずつながら様々なものを食べ、心に思いつくことがあったら説教で話したりして、村々や町々をまわっているうちに、ブッダの身体はますます衰弱して死を受け入れる決意をかためた。そして、チャーパーラ霊樹の下で生命の素因を捨て去ったとき、大きな地震が起きて大地が揺れ動き、山々の稜線をまばゆい稲光が走り、神々の天鼓は破裂した。ブッダはついに煩悩の残りのないニルヴァーナの境地に入ったのである。

気力をふりしぼってなおも旅をつづけ、一行は鍛冶工の子のチュンダの住む村にたどり着いた。何度も教えを聴いてブッダを慕うようになったチュンダは、まさに愛弟子のような存在であった。朝まだき、衣をととのえ鉢を携えたブッダが、一行と共にチュンダの家におもむくと、特別にあつらえた茸料理を彼に差し出した。瞑想するようにそれをゆっくり味わいおわると、激痛がブッダを襲った。口から血を吐きながらも、彼はあわてず騒がず、じっとその苦しみに耐えた。

下痢がやまないうちにブッダは次の町へ移動し、その途中で河から汲み取ったばかりの冷たくて、清く澄んだ水を飲みほした。なんとか一息つくと、あの鍛冶工の子のチュンダのことが気にかかってきた。経済的にはかなり恵まれているものの、階級差別のうるさいインドのカースト社会にあって、チュンダは下から二番目の身分に属していたので、おまえが尊師を殺したのだ、とまわりから責め立てられないかと心配したのである。そこで、秘書で介添え役のアーナンダを呼んで、ブッダは次のような言葉をチュンダに伝えるように命じた。

「友よ、修学完成者は最後のお供養を食べてお亡くなりになったのだから、おまえには利益があり、大いなる功徳がある。……この二つの供養の食物はまさに等しい稔り、まさに等しい果報があり、他の供養物よりもはるかにすぐれた大いなる果報があり、功徳がある。その二つとはなんであるか。修学完成者が供養の食物で無上の完全なさとりを達成したのと、煩悩の残りのないニルヴァーナの境地に入られたのとである。……鍛冶工の子である若きチュンダは、寿命をのばす業を積んだ。容色を増す業を積んだ。幸福を増す業を積んだ。名声を増す業を積んだ。天に生まれる業を積んだ。支配権を獲得する業を積んだ」のだと。(7)

ブッダが生きていた時代のインドは、宗教指導者のバラモンを頂点とする厳格なカースト社会であったが、そうしたなかからチュンダに代表される金属加工などの手工業者が財を蓄え、物の動きが活発になって商人も台頭してきて、経済力を背景にしてそれぞれに発言を強めつつあった。あの不変不動のごとく見えたバラモン制度に、動揺の兆しが見えてきたのである。

ブッダの見るところ、このような差別構造の根源は、バラモン教が正当化する差別意識にあったから、彼は何よりも人間としての能力や尊厳の平等を訴えて、その差別意識を打ち砕こうとした。そして、生涯の最後の最後になって、自らの死を通して年来の平等の主張を貫こうとしたのだ。あの柔和そうな表情にも似ず、ブッダの精神力は鋼にもまして強かったのである。

生前からブッダの支持者は拡がりつつあったが、彼の死とともに信者は爆発的に増えたばかりか、仏教教団の指導者はもとより、世俗的なリーダーも育っていった。そして、紀元前三世紀半ばに、広大なインドを初めて統一したマウリヤ朝のアショカ王がブッダの教えに帰依して、仏教を保護しながらその普及に絶大な力を貸したのである。あのカースト制度も数世紀の間とはいえ、その根元からかしいだのだ。

ここで、改めてあの善導の極端とも見えた平等主義の教えを思い起こしてみると、それはブッダの平等主義にまっすぐ繋がっているようではないか。しかも、それは内面的な厳しさや自己省察に裏打ちされていて、衆生に迎合するような浮わついたものではなかったのである。

そういえば、毎日『阿弥陀経』を読誦すること三ないし十遍と言われていた善導も、意外と世俗に対する確かな目を持っていたようである。彼には「三福」という考えがあって、そのうちの「行福」は大乗の実践に、「戒福」は仏教の戒律の履行にあてているが、三番目の「世福」は文字通り世間的な幸福を目指すものである。そして、前に見た「九品」のなかの「中品下生」に、この「世福」を追う凡夫を割り込ませているのである。

もともと『観経』の九品往生説というのは、官吏を登庸するための「九品官人之法」を範に取ったものだとも言われるが、もしかしたら、善導は、儒教に基づく緻密にして壮大な官僚制度に、なに食わぬ顔をして爆薬を仕込んだのではあるまいか。

浄土というのは何億か何兆由旬《ゆじゅん》もの彼方にあるものではなく。私たちのすぐ身近にあるものかもしれないのである。

〈二〉エズラへの道　――幻のエルサレム

廃墟になった神の都

ここで出発点に戻って、〈B〉として提示した文章をもう一度読み直してみよう。

そのなかで特に目を引くのは、絶壁の上の平らな場所に建てられている「都」である。そこには「良き物が満ち」ていて、ある人たちに「嗣業」つまり遺産として与えられているのに、その相続者はどうやらそれを受け取れそうもない。「このつらく、また空しき世を経ずば、彼らのために蓄えられたるもの受くることあたわじ」なのである。

ところで、この文章の筆者は「エズラ」と名乗っているが、それは偽名ないし仮名であり、エルサレムを再建した立役者として歴史に名を残す本物のエズラよりは、六百年以上も後のユダヤ人であるとされている。しかも、紀元後八〇年前後に書かれたあとに何人もが手を加えて、現在のような形で世に出たのは一二〇年ごろではないかと言われている。とすれば、あの「都」とはユダヤ人たちの聖都エルサレムということになるが、この文書がまとめられた時期にはすでにローマ人によって破壊されていて、あと十五年もすればまたまたの敗戦で廃墟同然になってしまう運命にあった。

地中海世界の覇者となったローマ人は、唯一絶対神ヤハウェの本拠地たるユダヤを支配下におさめたが、その神に敬意を表わさないローマ人に対する不満や敵意がくすぶり、預言者や救世主メシアを自称する者たちが続出してそれを煽ったために、騒動が絶えなかった。紀元六四年から六六年にかけて散発的な蜂起は本格的な反乱となり、ついにローマ軍が鎮圧に乗り出した。地方の拠点を潰したあと、精鋭の四軍団がエルサレムを包囲して飢餓で締め上げてから、巨大な石砲や破城槌で城壁を崩し、いくつもある門をこじ開けた。

なだれ込んだローマ兵によって神殿に火がつけられ、神の住まいとされた至聖所も天を衝く炎を上げて崩れ落ちた。宝庫も荒らされて、金塊はもちろん黄金の燭台や香炉なども持ち去られてしまった。

ぐうの音も出なくなったかと思われたが、さすがにしぶといユダヤ人だけあって、密かに反抗の火を燃やし続け、第一次戦争から六十年後に、「星の子」を称するバル・コクバを首領に押し立てて最後の決戦を挑んだが、今度も無残に捻じ伏せられてしまった。その戦果といえば、多数のユダヤ人の虐殺と辛うじて生き残った者たちの奴隷化や追放ぐらいのもので、あの「神の都」と讃えられたエルサレムも、「浄土」のような幻の存在になってしまったのだ。

神への嘆き節

このようなユダヤ人をめぐる歴史を頭の片隅に置いて、『エズラ第二書』を読むと、色々なことが発見できる。

主の御言葉が私に臨んで言った。――「彼らの先祖たち我を忘れ、異なる神々に犠牲を捧げたれば、彼らの罪彼らのうちに積りたり。」おまえたちがいま逆境にあるのは、おまえたちの罪のほかにも、先祖代々の罪が重なっているからだ。――「なんじら我に供え物を捧ぐるとき、我わが顔をなんじらよりそむけん。(8)」どんなに食い意地が張っていても、神にも意地というものがあるらしい。

この文章は、神ないしその代理としての天使とエズラとの問答によって進められていく。それは神とエズラの怨みつらみとの応酬のようである。

エズラは言う。――「なんじすべての民の群れのうちより、一つの民をなんじのものとなしたまえり。……いかなればこの一つの民を多くの民に与え、一つの根を他のものにまさりて辱め、唯一のなんじのものを多くのもののうちに散らしたまいしや。(9)」さすがの全能の神も、これには簡単に答えられない。

エズラはかさにかかって言う。――「アダムより生まれたる他の民らにつきて、彼らは何者にもあらず、唾液のごとき者なりとなんじは宣《のたま》えり。……今この無きがごとくみなさるる民、我らに権力を振り回し、我らを食い尽くさんとす。……もし地、我らのために造られしならば、いかにして我らこの世を継ぐものとはならざる。ああ、これらのこと、いつまでかくあるべきか。(10)」

エズラの追及にたじたじになりながらも、神はこう答えた。――「なんじの思いしことを熟考せよ。それは、得るに難きものを得し者は、あまたなるものを持つ者にまさりて、その喜び大いなればなり。……我はわずかなる救わるる者のために喜ばん。……滅びに至る数多くの者のために、我は悲しむことをせじ。[11]」

　しかし、エズラの神に対する反発はますます強まる。——「すべて生まれし者は嘆き悲しみ、四つ足の獣と群れとは喜び呼ぼうべし。彼らは我らよりいたくまさる。……我らが世に生き残り、いとはなはだしき苦しみにあわせらるるは、我らに何の益するところかある。[12]」これはユダヤ＝キリスト教の文献ではめったにお目にかかれない、本物の絶望ではないか。

　エズラの嘆き節はとまらない。……「今の時悲しみのうちに生き、死して後、罰を待つすべての人は、何の良きことかあらんや。」

　現世においてさんざん苦しめられたあげくに、死んでからもやれ最後の審判だの、地獄堕ちだのともっと惨めなことになる。——「汚さるることなき実を持つ富と癒しとに満ちたるパラダイス示さるるとも、我らこれに入ること得ざるべし。そは、我らふさわしからざるところに住みいたればなり。……大いなる労苦もて造られしものを、なんじにわかに、またすみやかに滅ぼしたもうとせば、何とてこれを造りたまいしぞ。[13]」

　これは全能の創造者に対する最もラディカルなプロテストではないか。

　そんな拒否反応を無視するかのように、神の答えは相変わらずワンパターンである。

「わが愛するにまさりて、なんじはわが造りしものを愛することあたわず。……滅びる者の群れにつきて何をも問うな。彼らも自由を受けたれど、彼らいと高きものを軽んじ、その律法を罵り、その道を離れたればなり。……彼らその心のうちに、神なしと言えり。[14]」

　神なる我には何らの落ち度はない。すべては我をよろしく崇めず、よろしく仕えなかった人間が悪いのだ。なんじらがどんなにもがき苦しもうと、それは自業自得というものなのだ！……

以上に見たように、この『エズラ第二書』には、ユダヤ＝キリスト教の神ヤハウェの全能を疑うという意味での異端臭がぷんぷんしており、そのせいか、内容の重要さにもかかわらず、神学者はもとより思想家からもほとんどまともに扱われていない。それでも、このいわくつきの文書が「外典」として残されたことだけでも、もって瞑すべきかもしれない。

焼き尽くす嫉妬の火

この文書も終わりに近づくと、神の怒りは選民たるユダヤ人から一転して、その選民を生け捕りにして奴隷のように虐待しているバビロンに向かう。

「災いなるかな、なんじバビロンおよびアジアよ。……主なる神、災いを送りたまわば、誰かこれを追い払いえん。火は主の怒りによりて出でん。誰かこれを消し得んや[15]。」

ここまできてやっと、エズラの出発点に「火」が出てきたことが納得できる。あそこではその火はエルサレムを焼くものであったが、いまやそれはバビロンを焼き滅ぼすものである。いずれにせよ、それらは「神の怒りの火」であることには違いがない。

そういえば、善導の「二河白道」にも「火の河」が出てくるが、そこでの火は怒りではあっても、自分の心のなかでの我がままや悪への衝動に対する怒り、つまり、怒りに対する怒りである。我がままや悪への衝動は完全に鎮めることはできなくても、自分の意志の力でできるだけ抑制しようとするのである。もっと言えば、彼の悪への怒りは、慈悲と微妙なバランスを保っているのである。

これに反して、ユダヤの神の怒りというものは、悪そのものを徹底的に殲滅しようとする。もしその悪が自己に害悪を及ぼしたり、自己の存立を脅かすようなものであったら、それへの怒りは自己防衛的なものとしてある程度までは容認できるが、神の怒りは、何であれどんな些細なものも容赦しない。神の厳しい掟と監視の前では、どんな言い訳も通らないのである。

それどころか、神の怒りは、悪そのものよりも善なるものに向かってより激しく爆発する。ここで、善なるものとはより優れたものと言い換えてもいいが、自分より優れたものに対する怒りとは、普通「嫉妬」と言われるものである。まさしく、ヤハウェなる神は嫉妬の権化であり、彼の嫉妬深さは古今東西に卓絶しているではないか。

もしあるユダヤ人がヤハウェ神から浮気して、他の神々に色目を使ったりしたら、そのうえ、それらの神々の偶像を作ってその前に跪《ひざまず》いたり、香や生け贄を捧げて礼拝でもしようものなら、それはとりもなおさず他の神々をヤハウェよりも「優れたもの」として広告することであり、ヤハウェは嫉妬の火だるまになって、怒り狂うほかはない。もしそのような不埒《ふらち》な者が彼の力の及ぶ範囲にいたら、皆殺しになるのは免れないし、呪詛や悪口雑言が天からここぞとばかりに降り注いでくるだろう。

悪というものはそんなに数多くないが、ヤハウェより優れたものは数限りなくあるから、善には際限がないことになる。ということは、ヤハウェの怒りは際限がないことにはならないか。

まだこの段階では、神の嫉妬の対象とされるのは、神から選ばれたユダヤ人に限られているが、キリスト教の勢力伸長とともにそれが世界中に広がっていったら、私などもこんな呑気なことは言っていられない。

ところで、私も必要があってときどきは旧約聖書に目を通すこともあるが、そこでやたらと目につくのは、やはりヤハウェの嫉妬である。論より証拠、少しその例を拾ってみよう。

まず「モーセ五書」の一つとされる『申命記』には、こう書かれている。――「いかなる形の彫像であれ、自分のためにそれを作ってはならない。それはお前の神ヤハウェが命じたもので、おまえの神ヤハウェは焼き尽くす火、嫉妬の神だからである。[16]」

ここでは、ヤハウェはそのものずばりに、「焼き尽くす火、嫉妬の神」とされている。また、同じ『申命記』にはこんな箇所もある。――「おまえの神、主は焼き尽くす火であって、おまえの前を進まれることを知らなければならない。主は彼らを滅ぼし、彼らをおまえの前に屈服させられるであろう。[17]」

このほかにも、預言書の『ダニエル書』には、こんな言葉もある。――「日の老いたる者（神）の前から、一筋の火の河が流れ出た。……獣が殺され、その死体が滅ぼされて、燃える火に投げ入れられた。[18]」

キュロス大王による捕囚民の解放

このあたりで、バビロンに対する神の怒りに視線を移すことにするが、それには少しその前史に触れておかなければならない。

豪華絢爛さをうたわれたソロモンの神殿も、発掘調査でそれほどの規模ではないことが判ったが、そのソロモン王の死後、彼の王国は南のユダと北のイスラエルの二つに分裂した。小さくなった二つの王国は、互いに抗争を繰返すとともに、それぞれも内訌《ないこう》が続発して急速に弱体化していった。そんなところへ、軍備を整えた大国のアッシリアが北から侵攻してきたから、北のイスラエルはひとたまりもなく蹂躙されたが、南のユダは宝庫に隠していた金器や銀器で進攻軍の将軍を買収して、ひとまず事なきを得た。

ところが、それから百五十年ほどたった紀元前五八六年に、今度はメソポタミアの新興大国バビロニアがユダ王国を狙い撃ちにして、エルサレムの神殿は見るも無残に破壊され、大量の金銀もろともに、生き残った人のうち役に立ちそうな者はごっそり首都のバビロンに連れ去られてしまった。これが世に名高い「バビロニア捕囚」というものである。そして、そのうちの一人に本物のエズラがいたのである。

捕囚者はそのままバビロニアの地に埋もれてしまいそうになったが、それから五十年近く過ぎて、東のペルシア高原からみるみる勢力を伸ばしたペルシア軍が、キュロス二世に率いられてユーフラテス河を渡って、新バビロニアに猛攻を加えたあと、バビロンに無血入城した。しかし、キュロスは多くの神殿はもとより住居も保護して、略奪を禁じたのである。

後になってキュロス大王と称えられるこの征服者は、史上稀にみる名君で、その噂を伝え聞いたプラトンは、後期の大著『法律』のなかで彼のことを次のように書いている。


ペルシアは、キュロスの統治下では、隷属と自由を他のときよりずっと適量に維持しており、その時期にはまず自分が自由になるとともに、やがては他の多くの国々の主人になった。それというのも、支配にあたっては、被支配者たちに自由を分かち与え、彼らを同等に扱ったから、兵士たちは指揮者たちにいちだんと親しみを覚え、危険にのぞめば進んで自らを差し出したからである。さらにまた、彼らの間に誰か思慮に富み、審議の能力のある者が現われると、王はこれに嫉妬を抱くどころか、言論の自由を許し、何事にもせよ有能なる協議者を名誉あつく迎えたので、そういう者は、その思慮の才能を公共のものとして広く公に役立てたからだ。こうして当時にあっては、自由、友愛、知性の共有のおかげで、万事が彼らに進歩をもたらしたのである。(19)

ここに描かれたキュロスの度量の大きさと、寛容の心の広さを前にしたら、何にでもすぐ嫉妬に走るかのヤハウェの狭量さが、いやでも引き立つではないか。

ここで、キュロスについてのもう一人の証人として、プラトンと同じようにソクラテスの弟子であり、ペルシア軍の傭兵隊長になったこともあるクセノポンに立ってもらうことにしよう。

支配権を獲得するのは偉大な行為であるが、獲得したものを保持し続けるのは、はるかに偉大な行為である。支配権の獲得なら、大胆さを示すだけの者によっても獲得されることはよくあるが、その獲得したものを維持し続けることは、もはや節度と自制と十分な配慮なしには不可能なのだ。(20)

帰還したエリートによる強制離婚

大王キュロスは、ただの征服者ではなく、古来ギリシア人が尊重してきた諸々の徳を有り余るほど備えた、理想的な政治家だとして高く評価されてきた。

もちろん、彼の軍事的な能力も並外れたものであった。バビロニアを攻略したあと、キュロスは西はメソポタミアからシリア、北はカスピ海沿岸、東は中央アジアからインダス河流域まで短期間で平定して、その広大な領土を帝国として統一したのである。その上になお、彼は服属した民族の宗教には干渉せず、それぞれの神々を信ずるに任せたのだ。

とりわけ、このようなキュロスの寛大さの恩恵にたっぷりとあずかったのは、バビロニアに囚われていたユダヤ人たちであった。彼らは彼によって解放されたあと、故郷に帰ることを許されたばかりでなく、侵入したバビロニア王に略奪された金銀の財宝を返されたうえに、破壊されたヤハウェの神殿を再建するための費用まで与えられたのである。

キュロスの至れり尽くせりの「配慮」のおかげで、エルサレムに帰還することができたユダヤ人の一人が例のエズラであった。ユダヤ教の祭司にして律法解釈者であり、ペルシア政府からユダヤ問題担当事務官に任ぜられていたエズラは、またたく間に帰還したユダヤ人たちのリーダーにのし上がり、そのたなぼたの権力をいかにもユダヤ人らしく行使した。というのも、うるさいエリートたちがいなくなって半世紀以上、地元にとどまった人たちは周囲に住むカナン人やモアブ人と結婚して、たくさんの混血児が産まれていたが、エズラはその「血の汚れ」を粛清しようとしたのである。「イスラエルの聖なる種は、この地の民に混ざってしまった」と嘆く彼は、「地の民」たちを神殿前の広場に集めたうえで、おまえの神の律法に従わない者には厳罰に処してもいいというペルシア人に認められた権力をかさにきて、いかがわしい妻子と直ちに絶縁するように迫ったのだ。

とどのつまりは、「神の掟を畏れかしこむ人たちの決定に従い、私たちは神と契約を結んで、この地出身の妻子と離縁します」ということになったのである。(21)

神の衣を着たエズラの強引極まる戦法は、かくのごとく見事に成功した。なにはともあれ、彼は「神の燃える怒り」を鎮めることはできたのだ。

負けるが勝ちのヤハウェとユダヤ人

旧約聖書を読むたびに、私には不思議でならないことがある。それはユダヤ人は全能の神、万軍の主を後ろ盾にしながら、エジプトからカナンに進出した直後に弱小の土着部族に勝ったほかは、まともな国の軍隊には連戦連敗でありながら、ヤハウェ神に対する信仰は強まりこそすれ、衰えることはなかったことである。

地中海周辺のどの民族にもそれぞれに守護神なるものがついていたが、もしその支援を受けながら一敗地にまみれたら、もはや守護神の資格なしとして、その神への信仰をあっさりとうち切るか、他のもっと頼りがいのある神に鞍替えするのが通例であった。それなのに、ユダヤ人の神だけに限って、どうしてこのような憂目にあうことがなかったのか？……

このような異例の結果は、ユダヤ人の神の異例さと、ユダヤ人の性格の異例さが重なってもたらされたのだ、ぐらいしか私には考えられない。

その異例さの一つは、ヤハウェが「唯一神」であることにある。ヤハウェは宇宙にただ一つの神であるからには、ヤハウェを見限るか、見限られるかしたら、ユダヤ人はもう金輪際、神というものから見放されてしまうのだ。

その二つめは、ヤハウェの全能性にある。全能のヤハウェは負けるはずがない、いや、絶対に負けることができない。そんなヤハウェが現実に負けたとしたら、ヤハウェに何か弱点や欠陥があるからではなく、それはあげてヤハウェを担ぎ上げているユダヤ人の負い目による。ユダヤ人がヤハウェの教えに背いたり、その律法を忠実に守らなかったり、他の神によろめいたり、生け贄をけちったりしたから、ヤハウェはわざと手を抜いて、ユダヤ人が負けるように仕向け、手ひどく懲らしめたのである。

このようなユダヤ人とヤハウェの異常なもたれ合いがあるからこそ、ヤハウェは負ければ負けるほどその唯一性と全能性が強まり、それに対するユダヤ人の信仰や依存性が抜き差しならなくなって、どこまでも負けるが勝ちということになるのではないか。それは一種の定性的進化というよりも畸形的進化であり、アンモナイトのようにいつかは行き詰まるとしても、いつになるかは予測しにくい。

ヤハウェには、まだもう一つの奥の手がある。それはある目を瞠るような奇蹟に近いようなことが起こったら、それはすべてヤハウェの手によるのだ、とすることである。その実例を、最大の預言書である『イザヤ書』のなかで見ることにしよう。

ヤハウェはこう言われる。その油注がれた者キュロスについて、「私は彼の右手を握り、彼の前に諸国を下らせ、王たちの腰から帯を解き、彼の前に両の扉を解放し、諸々の門を閉ざせないようにする。私はあなた（キュロス）の前を歩み、険しい地を平らにし、青銅の扉を打ち破り、鉄の閂《かんぬき》をへし折る。(22)」

これでは、あのキュロスの歴史的な偉業も、みんなヤハウェのお手柄だということになるではないか。このような横取りやすり替えもヤハウェの得意技の一つなのだ。そのくせヤハウェは、「私のほかに神はいない。私はあなたに力を帯びさせるが、あなたは私を知らない」などと嘯《うそぶ》いている。

客観的に見れば、ユダヤ人を救い出したのはヤハウェではなく、ペルシア人の帝王キュロスであった。真に「油注がれたもの」にあたるのは、キュロス以外にはいない。もしキュロスによる解放とエルサレムの再建がなかったら、アッシリアに滅ぼされたあと、「地の民」と混血してしまったサマリアと同じように、ユダヤ民族もユダヤ国家ももうとっくの昔に消えてしまっていたかもしれない。

話がしばらくエズラから逸れてしまったが、ユダヤ人の大物心理学者フロイトは、『人間モーセと一神教』にこんなことを書いている。――「歴史的に確認されているが、ユダヤ人類型の固定化は、エズラとネヘミアの改革の成果であった。[23]」

排除と自己隔離

ユダヤ人が今日なおユダヤ人として存続しているのは、エズラと総督として彼を助けたネヘミアの雑婚禁止のおかげであったであろう。とすれば、エズラもまた何滴かの油を注がれていたかもしれない。

現代フランスの研究者ハレヴィの『ユダヤ人の歴史』にも、こんな記述がある。――「混血階層《ハーフ・カースト》の排除は、自国民を周辺の社会から孤立させる決意から霊感を与えられた法を発展させた。それは神の働きのなかにこの法を組み入れるため、すなわち祭司の支配力を強めるためであった。……『地の民』を排除しなければならなかったことが、儀式に狂信を吹き込み、食物の清浄についての妄想を強化し、様々な自己隔離運動を生んだ。[24]」

このように異民族や異人種を徹底的に排除したことで、ユダヤ人が今日なお「純血種」であるかどうかは、かなりあやしいが。（それについて私は旧著『黄金を食う神』でかなり詳しく書いた。）

それにしても、エズラにとってキュロスの出現は幸運であったが、第二のエズラにはまだそのような幸運は訪れそうもない。とはいっても、思いがけない形で新種の救世主たるキリストが生まれていたようであるが、彼はそれに気づいていたであろうか。

ローマに破壊されたエルサレムは荒れ果てたままで、そこにユダヤ人の姿はなかった。旧約聖書の外典の一つである『トビト書』には、こんなことが描かれている。

サファイアとエメラルドとをもて、エルサレムは建てられ、その城壁は貴き宝石をもて、その塔と砦とは純金をもて、築かるべし。エルサレムの街は、緑柱石とルビー及びオフルの宝石をもて、敷きつめられん。(25)

言葉だけはぴかぴか光っているが、それは浄土にも似た幻のようなものではないか。

〈二〉ゾロアスターによる架橋 ――橋のイメージと機能

ゾロアスターとはいったい何者であろうか？――私たちはその名前ぐらいは聞いたことはある

だろうが、その名前にしてからが、ザラスシュトラやらゾロアステルやらツアルトストラやらといろいろあって、まさか「怪傑ゾロ」ではないかと思う人はいないにしても、なかなかその正体がつかみにくい。それに、いつごろ生きた人なのかについても、一時は紀元前七千年などという説もあったが、いくらなんでも古すぎるとして、紀元前一五〇〇年から一二〇〇年ぐらいという説が有力となった。最近はそれもぐっと引き下げられて、紀元前六〇〇年代ではないかという説も出てきている。

それから、その「ゾロアスター」なる人物の名前がついたゾロアスター教にしても、拝火とか鳥葬とか最近親婚とかのおどろおどろしいイメージがつきまとって、どうせオカルトまがいのものだろうと、その教義に興味を持つ人もあまりいないかもしれない。それでも、ゾロアスター教は善と悪が戦う二元論を掲げる宗教であるとも、歴史上初めて現われた啓示宗教であるとも言われているので、あまり無視するのも気が咎めるという人もいるかもしれない。

ちなみに、あのなんにでも首を突っ込んで正確に知りたがるギリシア人ですら、もしゾロアスターが六〇〇年代の人ならキュロス大王とそれほど離れておらず、そのキュロスについては歴史家のヘロドトスが出生の秘密から業績まで詳しく書き残しているにもかかわらず、ゾロアスターに関してはほとんど触れていない。私が目にすることができたのは、プラトンが『アルキビアデス』のなかで述べた次の文章ぐらいのものである。ペルシアの王子を教育するのは「智慧と正義と節制と勇気において、それぞれに第一人者たるものであるが、そのうちの智慧の第一人者は、ホロマゼスの子ゾロアステルの秘儀を教える。これは神々の礼拝祭式を言うのであるが、またさらに王道についても教える。[26]」

プラトンは伝聞で書いたらしく、父親の名前も正しくないようだ。ゾロアスターの教義は何百年も口づてで伝えられてきたから、その内容を外国人の彼が知れるはずがない。それでもさすがと言うべきか、情報不足にもかかわらず、プラトンはよく急所を押さえている。というのも、ギリシア人の「四徳」のうち、彼は「智慧第一」をゾロアスターに割り当てているからだ。

ゾロアスター教の主神というより最高神は、アフラ・マズダーであるが、それは「全智の神」を意味するといっても、ヤハウェのように全能ではない。すぐ「全智全能」と続けるのは、ユダヤ＝キリスト教徒の習慣づけられた条件反射なのだ。

なんとなれば、この善なるアフラ・マズダーにはどこまでもアンラ・マンユという「悪霊」が対抗するからだ。これら二神は人間の創造以前から存在するものであり、いかにアフラ・マズダーといえどもアンラ・マンユを退治することはできない。ただ持ち前の智慧によってそれを何とか抑え込もうとするだけである。

それでは、アンラ・マンユの「悪」とはいかなるものかと言えば、第一は地球の異変による猛暑や極寒や旱害や、それに洪水や地震や火山の爆発などの、宇宙的・自然的なものであり、第二は貧富の格差や独裁や戦争などの社会的・制度的なものであり、第三は病気や老衰や怪我や死という身体的・生理的なものであり、最後に第四には、我がまま勝手とか、どうしても一番になりたいとか、他人を思うままに使いたいとか、王様として君臨したいとかという個人的・精神的なものである。これら四つの悪のうち、第四のものはともかく、他の三つはいかにアフラ・マズダーが智慧を絞ったにしても、そんなに簡単に対処できるものではない。つまり、アフラ・マズダーは全能からはほど遠いのである。

このように最高神が全智であっても全能ではないというのは、しかしながら、人間にとってはそれほど不都合なことではない。全智と全能の間の空隙は、私たち人間がその智慧や才覚や努力によって、埋めなければならないが、それこそが人間に与えられた自由というものではないか。それでも、この自由をうまく扱えなかったら、人間はその空隙の底に嵌まり込むことにもなりかねない。

この善悪二元論のほかに、ゾロアスター教にはもうひとつ魅力的な考えがある。それはアシャ＝「天則」と言われるもので、文字通りには天の規則正しい運行のことであるが、それは同時に人間にとっての真理であり、公正さであり、法である。そして、その反対がドゥルジと呼ばれる「虚偽」であるが、もし人間がその虚偽にのめり込んでしまったら、社会が動揺するばかりでなく、天の運行までが乱れてしまうのである。

以上挙げた二つが、私にはゾロアスターの思想と宗教としてのゾロアスター教の核心をなすように見えるが、その全般を論ずるに足る知識も能力も私にはないので、これからは主としてあの善導の「二河白道」に繋がりそうなものに焦点を当てて、話を進めていきたい。

チンワト橋との出会い

すでに述べたようにゾロアスターは自分の書物を遺さなかったが、長い歳月の間に記憶が喪失されたり、アレクサンドロス大王などの外敵の侵入によってその記憶した人たちが殺されたりして、ゾロアスターの手になるとされた原文の断片も消えてしまった。

そんなところに、紀元後三世紀から四世紀になると、西からはキリスト教が、東からは仏教が流れ込んできて、それらの教典もかなり読まれるようになったためか、当時ペルシアを支配していたササン朝の王権は、まだ記憶されている彼の言葉をかき集めて、それを書物にまとめることを国家事業として推し進めた。そのようにして急遽できあがったのが、『アヴェスタ』と呼ばれるものである。

ところが、そこで使われている言葉はあまりにも古すぎて、学者泣かせの難物であったが、近代になってヨーロッパの学者も加わって解読競争が始まり、そこへ日本から割って入った伊藤義教らも数々の成果を上げたとされる。私たち日本人には幸いなことに、伊藤先生が原典から直接に訳した日本語の『アヴェスタ』があるので、これからはそれに導かれて巡礼の旅に出ることにしよう(27)。

しばらく歩くと、さっそく、ある道に出会った。

天則《アシャ》にのっとって我らに教えてください。御身がウォフ・マナフ（正しい思い）の道だと仰せられたその道をです。サオシャント（庶民を利益《りやく》する者）たちのダエーナー（魂）に辿りつくのも、天則を通して正しく敷設されたこの道によってです。

道とは、アフラ・マズダーよ、智慧勝れてましますアフラの住んでまします真実なる境土に至るものです。

アフラ・マズダーに教えられた道をたどっていくと、予想していたように大きな河が待ちかまえていた。以下に引用するのは、ヨーロッパのゾロアスター教研究の第一人者、メアリー・ボイスの文章である。――「魂が彼岸に至るために渡らねばならない暗い河には、浅瀬または渡し舟といった危険な場所があるという、古い観念があった。これは『アヴェスタ』では、『チンワト・ブルトウ』と呼ばれて、『選別者の渡し』を意味するとされる。[28]」

このような光景は、私たちには既視感があるではないか。たしか原始仏典や『涅槃経』で、同じようなシーンに出会ったはずである。

ここで、『アヴェスタ』に戻ると、案の定というべきか、「チンワト」なるものが出てくるが、今度は「渡し」ではなくて「橋」になっている。――「男子にせよ、あるいは女子にせよ、アフラ・マズダーよ、御身が世の中で最勝のものと認めておわす物を大切にする者、さらには、御身を礼拝するために私が行を共にしようと思う者（信者）、そうした人々全部と共に、私（ゾロアスター）はチンワトの橋を渡ってゆきましょう。」

こうしてゾロアスターと信者は無事に橋を渡っていったが、誰も彼もがこんなにすんなりと渡っていけるわけではない。この橋が「正しい者どもと正しからざる者どもとを区別する」からである。それがチンワト＝検別ないし選取の橋と言われる由縁であろう。

『アヴェスタ』の本文ではこのようにあっさりしたものであるが、その付属文書とも言うべき『ウィーデーウダート』（一種の除魔書）になると、俄然、生き生きしてくる。

人が逝ってのちに第三夜が明けて、曙光がのぼり、安楽に充ちた山々に、よく武装せるミスラ神がやってきて、太陽がのぼるときのこと。ウィーザルシャという魔が、生を破壊する不義者どもの魂を縛って連れてきて、マズダー所造のチンワト橋にやってくる。するとそのとき、からだの美しくて、強く、姿の美しい少女がやってくる。若さを匂わせ、胸衣を着て、くさりをつけ、法術をそなえ、善巧を身につけて。

かのウィーザルシャの魔は、不義者どもの邪悪な魂を暗黒の中へ引きずり下ろす。（その一方で）彼女は義者たちの魂を、山を越えて、チンワト橋を越えて、霊界のヤザタたちの岸に連れていく。

黄金造りの王座へ、宝蔵へ、すなわちアフラ・マズダーの邸、アムシャ・スプンタ（聖なる不死者）たちの邸、その他の義者たちの邸へと。

義者たちの最勝の世界、一切の安楽を与えるものへと。(29)

もはやこれは人間の死後の出来事であるが、群れを成してチンワト橋にやってきた魂たちは、もし義者と認定されれば、浄土を思わせる光明に満ちた世界へとみめ美わしい少女に導かれていくが、不義者と判定されたが最後、地獄のような暗黒の穴の中へ突き落されるのである。

それでは、検別の橋とも言われるチンワト橋は、どのようにして義者の魂と不義者の魂を篩《ふるい》にかけるのであろうか？——それは善きにしろ悪しきにしろ、人間の生前の行為は一人一人がすべて記録されていて、魂たちがチンワト橋にさしかかったときに、差し引きして善が多いか悪が多いかが決算され、その結果によって、彼らの生涯は厳格に清算されるのである。

ところで、直前に引用した文書のなかで、「ハラー山」というものが出てくるが、それは地上の中心にあるとされるイランの神話的な山で、そのまわりを太陽が日ごとに回って、周辺の地域はその位置によって昼になったり夜になったりするという。さらに、あの生前と死後に人々が歩いた一筋の道は、ハラー山を越えて、まるで虹のように天の橋に向かって翔《か》け昇るというのだから、これは壮大極まる宇宙的な構図ではないか。

チンワト橋による検別

これまでに、「二河白道」図にだいぶ近づいてきたが、まだ仕上げが残されている。このどたん場で、もう一度伊藤義教に登場してもらうことにしよう。彼の『古代イラン民族における罪と滅び』という論文には、次のようなことが書かれている。

後期の伝承によれば、このチンワト橋自体が自主的に義者と不義者を検別する。……この橋は、人間が生前に営んだ身・語・意の営為であるように思われる。不義者には刃のように狭くなって、彼らを悪界に転落させ、義者には九槍の広さを呈して、渡ってよく天国に至らしめるのである。橋は自動的にこれを行うかのようであるが、検別者すなわちダエーナー（魂）による「検別」を抜きにしては、橋の作用は考えられない。(30)

チンワト橋にさしかかった魂たちは、その生前になした善と悪の重さを計量され、もし善の方が多いという結果が出れば、たちどころに橋の幅は広くなって、一緒に来た魂たちと肩を組みながら悠々と対岸へ渡っていける。しかし、その逆と判定されてしまったら、橋の幅はカミソリの刃のように細くなって、そこを渡る悪人たちはそよとの風でも吹けば、橋の下に逆巻く流れの底へ転落していくほかはない。

善導の場合は、白道の幅は四、五寸、つまり一五センチ近くあるが、善人であれば救いに確信があるから、一歩一歩踏みしめながらゆっくりと進んでいけば、まず間違いなく対岸に辿りつけるが、悪人であればすぐ下されるであろう罰に脅えて、心がいたく動揺しているから、ほんのちょっとしたはずみで水の河か火の河に転げ落ちることになる。悪人にとっては、白道はカミソリの刃のように細いのである。

善導の「道」が『アヴェスタ』では「橋」に変わっているが、死者の霊魂が通り抜けねばならない試練として、よく似通っているではないか。

ときにゾロアスター教は一神教だと誤解されることがあるが、最高神のアフラ・マズダーのすぐ下には、水の自然の神であるアナヒーター、火と太陽を神格化したミトラが独立した神として控えている。中央アジアのアーリア人から派生したペルシア人は、先史時代から水と火を崇拝して、それらの清浄さを人による汚れから守るべく細心の注意を払ってきた。ペルシア人の心に生きるこれら二神のうち、アナヒーター神はあのハラー山から奔り流れる豊富な水によって穀物や牧草を育てるとされ、また、ミトラ神は料理や鍛冶などの火を使う作業で人間を助けるが、人間の排泄物によって地上が汚染されたりしたら、火山を爆発させて真っ赤に燃えながら駆け下る溶岩流によって、堆積物を一気に吹き飛ばしてしまうのだ。

このように水と火がチンワト橋の下を滔々と流れると想定すれば、もう一幅の二河白道図が描けるではないか。こうなると、これら二つの二河白道は、それぞれがまったく関係なく構想されたのか、それとも、どちらかがどちらかに影響したかということが気になるが、歴史的に見ればゾロアスターは断然古いし、ササン朝時代になって『アヴェスタ』が文書化されてからは、チンワト橋をめぐる説話は中央アジア一帯に拡がっていったと言われるから、私としてはゾロアスターの方に軍配を上げたい。

うっかりして、第二エズラのことを忘れかけていたが、あの「火と水の間の一筋の道」というのは、後半のユダヤ人救済願望とはしっくり折り合わない。著者は魂の救済よりもエルサレムの再建ばかりを気にかけているではないか。彼が書き残したものは、二つの異質なものをデジタル技術で一つの画像に組み合わせたようにも見える。それに、エルサレムが陥落してからは、多数のユダヤ人がペルシアに離散していて、嫌悪しながらもゾロアスターの教えの断片に触れる可能性は大いにあったように思われる。

ところで、つい先ほど顔を見せたミトラ神は、天の高みからすべてをみそなわす太陽神であることから、人間に契約や条約などの約束事を守らせる神にもなっていて、あのチンワト橋のたもとでも見張っていた。そして、通りかかる人たちの魂を秤にかけて誰をアフラ・マズダーの王城に送り込むかを決めているとされた。それでも、日ごとに地球を一周する本来業務のかたわら、橋にやってくる無慮無数の魂たちを一人漏らさず審査するというのは、神といえどもしんどすぎると思われたのか、その仕事だけはミトラの意を受けて、チンワト橋が代行するようになったのであろう。

これは一種の合理化であるにはちがいないが、そうしたことが重なれば、宗教としての内面的な厳しさが緩んでいくから、それが衰退していく兆しだと言えなくもない。

ゾロアスターによる改革

ゾロアスターは、来世の審判ばかりを考えていたわけではない。宗教家としては当然の責務であろうが、当時のペルシア社会の現実にも目をこらしていた。

彼の在世時のペルシアは、牛や羊の飼育が主な産業で、そのための牧場にあまり広くない農地が付属していて、穀物や野菜を作っていた。小規模ながら都市らしいものもできてきて、商人たちも活動を始めていた。アーリア人の定石通りに、神に仕える宗教知識人と戦士が支配階級で、牧羊者や農民や商人や、それに彼らの作業員が第三の身分であったが、実際に社会を支えていたのはこれら第三の身分であった。

ゾロアスターはまず、次のような疑問をアフラ・マズダーに投げかける。——「いずれの地を牧すべきか、牧するためにどこへ行くべきでしょうか。人々は自由民からもアーリア人からも私を遠ざけ、私が行を共にしようとする諸々の労役民も私を満足させません。」ここで「自由民」とは商人であろうし、「アーリア人」は支配階級に属する者である。「不義者が私に加害するために、私を捉えようと思っているときにです。」

まだ駆け出しの改革者であったゾロアスターは、周囲から浮き上がっていて、ただならぬ危機感を抱いている。

当面の彼の最大の敵は、カラバン僧とそれを使嗾《しそう》するカラウィ王侯たちであった。インドのバラモンのように特権にあぐらをかく彼らは、平等を説くゾロアスターの前に立ちはだかって、彼が進めようとした改革を妨害したばかりか、牧場を襲って最大の資産である肥え太らせた牛を武力で強奪したりもする。

「彼ら歓声を上げて牛の生を毀《こぼ》つ者どもに、マズダーは悪しき呪いの言葉をかけ給うが、そういう徒輩どもに、カラバン僧は天則よりも財物を選取し、富裕者の権勢と不義とを選取したのです。」

このような牧畜業者や自由民や労役者に暴戻をほしいままにする者に対して、立ち向かおうとするゾロアスターの武器は、いま改革しようとしている宗教しかなかった。天則《アシャ》に基づく正義を主張し、それを実現しようとするアフラ・マズダーを最高位の神に押し上げることしかなかったのである。

彼はこう訴えた。――「マズダーよ、御身のよき王国の資産は何ですか。御身のものにして天則とともにある資産は何ですか。私の誠実者どもに明示するために私は願うのです。善思の業の助言者として。」

このような「天則とともにある資産」とはどんなものであるかは、何よりもまずゾロアスター自身が説き明かさなければならないものであった。――「天則を護持するために、これを私に授けてください。報応としての財宝を、善思の現世での生活を。」まさしく「天則」とはただの抽象的な公正さではなくて、善なる行い、誠実な労働や優れた着想や共同体への協力などに対する、現実的な応報でなければならないのだ。

善なる行いと善なる思いと善なる言葉は、そして、それらを積み重ねることは、死後に天国へ入場するための切符を手にするばかりでなく、現世においての安楽な生活を保障されるためのものでもあった。ゾロアスターが打ち出した新しい宗教は、このように現世と来世が「天則」を媒介として連結していたのである。

宗教指導者としての彼は、自己の天分と将来への影響力については、かなり楽観していたようである。――「支配者たるものは、義者にとっては憧憬されるべくありたいし、不義者には悪しきものでありたい。僅かな者の支配者であれ、多くの者の支配者であれ」と、ゾロアスターは自信をこめて言っている(32)。

最高神になったアフラ・マズダー

ゾロアスター教は民間の一祭司が唱えたものであり、それまで名ばかり高くても実力のなかったアフラ・マズダーを、伝統的なあらゆる神々を統率する最高神に押し上げた。それればかりか、労役者などもその救済の対象であるとしたことから、そうした下賤な者など見向きもしなかった有力者たちから、疎ましい目で見られ、迫害されてきた。

ところが、キュロス大王によってアケメネス王朝が開かれ、種々の民族や多くの地域を支配する帝国が成立すると、彼の教えに対する風向きが変わってきた。ゾロアスター教は帝国の統治に役立つと考えたのか、三代目のダレイオス一世が、それを国家にふさわしい宗教として推奨するようになったのである。通りかかる誰もが目にすることができるベヒストゥーンの岩壁には、次のような言葉が刻印されているのだ。――「アフラ・マズダーの御意により、余は王である。……アフラ・マズダーの御意によって、これらの邦々は余の律法を尊重した。彼らは余によって言い渡されたごとく、そのとおりに実行した(33)。」

このようにゾロアスター教は特別扱いされるようになったが、それでもキュロス大王以来の寛容の土壌は侵されることはなかった。他の宗教や神々への信仰はそのまま容認されていたのである。そして、このうるわしき伝統は、続くアルサケス王朝からササン王朝へと帝国の支配者が変わっても維持されたのだ。

ペルシアの寛容の恩恵をいちばんたっぷり受けたのは、いちばん不寛容なユダヤ人であった。捕囚者たちがエルサレムに帰還したあとにも、バビロニアには多くのユダヤ人が残っていたが、ローマによる二度目の破壊があってからは、新たに難民となってやってきた。バビロンはエルサレムに代わるユダヤ教の中心地になったのである。

不屈の律法学者《ラビ》たちは、そこから離散したユダヤ人に指令を発するとともに、時代にふさわしいユダヤ教の文書をまとめた。それが「バビロニア・タルムード」と呼ばれるものである。実物のエルサレムが世界から消えてしまったいま、この文書が「紙の上のエルサレム」になったというわけだ。

このタルムードなるものは、ずっと異教徒の目に触れないようにされてきたが、私はたまたま日本語に訳されたその一部を見ることができたので、ここでいくつか拾い出すことにする。

「世界の人類は、イスラエルとその他の民族との二つに大分類される。イスラエルが選民であるというのが、中心的な教理である。」

「橋の上で女に出くわしたら、よけて通るがよい。女のあとから川を渡るものは、来たる世にあずかれない。」これは、すべての悪は性欲から生まれるという考えに関係があるのだろうか。

「ペルシア人が橋を建設したのは、橋税を得るためである。[34]」

あとにあげた二つは、たぶん、チンワト橋をほのめかしているのであろうが、ユダヤ人の手にかかると、あの現世と来世、善と悪の深淵に架かる橋もまるでかたなしである。

ゾロアスター教の遺産

ササン朝時代になると、ゾロアスター教は国教とされたが、外国からの宗教に門戸は閉ざされなかった。そこで、西からはキリスト教が、東からは仏教が入ってきたのである。

キリスト教といっても、マリアは「神の母」なのか「キリストの母」なのかをめぐって大喧嘩して負かされた一派、いわゆるネストリウス派が主流派から追放されて集団でやってきたのである。しかし、異端の烙印は押されてもキリスト教はやはりキリスト教なので、布教に熱心なあまり他の宗教に攻撃を仕掛けてきた。ゾロアスター教の拝火神殿を打ち壊したり祭司たちを襲ったりしたので、一時的に弾圧されたが、しばらく鳴りを鎮めたあとにまた信者を増やし始めた。その余勢を駆って教線をどんどん東へ伸ばしていって、とうとう唐時代の中国で「景教」として定着して、「祆教《けんきょう》」のゾロアスター教と並び称されるようになった。

ところで、キリスト教の本家ともいうべきユダヤ教であるが、一世紀前後もバビロニアに抑留されていたエリートのなかには、宗教としてのユダヤ教の貧困さに物足りなく思う者も出てきた。というのも、背反者に対する神の怒りと選民思想ぐらいしか、ユダヤ教にはこれといった教義は見当たらなかったからである。そこで、バビロニアで見たり聞いたりしたゾロアスター教の思想――人間の死後の魂の救済、天国と地獄、天使と悪魔、救世主の到来、個人の審判と人類全体に対する最後の審判――こういったものをひとまとめに輸入して、ユダヤ教の外見を豊かに飾ったのだ。あのタルムードのなかにも、「ラビたちは主張した。天使の名はバビロニアからユダヤ民族に広まった」と書いているではないか(35)。

キリスト教は、これらの遺産をあのヤハウェ神といっしょに有難く相続したのである。

ところで、ユダヤ教の神は「全智全能」を自称していても、弱小民族のユダヤ人を抱えていたので戦うたびに敗れて、「全能」とはほど遠かったが、キリスト教ともなれば爆発的に信者が増えたばかりか、そのなかにはゲルマンの暗い森の中から出てきたばかりの威勢のいい連中が多数を占めていたので、こうしてキリスト教がにわかに強盛になるにつれて、あのヤハウェ神も遅ればせながら「全能」に近づいていったのである。それに対して「全智」の方はどうかといえば、ゲルマン人はまだ文盲がほとんどで、教会の天井や壁に描かれた絵を見たり、司教の説教に耳を傾けるのがやっとという有様であった。

もっとも、一部の学者たちは文献の不足をかこちながらも、アラビア語経由でギリシアの科学や哲学書を読みかじり、それなりに知識を蓄えていって、なかには実験を試みる者も出てきた。しかし、彼らが「奇蹟」まがいのことをしでかしたら、「神の領分を侵す」として教会からお目玉をくらった。かくして、ヨーロッパのキリスト教世界は、まだしばらくの間、「中世の暗黒」にとどまることになったが、このような「全能」と「全智」の格差と空隙は、いずれ暴力と狂信によって埋めなければならなくなる。

ササン朝文化が爛熟の極みに達した六世紀後半、王は隣接するビザンチン帝国の王との戦いを繰返し、地主や農民を根こそぎ動員したため国力を消耗していった。ゾロアスター教の信仰も形骸化していって、信者たちは祭司による税の取り立てに苦しむようになった。そうして七世紀を迎えると、王の暗殺のあとに王位継承者たちの内部抗争や暗殺が続いているうちに、国境の彼方から新興の意気上がるアラブ軍が押し寄せてきて、どうせ砂漠の追い剝ぎぐらいのものだとたかをくくっているうちに、繁栄した王都のクテシフォンを落されてしまった。そして、六五二年には王をイラン高原北東部のメルヴに追い詰めて殺し、四百年以上も続いた華麗なササン王朝にとどめを刺した。そのうえ、勝利したイスラム教徒は、厳しい一神教を掲げていたので、ゾロアスター教徒は強制されてか、人頭税を免れるためにか次々に改宗して、いともあっさりとイスラム化されてしまったのである。

今ではゾロアスター教徒は世界中で十万人にも満たず、そのうちの六割以上はインド西部に集団移住したパールシー（ペルシア人）の子孫で、本国には三万人もいないという。私は二十年前にイランを旅行して、ゾロアスター教徒がいちばん多く住むヤズドを訪れ、付近の小高い岩山の螺旋状の坂を頂上まで登って、円形の壁に囲まれた「沈黙の塔」とも呼ばれる鳥葬のための塔の内部を覗いてみた。残された骨をそこから下に落としたという中央の丸い穴は土砂に埋まっていたが、まわりの半砂漠から吹き上げてきた冷たい風に、鳥肌が立ったのを覚えている。

その町には小規模ながらゾロアスター教の寺院も残っていて、いまなお聖火が燃え続けているのをガラス窓越しに確かめることができた。

すっかり骨董のようになってしまったゾロアスター教を再興するのは、非現実的なのかもしれないが、ゾロアスターの精神を風化したままにしておくのはまことにもったいない。十九世紀後半に思想なるものが安楽死してから久しいが、これからそれを蘇生させるための賦活剤として、悪の存在を認めつつ人間に限りない信頼を寄せたゾロアスターの教えは、大きな潜在力を秘めているように私には思われる。

沈黙の塔（イラン・ヤズド）
著者撮影

第二章　思想と物流の出会いの場

〈一〉千の都市のバクトリア　――ラクダと馬と自由と

ユーラシア大陸のほぼ真ん中に、文字通り中央アジアが広がる。そこには急峻な山岳があり、深く切れ込んだ渓谷があり、なだらかな高原があり、雪解け水を集めて南北に走る河川があり、荒涼たる砂漠や石漠があり、茫々たるステップや草原がある。それらのものはあるいは障壁となり、あるいは断裂となり、あるいは迷蒙となって、人間の行く手を阻んできた。それでも、人間はその間に何本もの道を拓いて、危険を冒しながら往来するとともに、地域ごとの特色ある産物を運んだ。とりわけ、中央アジアの両端には東に中国、西にはメソポタミアという大文明があり、それらが人と物の動きを活発にして、全体を豊かに潤してきたのである。

このような人と物の動きにつれて、人間の知性や感情や経験を凝縮した思想もまた東西に流れ、互いに模倣したり、対立したり、時には衝突したりもしながら、心の分野で新しい発見を促して、それぞれの地域に住む人たちの生活をより楽しく、より充実して、より公正なものにしていったのである。

キャラバン・ルートの中継地

この節の舞台になるバクトリアは、あまり聞きなれない地名かもしれない。私もときどきバクテリアと間違えるほどである。

どこにあるかといえば、現在のアフガニスタンの北部で、タジキスタンとトルクメニスタンに挟まれていて、南下すればカーブルに至る。そこから有名なハイバル峠を抜ければ、パキスタンのペシャワールからインダス河の上流に出る。

そこは西方から見れば、イラン高原が中央アジアのステップに接続するあたりで、古代ペルシア語で「バクトリアーナ」と呼ばれていた。――「この地域はイラン高原に比べて水量豊富な河川に恵まれている分だけ生活環境がよく、紀元前二千年ごろから先住民がいた。(1)」このような穀倉地帯に住んでいたのがアーリア系のバクトリア人で、ステップから絶えず襲ってくる遊牧民を防ぐために、いくつもの堅固な都市を築いていた。

メソポタミアから地中海東岸一帯を征服したキュロス大王が、このバクトリアに目をつけないはずがない。大軍を派遣して帝国の版図に組み込んだあと、そこを植民地化するために七千人もの貴族を送り込んだ。そこには帝国から追放されて食いはぐれた連中も流れ込んできて、人口が増えるにつれて都市は雑多な人間たちでにぎやかになった。

ところで、バクトリア周辺のステップは良馬の産地でもあり、その別名ザリアスパとは「馬の町」の意味である。そのため古くから中国人にまでよく知られていて、バクトリアは「大夏《たいか》」、その東隣のフェルガーナは「大宛《たいえん》」と呼ばれていた。そして、その草原で肥育した馬は体躯たくましく強靭で、どんなに疾駆しても疲れを知らず、前脚の付け根から血のような赤い汗を流すので、「汗血馬《かんけつば》」とも言われていて、中国史に名高い漢の武帝には垂涎の的であった。というのも、漢帝国は北方の遊牧民族である匈奴にさんざん痛めつけられていて、それを打ち砕くには蒙古馬を寄せつけないほどの、とっておきの武器が必要だったからである。

あのキュロスが古代オリエント世界の覇者になったのにも、このバクトリア産の馬が一役も二役も買っていたであろう。

バクトリアは馬ばかりでなく、良質なラクダの産地でもあった。中央アジアと西アジアはラクダの原産地として知られるが、バクトリアではそのラクダをステップで放牧して育てる家畜化が進んでいた。バクトリアという地名そのものも、褐色の大きなラクダを意味する「ブクティ」から出たとも言われている。

ラクダといえばキャラバンということになるが、「この『カラヴァン』という言葉は、ペルシア語のカルワーンに由来している。カルワーンとは、護衛された旅行者の団体を意味している」[2]ということだそうだ。

そういえば、バクトリアは、中国とローマを結ぶキャラバン・ルートの有数の中継地であった。

自由と自制と

私が馬とかラクダとかにこだわったのには、ちょっとしたわけがある。それは宗祖ゾロアスターにもう一度登場してもらうためであった。

前田耕作氏によると、「ゾロアスターの『アヴェスタ』での呼称はザラシュトラ Zara uštra である。

語頭の zara は詳らかではないが、uštra が駱駝の意であることは明らかである。祖父と父は馬アスパにかかわり、ゾロアスターは駱駝にかかわるが、それらはともに古きバクトリアの徽表《エンブレム》である。(3)」

また、山本由美子氏も、「ゾロアスターの名はおそらく『駱駝を追う者』を意味すると考えられ、その他の彼のまわりの人々の名も馬や牛に関するものが多いので、彼の生まれた世界は牧畜中心の生活環境だったと言えるだろう(4)」と書いている。

となれば、彼の活躍した時期ははっきりしないとしても、生まれ育ったのはバクトリアという説が有力になっているのもうなずけるし、成人してからはペルシア高原からメソポタミアへ降りていったとしても、最後にはまたバクトリアに戻ったのではあるまいか。『アヴェスタ』で彼が使った言葉は、ペルシア語のバクトリア方言だとも言われている。

あのゾロアスターの宗教家とも思えない闊達な言葉は、バクトリアの草原を吹きわたる自由な風のなせる業であるような気もしてくる。『アヴェスタ』のなかで、ゾロアスターは牧畜者にも商人にも労役者にも素直に語りかけていたではなかったか。それでも、彼の説く自由は、ギリシアのポリスに生きる人たちのような、自分の思うことを徹底的に主張したり実行したりするものではない。あの善と悪とを篩《ふるい》分けるチンワト橋の試練を乗り越えてきた人たちだけに許されるような、よく自制の効いた自由なのである。

ペルシアといえば専制国家だと決めてかかっている人には、私たちが前に見たキュロス大王の自由を褒めそやしたプラトンの言葉にも、奇異の感を覚えたかもしれない。これから見るペルシア人の政体をめぐるヘロドトスの議論にも、そういう人たちは違和感を拭えないだろう。

ヘロドトスの『歴史』の巻三には、次のような小説めいた話が出てくる。――キュロス大王のあとを継いだカンビュセスが、エジプト遠征中に子供を遺さぬまま死去すると、ペルシアで留守をまもっていたマゴス僧の一人が王位継承者のカンビュセスの弟になりすまして、まんまと王におさまってしまう。というのも、カンビュセスはその弟が自分に陰謀を企んでいるのではないかと疑って殺したうえで、その事実を秘密にしていた。しかも、それを知っていたマゴス僧は顔が殺された弟にそっくりだったので、彼の偽装は堂々と罷り通ったのである。

この恐るべきすり替えを見抜いた最上流に属するオタネスは、同志六人を募って警戒堅固な王宮に忍び込み、弓と槍で防戦するマゴス僧を首尾よく討ち果たしてしまった。

国家を裏切りから救った七人の義士たちは、国王不在のいま、新しい国家はどのような体制にすべきかについて議論を戦わせた。まずオタネスが口火を切って、「なんらの責任も負うことなく、思いのままに行うことができる独裁制が、どうして秩序ある国制たりうるのであろうか。……大衆による統治は、万民同権という世にもうるわしい名目を具えている」と民主制を推奨した。

次に立った者は、「独裁者の悪逆を免れんとして、狂暴な民衆の暴戻の手に陥ることは忍びえない。……最も優れた人材の一群を選抜し、これに主権を賦与しよう」と寡頭制を主張した。

三番目に自説を披露したダレイオスは、「最も優れたただ一人の人物による統治よりも優れた体制が出現するとは考えられない」として、断固独裁制にすべしと結論した。(5)

このように三つの意見が出されたあと、集まった七人全員がどの案を選ぶか糾されたが、結局、過半数の四人が独裁制に賛成して、一人の王による統治が採択された。そして、その一人には誰を選ぶかについては、騎乗した馬の最初のいななきで決めることにして、巧みに細工したダレイオスが帝王の座に就いた。

ヨーロッパの論者が指摘しているように、これはヘロドトスの頭の中からひねり出されたフィクションであろう。それにしても、議論の進め方といい、内容といい、一世紀以上後に現われたアリストテレスの『政治学』を彷彿《ほうふつ》させるようなものではないか。また、ヘロドトスはその大旅行中にペルシアの政治の中心地バビロンも訪れているから、たとえこれが彼の創作であるとしても、そのなかには何らかの現実が反映しているはずである。私の見るところ、ヘロドトスはペルシアにおける自由にギリシアの自由とは質を異にするものを感じ取る一方、ギリシア人の無分別な自由が祖国を破局に追いやるのを危惧しているような気がしてならない。

ギリシア化したバクトリア

ヘロドトスの予感が的中したというべきか、紀元前三三八年のカイロネイアの戦いで、ギリシア連合軍は隣国のマケドニアに完膚なき敗北を喫して、ギリシアは国家として滅亡してしまった。マケドニアは人種的にはギリシア人に属するものの、まだ自由が完全に開花しきっていない発展途上の国で、その若き指導者たるアレクサンドロスは、武骨でありながらも、まだ柔軟なういういしさが残っていた。

この天から舞い降りたような英雄アレクサンドロスは、紀元前三三四年にボスポラス海峡を越えてペルシア領内に侵攻し、三年後にはガウガメラに追い詰めたダレイオス三世の大軍を撃破して、アケメネス朝ペルシアに引導を渡した。かくして、あのバクトリアも、マケドニア軍とその傭兵隊に占領されることになったのである。

アレクサンドロスはインドに向かって破竹の進撃を続けたが、バクトリアの防備のために二万人もの古参兵と傷病兵を残していった。ひとまず情勢が落ち着くと、いまや亡国の民となったギリシア人がここに新天地を求めてどっと押し寄せてきた。もともとシルクロード上にあって地の利を得ていたうえに、商才に長けたギリシア人が新たに支配層に加わったのだから、バクトリアが繁盛しないはずがない。都市とはいえ田舎の町に毛の生えたようなものだったのが本物の都市らしくなり、あちこちでそれが目立ち始めて、「千の都市のバクトリア」と謳われるようになったのである。

もちろん、ここにはペルシア帝国以来の資産者や商人や土着の農民たちもそっくり温存されていたので、ギリシア人は支配権を握ったとはいえ少数者にすぎなかった。そこで、バクトリアの都市は自由奔放なギリシアのポリスのようなものにはなりようがなく、従来の習慣を維持する保守層が幅を利かしていた。また、ギリシア人はゼウスやヘラクルスなどの神々を持ち込んできたが、住民の多くはここで生まれたゾロアスター教を信じていた。

このような表面的にではあっても、ギリシア人の生きざまや思想がメソポタミアやペルシアや中央アジアのそれと混合したものが、ふつう「ヘレニズム」と言われている。

あのアレクサンドロスは、インドから命からがらバビロンに帰り着いたものの、長期の遠征の疲れが出て三十三歳の若さで世を去り、彼が十年余で征服した広大な領地は三人の将軍に分割された。そのうち中央部分を相続したのはセレウコスであったが、地中海に近い西のシリアに重点を置いたために、東部方面が手薄になったのはいなめない。紀元前二五〇年ごろ、事実上バクトリアの支配者にのし上がっていたギリシア系のディオドトスなる者が、きっぱりと独立を果たしてしまったのである。この新しい国家は、以前のバクトリアと区別して、「グレコ・バクトリア」と呼ばれている。

話がややこしくなって恐縮だが、その西隣のパルチアでも、ちょうど同じころアルサケスなる者がセレウコス朝から独立した。このパルチアというのは、北のカスピ海を発祥の地として、ペルシア系に属しながらも荒々しい気風を残していた。そのため軍事的能力に勝れていたが、どうしたわけか背中合わせのバクトリアとは争わず、ひたすら西へ西へと攻め込んでいって、にわかに膨脹してきた共和制ローマと国境を接するに至った。（これは「アルサケス朝」とも呼ばれるが、その前のアケメネス朝と混同されやすいので、これからは「パルチア国家」、「パルチア朝」と呼ぶことにする。）

さて、あの「グレコ・バクトリア」はどうなったかといえば、セレウコス朝からのリモコンにわずらわされなくなって、東西交易の中継地としての商業活動はますます盛んになり、ますます富裕になっていった。そこで、もはやバクトリアの地には収まり切れずに、南に屏風のように立ちはだかっていたヒンズークシ山脈の間道を抜けて、広大なインダス河上流のパンジャブ平原へとなだれ込んでいった。このようなインドへの侵攻作戦を指揮したのは二代目のデメトリオスで、インダス河の上流から下流にかけての視界から溢れるほどの領地に自由の風をなびかせた。このころが「グレコ・バクトリア王国」の黄金時代で、名実ともに中央アジアの東西南北の十字路になっていた。

さらに、目を南に転ずると、このころ、インド初の統一国家で仏教を保護したアショカ王で知られるマウリヤ朝は没落寸前で、権力の空白が生まれつつあった。それに乗ずるように南西インドの覇者になったデメトリオスの武将の家系のなかから、メナンドロスという王が現われたのである。

メナンドロスと仏教の対話

このメナンドロスは、インド風に「ミリンダ王」とも呼ばれていて、日本ではむしろその名の方が通りがいいようだ。

紀元前二世紀半ばごろ、かのメナンドロスは、当時グレコ・バクトリアのインドにおける拠点となっていたカーブルを発ち、東に向かって征服を続けていたが、その勢力は一時ガンジス河の流域にまで及んだとも言われる。

彼は王の直系ではなかったが、現地では「王」と称えられていたようだ。そのメナンドロスが今日まで名をとどめているのは、一にも二にも仏教書の『ミリンダ王の問い』によるもので、異人嫌いのインドのバラモンが記録に残した唯一のギリシア人でもある。

ギリシアは当時インド人からヨーナ、ギリシア人はヨーナカと呼ばれたが、それは盛時のギリシア人が植民地化していた小アジアの西岸（現在のトルコ）、「イオニア」がなまったものと言われている。

大仏教学者の中村元によると、メナンドロス＝ミリンダは「全インドにおける第一の王」と畏敬されており、「帝者の徳と威厳をもって統治にあたったらしい。自らを『正義 dike=dharma を守る王』であることを標榜していた」という(6)。

このメナンドロス＝ミリンダ王は、五百人のギリシア人と大軍勢を引き連れて、八万の比丘に囲まれた仏教界の長老ナーガセーナの寺院を訪れ、それぞれの作法に則って挨拶を交わしたあと、宗教や思想や人間の生き方などをめぐって対論に入った。

ナーガセーナ長老が口火を切って、ずばりと仏教の核心に入った。「智慧は自らの働きを果たすと、その場で滅びてしまう。しかし、その智慧によって得られたこと、すなわち『無常であること』とか『苦である』とか『非我』であるとかという『さとり』は消滅しないのです。」それに続いて、尊師は「さとり」の効果を次のように説く。――「彼には愛執が滅び、愛執が滅びるが故に執着が滅び、生存一般が滅び、生まれが滅び、老い・死ぬこと・憂い・悲しみ・苦痛・悩み・悶えが滅びる。このようにしてまったき苦の集まりが滅びます。大王よ、涅槃とは止滅のことなのです。」

ここまでナーガセーナの声に耳を傾けていたメナンドロスは、「過去になされたことを想起するのは記憶による」と鋭く反撃に転じた。もし長老の言うように「さとり」に入った人間が「非我」になり、主体としての自我すら消えてしまったら、「記憶」はむろんのこと、仏教の中心思想の一つである「輪廻」も消えてしまうではないか。人間の自我なるものは、そんなに簡単に「止滅」できるようなものではないのではないか。

メナンドロスは追及の手をやめない。――「あなたは言われます。『たとい百年間も悪を行っても、臨終にひとたび仏を念ずることを得たならば、その人は天上に生ずることができるであろう』と。私はこのことを信じません。[7]」

念のためつけ加えると、ここで「仏を念ずる」と言われていることは、私たちに身近な「称名念仏」ではなく、原始仏教で観法の一つとされた「仏随念」のことだという。

ここから議論は実践篇に入り、長老は「如来にはこれは私のものであるという愛執はありません。それは我執が断ぜられているからです」ときっぱり言い切った。話がさらに仏教教団を経済的に支える「布施」に及ぶと、私にも奇異に思えるこんなことを言う。

「大王よ、他人を苦しめることによってなした布施は、安楽の報いがあり、生天させるものとなります。なぜなら、かの妻を他人に与え、実の子を奴隷としてバラモンに布施したヴェッサンタラという王は、税を取り立てることによって人民を圧迫し、それでなした布施によって、いっそう高い名声の楽しみを受けるからです。」

これには耳を疑ったメナンドロスは、すかさず「尊者よ、あの王のなした布施は過度の布施です」と反論した(8)。

宗教団体と言わずどのような組織も、いざ自己の防衛がかかるとなると、我欲がむき出しになるものであろうか。

このような対論の結果、メナンドロスは終局的に仏教を受け入れたと書かれている。これを踏まえて訳者の中村元は、「メナンドロスは公にはギリシアの神々を信奉していたらしい。これに反して公には仏教を信じていたらしい形跡は認められない。ただ個人としては、ある時期から仏教に帰依したのであろう」と結論づけているが(9)、それには疑問符がつくのではないか。それは二人の対論の記録を取ったのが仏教側であることにもよるが、ギリシア人であるメナンドロスにとって、いかに湿潤なインドの風土に浸ったとはいえ、主体としての個我や個性を否定することは、乗り越えることのできない一線であるように思われるからである。

さらに言えば、メナンドロスが突きつけた難点に対して、仏教界は今日に至るまで適確な回答を与えていないような気もする。思想の交流というものは、ただ相手の主張を鵜呑みにするのではなく、互いに議論を戦わせているうちに、自分ばかりか相手の本質についての認識を深めていくことであり、そうしたことを繰返しているうちに、融合への道が少しずつ開けてくるのではなかろうか。

〈二〉クシャーン朝の妙なる輝き　――仏教と中国とローマと

異種文化の共存

司馬遷の『史記』によると、漢の武帝の命を受けてバクトリアを調査した張騫《ちょうけん》は、帰国後に次のように報告している。「大夏（バクトリア）の人口は多く、百万以上に達する。首都を藍市城《らんしじょう》（バクトラ）という。マーケットがあって、色々な商品を売っている。」

その市場で張騫は中国産と思われる竹の杖や布地を見たので、「どこで手に入れたか」と聞くと、「私は商人でして、身毒国（インド）でこれを買った」と答えたという[(10)]。

この記述がどれだけ正確かどうかは分からないが、広い範囲にわたる商品の流通と市場の賑わいぶりはよく伝わってくる。

ところが、このころ「グレコ・バクトリア」は、支配する領域は拡大しても支配するギリシア人は限られていて、統治は手薄となり、その隙間から土着人の不満が噴出して、反乱が頻発するという苦境に立たされていた。そんなところへ、漢を震源地とする津波が襲いかかってきたのである。

あの武帝の強行策によって、中国を攻め立てていた匈奴は西へと押しやられ、その圧力で甘粛やタリム盆地にいたサカ族や大月氏族はさらに西へと向かった。これらのアーリア系の遊牧民は、互いに追いつ追われつしながら中央アジアを走り抜けると、そこには弱体化しつつあるバクトリアがあった。匈奴には敗れたとはいえまだ精力旺盛な二つの遊牧民族が、我勝ちにと押し寄せてきたのだから、グレコ・バクトリア王国はひとたまりもなく滅亡してしまった。

二つの遊牧民のうち勝ち残ったのは大月氏で、その一族のクシャーナ族に属するクジューラ・カドフィセースに率いられて、紀元後一世紀半ばに北西インドに侵入した。その子のウェーマはさらに領土を拡げて、一応、国家としての統一を果たしたが、別の家系の出身と見られるカニシカ王が出現するに及んで、この「クシャーン朝」と称せられるようになった国家は、たちまち一大帝国になったのである。

仏教の保護者としても知られるカニシカ王は、インダス河からガンジス河流域まで兵を進める一方、返す刀でインドの西海岸を領土に加え、バクトリアはむろんのこと、それに隣接するパルチアの一部をかすめ取ると、中央アジアを北上してカスピ海まで勢力を伸ばした。さらに、東に向かっては中国の西域にも遠征軍を繰り出したのである。

このカニシカ王の時代に頂点に達したクシャーン朝において、特に瞠目すべきは、その領土の大きさもさることながら、人種や宗教や文化の多彩さである。そのうち宗教一つを取ってみても、カニシカ王が発行した貨幣には、シヴァをはじめとするヒンズー教の神々、ミトラなどのゾロアスター教の神々、ヘラクルスなどのギリシアの英雄や神々、それに、数は少ないものの仏陀像も刻印されている。

また、王の称号にしてみても、ペルシア系のシャオ（王）、シャオナノシャオ（王の王）、中国の天子を訳したデーヴァプトラ（神の子）、さらにカイサラというものまであったが、これはなんとローマの英雄カエサルからきているという。

このようなゴチャマゼと言っていいほどの多種多様さは、まだ残存しているギリシア人、中央アジアや西アジアの諸民族、そのうえ、遠くローマ帝国や後漢の中国とも密接な交流のあったことの結果であろう。

歴史におけるクシャーン朝を際立たせているのは、「異種の諸文化の包容摂取」だと中村元は断定している。

ローマとの海上交易

人間の文化が溶け合うためには、何よりもまず、人々が往来し接触して相互に深く理解し合わなければならない。そして、そのような人間の動きに物の動きがつけ加えられたら、その物によって人々の好奇心が刺戟され、欲望が開発され、期待が高まるが、もし現実の物の動きによってその期待が満足されたら、相互の理解はさらに深まる。そのうえ、その物が気候風土も伝統も異なる遠隔の地の、珍しくも美しいものであるなら、その物の入手は満足から感激になり、欲望は渇望となる。——このようにして、人々の夢は限りなく膨らんでいくのだ。

紀元後一世紀になると、中央アジアを媒介として、当時の文明の中心地たるローマとインドと中国が物の動きによって結ばれる、客観的な条件が成熟してきたのである。

まずローマでは、共和制から帝制に変わると政治が安定して、国内の平和が長く続いたことから、地中海一帯の中流以上の市民の東洋の商品に対する需要がかつてなく増えた。またインドでは、クシャーン朝の統一によって道路や港湾が整備されるとともに、輸送の安全が確保されるようになった。さらに東の中国でも、前漢から後漢にかけて一時的な波瀾はあったものの、長期的にはまずまず平穏で、支配階級は馬ばかりでなく異国の贅沢品にも欲望をそそられるようになり、絶対的な独占商品である絹の輸出にもこれまでになく力を注ぐようになった。

もちろん、はるかな紀元前からシルクロードを通しての東西交易は続けられていたが、目的地に着くまで長時間かかるから、天候が急変したり、戦乱に巻き込まれたり、盗賊に襲われたりするリスクもきわめて大きい。さはさりながら、交易商品に対してこんなに需要が高まっているのに、ただ指をくわえて見ているほかはないのか。あの「砂漠の船」とやら言われるラクダを本物の船に変えることはできないのか。

必要は発見の母とやら、西暦紀元前後に、ギリシア人のピッパロスなる者が、折もよく、インド洋に貿易風なるものが吹いていることに気づいたのである。これは四月から十月半ばにかけては南西から吹き、また、十一月から三月にかけては北東から吹くというように、季節ごとにきちんとその向きを変える。もしこの風によって帆をはらますことができたら、インドへの行き来も自由になるではないか。まさに、「渡りに風」というものではないか！……地中海では戦争が続いていたために、船はもう十分に大型化していた。あとはその船にあちこちの港で集めた商品を満載して、インドに向かうだけである。それは文字通りの「宝船」にならないはずがない。

現代の私たちには、紀元後一世紀半ばにギリシア人が書いたという『エリュトゥラー海案内記』なるものが遺されている。筆者はアレクサンドリアの住人かと言われているが、名前までは分かっていない。確かなことは、船主としてか商人としてか乗組員としてか、何度もインドまで航海したということだけである。

『エリュトゥラー海案内記』に導かれて

それでは、私たちもこの類いまれな案内記に導かれて、大船に乗った気分でインドに向かうことにしよう。

ところで、「エリュトゥラー海」とはどこかといえば、アフリカ大陸とアラビア半島に挟まれた紅海のことで、ペルシア湾とインド洋の一部も含んでいるということだ。

まず紅海の出口に近いムーサという碇泊地で、船は緋紅色《パープル》染めやサフランなどを積み込んだあと、アラビア海に出る。――「海が東に向かって開けて大海に変っていくと、エウダイモーン・アラビアがある。ここには以前都市があって、エウダイモーン（幸福な）と呼ばれるのは、インドとエジプトの両方面から商品が受け取れたからである。」

西風を受けて、船はアラビア半島の先をまわって現在のオマーンに着く。――「ペルシア湾内のオムマナからは、ペルシス地方の商業地に向けて、銅や白檀材や胡麻樹や黒檀を積んだ大型船が送られる。」中継地ごとに積み荷を入れ替えているようだ。

インド洋を東に進むこと数日すると、インド亜大陸が見えてきて、ほどなくインダス河の河口に至った。――「その前面には小さな島があって、その背後の内地にはスキティアの主都ミナガルがある。パルチア人の王によって支配されているが、彼らは絶えず互いに追い出し合っている。」つまり、政情不安だということで、深入りせずにやりすごす。そして、さらに数日すると、この航海の目的地であるバリュガザに着いた。順調に進めば、紅海からここまでおよそ四十日の航程であった。

　このバリュガザというのは、今日のムンバイの北、コンベイ湾の奥にあるブローチのことで、ナルボーダ川の河口に面している天然の良港である。そして、ここに最大のお目当てである中国産の絹をはじめ、乳香や白檀や珊瑚や胡椒やゴマ油などの熱帯インドの産物、さらには中央アジアや東南アジアの産物も送り込まれてくる。

「このバリュガザの背後には、様々な種族がいる。……その上手にはすこぶる好戦的なバクトリアノイがいて、自分たちの王を戴いている。……バリュガザには古い貨幣が流通しているが、それにはアレクサンドロス以後に王位についたアポロドトスやメナンドロスの印がギリシア文字で刻印されている。」

　これはギリシア人が書いた文章であるので当然であるが、祖国のドラクメ金貨と同じようなものが使われているのに驚いているようだ。

「ここから北に向かって外海が尽きると、ティーナイと呼ばれる内陸の大きな都があり、ここからセーレスの羊毛と糸と織物とがバリュガザへと、バクトラを通じて陸路で運ばれてくる。[11]」

　ここで「ティーナイ」と言われているのは、Thinai、すなわち「秦」がなまったもので、今日のChinaに通じている。また「セーレス」とは絹《シルク》のことで、「羊毛」は真綿、「糸と織物」とは生糸と絹織物である。また、それに続く文章が示しているように、これらの生糸と絹製品はシルクロードを中国から西へ運ばれたあと、バクトリアから南下して、バリュガザの港でローマに向かって船積みされるのである。もちろん、従来通りバクトリアからペルシアやシリアを経由して地中海まで陸路で運ばれたものもあったであろう。

それはともかく、このように陸上とは比較にならない短期間で、かつ大量に運ぶことができる航路が開かれたからには、絹をはじめとするオリエントの奢侈品が、ローマへ堰を切ったように流れ込まないはずがない。

これに対して、ローマにはオリーブ油とか葡萄酒とかガラス製品とかのほかには、これといった輸出品はなかったから、貿易は大赤字になって、その差額は金によって穴埋めするよりなかった。あの『案内記』が書かれたころのローマを代表する知識人であった大プリニウスも、それは座視するにしのびないと嘆かずにはいられなかった。

有名な『博物誌』のなかでプリニウスは、「インドへの最も安全な航路は、西風に乗ってアラビアのシュアグルス岬を発し、パタラを目指すことである」と書いたあと、こう続けている。

――「インドがわが国の富を吸い取るのは、年に五〇〇〇万セステルティウス以下になったことはなく、また、その見返りに送られてくる商品が我々に原価の一〇〇倍で売られていることを考えれば、まことに重要な問題である。(12)」

この五〇〇〇万セステルティウスというのがどれくらいの価額になるかはっきりしないが、あの大プリニウスが「重要な問題である」と書いているからには、西方世界に君臨するローマ帝国にとっても、相当な金額になったのであろう。

それはローマをはじめエジプトやアラビアからの輸出品を差し引いた額であるから、インドが金と物を合わせて、ちょっと想像できないほどの富に潤ったのは間違いない。

クシャーン朝の黄金時代

原価の百倍で売られていた商品には、インド特産の香料や染料が含まれていたにしても、量でも価格差でもずば抜けていたのはやはり中国から運ばれてくる絹やその製品であろう。その輸出から得られる莫大な利益はクシャーン王の財政を潤沢にして、王宮を華麗にしたばかりでなく、多民族からなる広大な領土を緊密に統合するのに役立ったにちがいない。そのうえになお、絹の流通に携わる商人や加工する手工業者やそれらを監督する役人たちの懐を肥やして、それが他の商品や農産物の生産や消費に波及していくことで、いくらかなりとも人々の生活を明るくして、外来の文化や嗜好を受け入れやすくしていったであろう。

経済の豊かさを何よりも端的に表わすのは、価値を体現したものとしての貨幣であろう。あの『案内記』にはメナンドロス王の印のついたドラクメ貨について書かれていたが、彼はもう二百年も前の過去の人であるのに、その姿を浮彫したコインはまだ流通していたのである。ちなみに、メナンドロスが発行した貨幣はまことに多彩で、三三のタイプに分類さているほどだ。

クシャーン朝で最初に金貨を発行したのは、二代目のウェーマ・カドフィセースであるとされている。それまでは銀貨や銅貨しかなかったが、ローマから大量に流れ込んできた金や金塊を鋳つぶして、独自の金貨に作り直したのであろう。その表面には自分の威風堂々たる半身像を打ち出しているが、その重量は二アウレウスで、ローマで流通している金貨とまったく同じであった。カエサルの時にローマは金本位制に移行していて、その重量単位はアウレウスであったから、ローマとの交易をスムーズに行うために、同じ標準の金貨を鋳造したのだとも言われている。また、クシャーン朝が発行した貨幣の表にはギリシア文字が、裏にはカローシュティーというインド文字が刻印されていたから、小さなコインの中にも複雑に交差する国際関係が横溢しているのである。

さらに、絶頂期のカニシカ王が発行した貨幣のいくつかには、仏像が刻印されているが、ゆるやかな衣に光輪や光背もつけていて、ギリシア文字でBuddoと銘されている。また、ヒンズー教の主神シヴァを刻印したものもあり、他にもゾロアスター教やヒンズー教の太陽神、軍神、火神、風神など多士済々で、まだ仏教一色に染まっていない。

貨幣一つを見るだけでも、クシャーン朝のインド文化の多重性がよくうかがえるではないか。貨幣は交換のための用具としてばかりでなく、様々な要素を統一した王朝の権威や文化のシンボルとして、人々の心のなかに食い込んでいったのである。

遺跡の中の複合文化

遺跡が発掘され、考古学的な調査が進むにつれて、バクトリアから北西インドにかけての宗教や文化の融合が鮮やかに甦ってくる。

パミール高原の雪解け水を集めてアラル海に注ぐアム・ダリア河の上流部、現在のカーブルの北に、アイハヌム都城の遺跡がある。紀元前三〇〇年ごろ、周囲の豊かな農耕地帯を管理するために創建され、オクサスのアレクサンドリアと呼ばれるほどの威容を誇っていた。（オクサスとはアム・ダリア河の古名である。）このアイハヌムの都城も、紀元前一四五年ごろ遊牧民のサカ族がバクトリアを略奪する途上で宮殿に放火され、財宝もほとんど奪われて廃墟になってしまった。

この遺跡の発掘に加わった加藤九祚氏は、「アイハヌム遺跡の宝物庫から、仏教のシンボルである三宝の形をした地中海産サンゴの下げ飾りが発見された」と報告している。また、神殿の内陣の奥からは、ゼウス像の足と見られるものが見つかったが、研究者はこの像はゼウスとミトラ神の合成である可能性を指摘しているし、その神殿そのものもゾロアスター教の拝火壇である可能性が否定できないと言っている。

ざっとこれだけ見ただけでも、このアイハヌムの遺跡なるものは、ゾロアスター教と仏教とヘレニズム文明の、とてつもない複合コンプレックスであることが分かるだろう。

少し気を落ち着けてこの遺跡の主要部分を眺めてみると、「アゴラ（広場）を除いて、噴水、劇場など古代ギリシアの都市にあるべき一切の施設を備えていた」のだという。

かつてこの都市を飾っていたであろう列柱のコリント式柱頭が、損傷したまま転がっており、ギリシアの英雄神ヘラクルスの青銅像も土の中から掘り出された。そればかりか、この英雄像の台座には、あのデルフォイのアポロン神殿のものとされる箴言《しんげん》が、一五〇句も彫り込まれていたのである。ギリシアの聖なるパルナッソス山から五千キロも離れた、ここアイハヌムで。

加藤氏によると、「アイハヌムのギリシア人たちはイラン系の人たちと共生したが、都市の行政機構はギリシア人のコミュニティが握っていた。彼らは絶えず本国と交流しており、言語や生活様式は本国そのままに保持されていた[13]」ということだ。

ここはペルシアやインドの影響を受けているものの、やはりギリシアのモデル都市ではあったようだ。

ミトラ菩薩

ここからアム・ダリア河をいくらか下ったところにあるタフティ・サンギンの遺跡になると、様子が変わってくる。——「ここの中心は、オクス神に捧げられた神殿である。その建築においては、西アジア、とりわけアケメネス朝ペルシアの伝統が強く、ギリシア的伝統は、祭壇と柱頭に見られる。(14)」

この神殿はアム・ダリアの河神たるオクス神に捧げられたものであるから、土着色が濃くなるのは当然かもしれない。そういえば、回廊の床から、ラクダを曳くバクトリア人の像も見つかっているのである。

神殿の玄関の列柱を抜けると、左右に拝火壇が残っているというから、バクトリア人の原始的なエネルギーがいまも静かに燃え続けているかもしれない。

サマルカンド出身の考古学者であるマッソンは、「中央アジアは東西の文明が接触して、その創造的な相互関係が最高の結果を生み出した」と述べている。彼が発掘したクシャーン朝の一都市、ベグラムの宮殿跡からは、中国製の漆塗りの小箱と一緒にローマの工芸的ガラス、青銅の小像やメダルが発見されたという。また、グレコ・バクトリアの主都であったバクトラ付近には、仏教のストゥーパが遺っていて、「バクトリア北部の土器では仏陀の足型を表わす押型によく出会った」のだという(15)。

インドで発祥した仏教は、ここバクトリアの地を通って中央アジアのオアシス都市や中国まで伝えられていったといわれるが、それは考古学によっても裏づけられている。

このほかにも、タジキスタンのカラ・イ・カフィルニガンの遺跡からは、「ミトラ菩薩」と呼ばれている仏像が見つかっている。さらに、「火炎を伴った仏陀像の銘文には、ブッダ・オルムズドと書かれていた。この地域において、ミトラ神とゾロアスター教の最高神オルムズド（アフラ・マズダー）は同一視されることが多く、ゾロアスター教と仏教の融合は、ギリシア風の仏像が誕生したことに匹敵するものだろう」と蓮池利隆氏は述べている。(16)

このような北西アジアにおける宗教の混淆のなかから、仏像が現われてくるのだ。

ガンダーラ仏の出現

原始仏教の世界では、「ブッダ不表現」という掟のようなものがあった。ブッダは我々のような衆生から見ればあまりに気高い存在であるし、形や色を超越するものとされていたから、人間のような姿にすることが憚られてきた。それでも、仏教が広がってブッダを慕う人が増えてくると、ストゥーパという塔や法輪やブッダの足跡のような象徴的な形を通して、ブッダを崇拝するようになってきた。

このような状況のなかから、仏像が出現するのに決定的な一歩を踏み出させたのは、先ほど見た大型船によるローマとの交易であるように思われる。その船のなかには、商人ばかりでなく手工業者も乗り込んでいたであろうし、商品としてか故郷を偲ぶよすがとしてか、ローマ人が模刻したギリシア彫刻も積み込まれていたであろう。それに、グレコ・バクトリアは滅んだとはいえ、何十万というギリシア人がどこかへ消えてしまったわけではない。さらに言えば、それ以前から、ローマ人はそのあたりにうようよしていたのである。

というのも、バクトリアの西から勢力を伸ばしたパルチア帝国は、その逆に東へとのさばりだしてきたローマと絶えず国境争いをしていて、紀元前五三年のカルラエの戦いでは、騎兵隊を主力とするパルチア軍はクラッススの率いる四倍以上のローマ軍に圧勝し、二万人もの捕虜を得た。（ちなみに、この敗軍の将クラッススは、カエサルとポンペイウスとローマを三分した大物である。）そして、これらの大量のローマ人捕虜は、バクトリアに近いメルヴという都市に送られて土木作業などをさせられた。その後もローマとの国境紛争は続いていたから、ローマ人捕虜の供給は絶えなかったにちがいない。

ところで、いま述べたようなギリシア人残留者とローマ人捕虜の子孫たちが最も多く住んでいたのは、クシャーン領内で、かつ、かのグレコ・バクトリア王国の支配地でもあったインダス河上流、現在のペシャワールを含むガンダーラ地方だったのだ。

これらのギリシア人やローマ人の一部は、自ら仏教に帰依してすすんでか、あるいは、周囲に住む仏教徒たちに求められるかして、ブッダをイメージしながら仏像を彫刻するようになったのである。それらしいモデルは手ぢかにいたからだ。

余談になるが、ギリシア人とは違ってローマ人には造形の才がないと言われているが、私がヨーロッパの美術館で見たギリシアの彫刻はほとんどがローマ人が模刻したもので、それもなかなかよく出来ていた。ローマ人には独創の才は欠けていたとしても、コピーづくりには秀でていたのではないか。

それにもう一枚、増え続ける仏教信者をもっともっと増やしたい、それにはブッダを形あるものにして拝ませるのがいちばん手っ取り早いという、仏教側の思惑が加わったのであろう。紀元前一世紀半ばごろに、あのガンダーラ一帯で仏像づくりが一挙に盛り上がったのだ。

最初のころは、豊かに波打つ髪に半円形の弧を描いた眉、高い鼻にきりっと締まった口もとという、ギリシア伝来の青年像が多かったらしいが、しだいに頭上の肉が盛り上がり、額には白毫《びゃくごう》がつけられ、耳たぶもふっくらと長く垂れて、仏像らしくなってきた。

仏教はもともと偶像崇拝の禁忌はなかったので、いったん仏像づくりが始まると、彫刻師たちは競い合いながら殺到する注文に応じた。そして、心に思い描いたお釈迦様といちばんよく似ているような仏像が、衆生から崇拝されるようになっていったのである。

私たちが仏像の前で頭を垂れ、手を合わせるのは、石や粘土で作られた形にではない。あの仏像の穏やかな顔からにじみ出る、人間の限界ぎりぎりの内面性、仏陀に体現された崇高でありながら慈愛に満ちた精神性に対してなのだ。

ここで、一歩下がって仏像を見つめていると、何か足りないものがあるような気がする。それは光背や光輪のようなものではないか。

それでは、この光背や光輪は、いったいどこから、どのようにしてもたらされたのだろうか。それに明快な回答を与えたのは、ゾロアスター研究の泰斗で、ペルシア語学者の伊藤義教であった。彼によると、アフラ・マズダーの光、すなわち無始の光明から分かれ出たものが「フワルナフ」というものである。――「このフワルナフで重要なのは、クシャーン朝カニシカ王のコインに仏陀が仏像の形をとって、初めて輪光をとって現われたことである。釈迦牟尼一代のうちに、仏が光明を放つなどの思想は皆無に近く、またフワルナフのような光明思想もインドにはなかった。」

このフワルナフなるものは、ペルシアの神話的な海であるウォルカシャ海の深い底から浮かび上がってきて、岸辺に漂い着いた光の輪なのである。

「北西インドにおけるイラン的要素の浸透は、釈尊の在世当時に始まり、長く続いて絶えなかった。仏光が衆生を照育するとき、それにきわめて近いのはイランのフワルナフ思想である。(17)」

仏像につけられたまばゆい光輪や光背によって、仏陀はいったんはるかに遠ざかるように見えても、しばらくその前に佇んでいると、その仏陀はすぐ目の前でほほ笑んでいるではないか……

空の中の大乗仏教

仏像を崇拝するには仏教の高遠な教えを理解する必要はないので、大衆には受け容れやすく、その仏像が寺院に置かれるようになれば、信者が増えないはずがない。それにあやかるかのように、ほぼ軌を一にして、仏教の教理を刷新しようという大乗仏教の運動が北西インドを中心に高まっていった。

ブッダが没してはや五百年以上、国王や資産者から寄贈された広大な荘園の奥に閉じ籠って、こまかな教理の研究に耽る仏教界の長老が、大衆のなかでも経済的に豊かになり、心身ともに外部に開かれた人たちから、疎ましく思われたのは当然であろう。

このような従来の仏教の保守性を嫌悪した人たちは、自分たちの立場を「大乗」であると称揚する一方で、旧来の仏教を「小乗」の名のもとに貶《おとし》めた。それでも、この小乗仏教とされたもののなかには、ブッダ直伝とされる教えが精緻に分類されながらぎっしり詰まっていたから、そんなに簡単に否定できるようなものではない。

この大乗派の最大の武器になったのは、「空」というものであった。もしブッダもその教えも「空」であるなら、目をつむって勇敢に立ち向かっていけるではないか。

かくして、この世に存在するすべてのものを「空」という大風呂敷の中に包み込んでしまった彼らは、勢いのおもむくままに、ブッダもろとも仏教の根幹をなす法（ダルマ）も業（カルマ）も、解脱も涅槃も輪廻転生も、もちろん、地球上でひしめき合っている人間も自然も、みんな空の名のもとに一括してしまった。この世のありとあらゆる「有情《うじょう》」も「無情」も、空ということでは平等なのである。

このように空と化すことは、ブッダにとってもさほど都合の悪いことではない。空であれば変幻自在であるから、どんな人間にも菩薩にもなりすますことができるし、いつでもどこにでも現われることができるし、どんな相手に対してもどんなことでも話すことができる。これはブッダが神通力を持つということであり、この神通力によってブッダは王者にもなり、錦で覆われた獅子座の高みから、群がる衆生や旦那に語りかける。彼はまさに「法王」と呼ばれるにふさわしい存在になるのである。

こんなブッダを主人公にするなら、大乗経典なるものはいくらでも量産できるが、私にはそれを精読する時間も意欲もないので、ここではその代表的なものの一つとされる『維摩経』だけをとりあげることにする。

ブッダ顔負けの主役として登場する維摩《ゆいま》（ヴィマラキールティ）なる俗人は、仏教教団に莫大な布施をしているにもかかわらず、まだあり余るほどの財産を抱えている。しかも、彼はブッダに遜色しないほどの智慧に恵まれていて、並み居るブッダの高弟をやりこめるのを趣味にしているから、弥勒とか文殊とかという名だたる菩薩もたじたじになる。それればかりか、維摩はブッダに劣らないほどの神通力を持ち、それによって遊戯《ゆげ》もするのである。

文殊菩薩が病気の見舞いに来ることを知った彼は、びっくりさせてやろうと自分の部屋を空っぽにしてしまった。――「神通力で部屋を空虚にしたので、そこにはドアの番人もいないし、彼が病気と称して寝ているはずの床《ベッド》一つを除いては、椅子も座も何もかも見えなくなってしまった。贅を尽くした部屋を想像していた文殊は、一歩入ったとたんに面食らわされた。しどろもどろに「あなたのご家族はいないのですか」と尋ねると、維摩は涼しい顔で「仏国土もすべて空っぽです」と答えたので、なおも「どうして空なのですか」と問うと、「空そのものとして空です」と言ってのけた。さすがの文殊もこんな空の怪物を相手にしては、持ち前の智慧の働らかせようがなかったのであろう。

大乗仏教が売りものにする「空」なるものの実体が、このようなところに透けて見えるではないか。

俗人ふぜいに適当にいなされては沽券にかかわると思ったのか、文殊はなおも食い下がって、「虚妄な分別の根本は何ですか、倒錯した考えの根本は何ですか」と問いつめると、「倒錯した考えの根本は基底がないことです」という答えが返ってきた。空の底に空がないというのでは、文字通り空の底が抜けてしまうではないか。

維摩のはね上がりぶりに我慢できなかったのか、文殊ほど高名でないある菩薩が、彼のもってまわった空に止めを刺すように言った。――「あなたの父母、妻子、下男下女、家令や雇い人はどこにいるのですか。友人、親戚、親族はどこにいるのですか。侍者や馬、象、車、歩兵の四種の部隊や乗物はどこにあるのですか。」

こんな鋭い矢を浴びせられてぐらついたのか、維摩はへどもどしながら「魔の仕業を知り尽くすものは、魔に従って振舞う」ぐらいしか言えなかった。(18)

やや戯画的にすぎたかもしれないが、かねがね大乗仏教の説く「空」に抱き続けてきた疑問を素直にぶちまけてみた。

それはともかく、大乗仏教の「空」が抱える最大の難点は、次のようなことにあるのではないか。おそらく、大乗仏教の「空」論の根源には、「無我」説があるように思われるが、ここでの「無我」とは、どこまでも我に捉われることを戒めることであって、「自分がいちばん優れていて、何でも自分の物にしてしまおう」という愛執や所有欲を否定しようとするものであろう。たとえそれらを根こそぎにはできなくても、少しでも自分の力で抑制しようとするのだ。

ところが、大乗仏教はこのような我執を否定するのに急なあまり、その元になっている個人も魂も感情もすべて実体のない「空」なるものだとして、みなきれいさっぱり虚空に投げ棄ててしまったのである。これでは倫理的なものは成り立ちようがないし、社会的規範も固まりようがない。二重否定や逆説を弄ぶ言葉の遊戯に堕して、その深遠そうに見える教理も不毛なものになるほかはなかったのではないか。

これはつとに、ギリシア人のメナンドロスが指摘したところではあったが。

私はかつてタイのバンコクで得難い体験をすることができた。

アユタヤの遺跡からバンコクに帰ると、まだ日が暮れるまで時間があったので、有名な寝釈迦を見ようとワット・ポーを訪れたが、境内が広すぎてどこにあるやら分からない。サラリーマン風の青年に場所を尋ねると、親切に案内してくれたが、公開時間が過ぎていたので拝観することはできなかったものの、堂内をまわっているうちに、数十人の若い僧たちが金色の仏像の前に跪いて礼拝しているのを垣間見ることができた。

お礼を言って別れようとしたとき、思いがけず彼はこんなことを聞いてきた。「日本人が信じている宗教は何ですか」と。私はすかさず「仏教《ブッディズム》です」と答えたが、それを最初から承知していた彼は、さらに「日本人は仏教を信じながら、どうして親を殺すのですか」と迫ってきた。私が即答できずに黙っていると、彼は「タイ人はどんなことがあっても、親を殺すようなことはしません」ときっぱり言い切った。そういえば、親殺しは「五逆」の最たるもので、仏教では厳しく禁じられているが、日本ではそれほど稀なことではない。

彼はタイ航空に勤めていて、夜勤のときはここへきてお祈りで心を鎮めてから、会社に出かけると話していた。

私たちは仏教といえば大乗仏教だとばかり思い込んでいるが、それはもうすっかり「空」になってしまっているのに、小乗仏教のタイではまだブッダの教えが人々の生活のなかでしっかり生き続けていることを、この偶然の出会いから思い知らされた。

〈三〉浄土教の誕生 ——幻視の中の現実

浄土教も大乗仏教の一種であるが、ちょっと異色というか、毛色が変わっている。しかも、日本との、ひいては私自身にもかかわりが深い。

私が生まれ育ったのは、濃尾平野の伊勢湾に面した漁村で、まるで浄土真宗一色であった。地区ごとに念仏講が組織されていて、当番の家に定期的に集まってお経を読み、坊さんの説教を聞いていた。年に一度は総会のようなものがあって、貯めたお金でご馳走がふるまわれ、子供だった私もご相伴にあずかった。

幼稚園から小学校へ進むころ、祖父と一緒に仏壇の前に座って、親鸞が書き遺した「正信偈《しょうしんげ》」を詠んだこともある。私は口真似していただけだが、中ごろになると祖父はすこし声を強めて、「善導独明仏正意」と唱えた。この善導とは人の名前らしいことが分かってきたので、どういう人か聞いてみると、祖父は中国のえらいお坊さんだと教えてくれた。

三世代同居の「中」家族だったので、法事などもよくあった。そのときは坊さんが二人きてお経も長かったが、子供といえども正座しなければならず、阿弥陀経に入るころには膝がしびれてきて、眠くもなった。

「極楽国土、有七宝池、八功徳水、充満其中《ごちゅう》、地底純以《じゅんに》、金沙布地《こんしゃふじ》、四辺階道、金銀瑠璃《こんごんるり》、玻璃《はり》合成《ごうじょう》、上有楼閣……」まるで夢の中からのように、こんな言葉が聞こえてくる。そして、なおも「極楽国土、功徳荘厳」などという文句が何度も繰返されている。このあたりにくると坊さんの声も高ぶってきて、眠気もどこかへ吹き飛んでしまう。もし西方浄土に本当にこんな極楽があって、亡くなった身寄りの人たちがいまでもこんなところで楽しく暮らしていたら、この自分だって特に悪いことをしなければそこへ行けるかもしれないと思えば、お経を聞くにも自然と力が入る。

ずっと後になって知ったことだが、この「極楽」のサンスクリット語の原語はSukhavatiで、もともとは「風」を表わしていたが、熱帯のインドでは涼しい風は何ものにも代えがたかったから、「愉快な」とか「幸福な」とか、それに「快楽」という意味を帯びるようになっていったという。

この極楽はもちろん漢語であるが、「安養」とか「安楽」などと訳されていたものを、中央アジアから中国へやってきた鳩摩羅什《くまらじゅう》が「極楽」なる漢語を造って、その訳にあてたということだ。

これは言語上の奇蹟ともいうべきもので、今日なお、この「極楽」という言葉が浄土教を支えているように思われる。ちなみに、極楽という言葉のない浄土教を想像してみてはいかがであろうか。

極楽浄土の黄金はどこから来たか

浄土教は一応、大乗仏教の系列に連なっているから、「空」を標榜することもあるが、その空は薄っぺらで無色透明なものではなく、濃厚で金色燦然たるものである。それでは、その空という器に何が充満しているかといえば、目にもまばゆい光と黄金である。

それなら、この光と黄金はどこからやってきたかということになるが、まず光から見ていくと、バラモン教の梵天（ブラーフマン）の世界にも光があふれているが、そんなに強烈なものではない。それに、阿弥陀仏の王国は西方にあるとされるが、インドでは西の守護神は水神ヴァルナになっている。

そこで、太陽の赤みがかった黄金の光が射し込む方向を探ると、インドから北西にあるバクトリア、その西に接するパルチア（紀元一世紀にはユーフラテス河まで領土化していた）、さらに、その西には帝政ローマが続いている。そして、このパルチアでは、太陽神にして火の神であるミトラへの信仰が高まっていて、最高神であるアフラ・マズダーの影が薄くなったばかりか、戦争神でもあるミトラはローマ帝国をも席捲して、生まれたばかりのキリスト教もあやうくひねり潰されそうであった。

あの日の出の勢いのミトラからの金色の光が極楽浄土を覆ったとしても、さほど不思議ではあるまい。それでは、次に黄金そのものはどこからきたかといえば、アラビア湾から大型船に積み込まれたローマの金が轟々と音を立ててインドに流れ込んでいたことは、すでに見た如くである。それらの黄金がどのように都市の表情を豊かに変えたかは、あの『ミリンダ王の問い』の冒頭によく描かれている。

「ヨーナカ（ギリシア）人の、あらゆる物資交易の中心地たるサーガラと名づける都市があった。……多くの高価な品物が商店に満たされ、きれいに並べられていた。……商店には各地に産する織物が豊富に置かれ、また、きれいに並べられた美しい各種の花や香料を売る店からは、芳香が漂ってきた。人々の心を奪う多くの財宝が充満し、四方に面した飾り窓に贅美《ぜいび》な商品を陳列した商人たちの組合が並んでいた。この都市には貨幣、金、銀、銅、宝石が充満し、輝く宝の国のようであった。(19)」

サーガラというのは、ミリンダ＝メナンドロス王のインドにおける首都であり、かつてアレクサンドロス大王に征服された土地でもあった。ギリシア人の王国が滅んだ後になっても、ローマからは大量の金が船積みされてきたから、インドに蓄積された金が浄土教典に反映しないはずはなかろう。

ここで、確認しておきたいのは、日本を代表する仏教学者である中村元の次のような言葉である。――「黄金ずくめの極楽浄土というのは、かつての仏教には存在しなかったし、バラモン教にもなかった。後世の密教でも説かれたことはなかった。[20]」

それにもう一つ記憶にとどめておきたいのは、浄土教研究者である藤田宏達氏が語っている次の言葉である。――「原始浄土思想の時代には、阿弥陀仏や極楽浄土の観念あるいは浄土に往生するという考えはなかった。[21]」

この二人の権威者の見立てを合わせれば、阿弥陀如来もその采邑《さいゆう》地である黄金の極楽浄土も、忽然として出現したかのようである。

浄土の光は西方から

ここからは、浄土教典について具体的に見ていくことにしよう。

主な浄土教典としては、『無量寿経』と『阿弥陀経』と『観無量寿経』（観経）があり、合わせて「浄土三部経」とも言われる。

まずこれらが成立した場所と時代を眺めてみると、『無量寿経』と『阿弥陀経』は北西インドで紀元後一〇〇年ごろから二世紀半ばにかけて形が整い、『観無量寿経』は五世紀初頭までに中央アジアでその大綱が構成されたと見られている。このうち『観経』は成立が遅いばかりでなく、サンスクリット語の原本も遺されていないことから、中央アジアのどこかでインド人以外の手によって撰述されたという見方が有力になっている。また、クシャーン朝時代はバクトリアなどもインドに含まれていたから、これら三つの教典は、インドの中心よりも西の地方でできあがった後、中国へ向かって東に伝えられていったと見るべきであろう。

それでは、どんな人たちが仏典を中国へ持ち込んで漢訳したかというと、後漢の一世紀半ばごろ、中央アジア出身の安世高《あんせいこう》や支謙《しけん》などが洛陽に入って、浄土教典の翻訳に従事したという。安世高はパルチアの王子の一人、支謙は大月氏出身だとされている。これらの先駆者に続いて、西域や北西インドからも仏教者が中国にやってきて、唐代には三十人近くになったが、これらの人たちのほとんどは何か国もの言語に通じた国際人であった。

こうして通観してみると、浄土教の金色の輝きは、やはりペルシアやバクトリアから射してきたように思われる。

それでは、個々の教典についてみていくと、まず最も長編の『無量寿経』は、インド人によって作られたことは間違いなさそうだ。そこにはインド人特有の大袈裟な物言いと想像力の爆発が見られるからだ。

阿弥陀仏の極楽浄土では、宮廷も街路も人々の服装も金銀や宝石で飾られ、河や池の底には金の砂子が敷きつめられ、木々にはこれまた金銀や宝石のきらめく網がかぶせられ、鳥や花々までもが宝石でできたかのようにあでやかである。まさに、阿弥陀仏の光はあらゆる光にうち勝っているのだ。

次のような文章にはうっとりするよりも、唖然としてしまう。――「かの『幸あるところ』という世界には、天上の香水の雲から香水の雨が降り、天上のあらゆる色の花や、天上の七種の宝石や、天上の栴檀《せんだん》の粉末や、天上の傘や、幟《のぼり》や幡《はた》は雨と降る。天上の宮殿や天幕は空中に支えられ、天上の払子《ほっす》のついた宝石の傘蓋が空中に支えられ、天上の諸々の楽器が奏でられ、天女たちが舞っているのだ。」

どんな形容もみすぼらしく見えてしまうこんな光景に比べたら、阿弥陀仏による救済というフィクションは貧相に見えてくるではないか。この救済劇の仕掛人である法蔵菩薩なるものは、仏教の修行を積んだうえに国王として世俗の苦労もしたとされるが、菩薩としてはまだそんなに年季が入っていないように思えて仕方がない。この法蔵が四八もの誓願を立てて、「われ仏となるを得んとき、十方の衆生、至心に信楽《しんぎょう》して、わが国に生まれんと欲して生まれずんば、正覚をとらじ(22)」と宣言しただけで、あの極楽浄土が西方遥かに出現して、蓮の台《うてな》の中に「十方の衆生」が蘇って、そこで永遠の生を楽しむことができるとは、そんなに容易に信じられるものだろうか。

インド人は想像力がたくましい一方で、論理的思考にも長けたていたから、こんなからくりを見破るのにそれほど手間暇がかからなかったのではないか。それでも、黄金の夢を追ってぼうっとしていたときには、極楽世界も夢見ていたかもしれないが、ローマ帝国が蛮族に倒されて黄金がもたらされず、クシャーン朝も滅んで都市の黄金も色褪せてしまったら、あの黄金の夢も色褪せてしまったことだろう。

インドでは、阿弥陀仏の信仰は観音信仰ほど広がらなかったと言われるのも、さもありなんような気もする。

浄土教の中のリアルな世界

信者としてではなく、読者として極楽の有難さに辟易しかけていると、突如として言葉の調子が変わる。極楽からずり落ちて、地上に舞いもどってきたかのようなのだ。首をかしげながら「註」を読んでみると、ここからの「三毒五悪段」といわれるかなりの長文は、サンスクリット語の原文にはなくて、漢語訳から日本語に訳したのだという。道理で、儒教や道教のにおいが芬々《ふんぷん》としてくるのだ。

叙述はリアルすぎるほどリアルになる。——「世の人は浅はかで心卑しく、急ぐ必要のないことを争い求める。……ことごとく皆、金銭・財貨に心をわずらわす。持てる者も持たざる者も、その憂き思いにかわりはない。……田がなければ田が欲しいと思い、家がなければまた家が欲しいと思い、すべてを他人と等しく持ちたいと願う。」まことに痛憤やるかたないが、これがありのままの衆生というものではないか。「積極的に善を為すこともなく、道を実行することもなく、徳に向かって進むこともしない。」まるで夢見る求道者から謹厳そのものの道学者に早変わりしてしまったようなのだ。

それから「五悪段」に入っていくが、第一の悪とは、強者の弱者に対する悪であり、また、互いに相争う悪である。第二は義理を知らず、法律に従わない悪であるが、さらに、「ただ悪を為そうと欲するばかりで、みだりに悪事をはたらき、手に入ったものを次々に消費しつくしては、また求める」とやや踏み込んで述べている。続く第三は愛欲に耽り、淫行を求めることであり、第四は他人の悪口を言ったり中傷したりして、平安を乱すことであり、最後に第五は、父母や師の恩に背くことである。そして、これらの五つの悪をやめられない者は、「天地の道に背いているのだ」と総括する。

これらの五つの悪に対する告発は常識的であり、鋭さにも欠けるが、それだけ説得力があると言えなくもない。

五つの悪について聞き終わって、ほっとする間もなく、すごい言葉が飛び出してくる。「正しい心、正しい意志で一日一夜の間、戒めを守り清浄であったら、『幸あるところ』という世界にあって百年の間善を為すよりも、その方がすぐれているのだ。」あれほど言葉やイメージの限りを尽くして極楽世界を褒めちぎっておきながら、この地上での生活の方がうんとましだともいうのだろうか？……「この仏国土で十日十夜の間善を実行すれば、他方の諸仏国土において千年間善を実行するよりも、その方がすぐれているのだ。[23]」これはまた、なんというあっけらかんとしたどんでん返しではないか！……

『阿弥陀経』については、視覚と聴覚の快楽を別とすれば、思想としてはこれといって書くこともない。

善導の「深心」の深さ

三つめの『観経』は、すでに述べたようにサンスクリット語の原本が存在しないが、それは消失したというよりも、最初からなかったとも言われている。とすれば、中央アジアのどこかで「創作」されたことになるが、著者ないし編者は中国の官僚制の仕組みを熟知しているから、バクトリアやガンダーラよりももっと中国に近い、西域ではないかと思われる。（トルファンだという説もある。）

この『観経』はまず、心から邪念を吹き払って、西方に沈みゆく太陽を観よ、と言う。「心をして堅住ならしめ、想いをもっぱらにして、他に移らざれば、日の没せんと欲して、その形、懸鼓《けんく》のごとくなるを見よ。」砂漠の果てに沈みゆく太陽はひときわ大きく、ひときわ金色に輝き、熱せられた空気でかすかに揺らめきながら、いくらか上下にも左右にもいびつになっている。そして、その太陽の中に人は阿弥陀仏とその極楽世界を観る。

まさに、これこそは「仏日」というものではないか。(24) 仏は太陽と一体となり、仏は太陽であって、太陽は仏である。ここで私は「ミトラ菩薩」という言葉を思い出す。あの太陽神ミトラが、仏＝菩薩に化しているのではないか。

これが「日想観」というものであろう。善導はすでにみた『観経疏』のなかでこう言っている。――「もし貪欲の心を起こすならば、水のような平静な心はたちまち動き、心が動くために、清浄な対象としての太陽はたちまち失われる。」

この「日想観」をはじめとして、浄土を観想するための十三の方法が述べられたあと、九品に分けて人の救済が説かれる。そして、救済されるかどうかの決め手になるのは、「一に至誠心、二に深心《しんじん》、三に廻向発願心」であるが、この有名な「三心」のうち、善導は第一の「至誠心《しじょうしん》」について、「貪欲・憎悪・よこしま・いつわり・わるだくみなど、数限りない悪い性質は改め難い」と述べる。さらに第二の「深心」をめぐっては、「自分は現に罪深い迷える凡夫であり、はかり知れない昔から今に至るまで、常に迷いの世界に沈み、常に流転して、迷いから離れる機会がないものである」として、この『観経』が説かれたのは聖者のためではなく、「常に苦界に沈む衆生のためである」と言い切った。[25]

ひろく大乗仏典はもとより、浄土教典においても、人間の内部に厳存する悪と、それから抜け出そうともがく罪の意識について、これほど痛切に語られたのはないではないか。善導に至って初めて、自己への省察が心の深部まで達したのである。

善導の後期の著作とされる『般舟讃《はんじゅさん》』には次のように書かれている。

もし人が善行をなしていると見聞きするなら、善行をしてそれを助けるがよい。もし人が教えを説いていると見聞きするなら、そのことをほめたたえるがよい。もし人が修行を説いていると聞くならば、その修行に従うがよい。もし人が悟りを得たと聞くならば、その悟りを喜ぶがよい。どういうわけでそうするのかといえば、すべて同じく諸仏を師とし、教えを母として生まれ育ち、ともに同じように親しい関係であり、遠ざけるべきものではないからである。他の人にとって縁のある教えや修行を軽んじそしり、自分に縁のある教えだけをほめたたえてはならない。[26]

善導は、まことに心の広闊な人であった。

多様さと寛大さ

ペルシアと中国の間に介在する茫漠とした中央アジアには、様々な民族や国家が興亡し、人や物が駆けめぐり、宗教が栄えたり衰えたりした。人の世の常として戦争があり、支配も隷属もあったが、宗教をめぐる陰湿な闘いと、それに伴う弾圧や追放はほとんど見られなかった。それはこの地域に広がった宗教が多神教であり、自分たちの信じる神々や仏を絶対的なものだとして他の人たちに押しつけなかったからであろう。

ここにはジンギスカン以来のモンゴル帝国のほかには巨大な帝国は生まれなかったが、その多様さゆえの寛大さこそは、中央アジアが人類の歴史に誇るべきものである。

ギリシア世界からこの地域に長駆侵入してきたアレクサンドロスは、破壊もしたが建設もした。今でもあちこちにアレクサンドリア（イスカンダル）という地名が遺されている。バクトリアから東に連なるゾグディアナでは、遊牧民によるゲリラ攻撃にてこずって、彼の軍隊は残忍な鎮圧をしたが、それは彼の遠征中で例外的であったと言われている。

征服を安定させるには、人間の血そのものを混ぜ合わせるにしかずとして、自分の将兵たちを現地の女性と集団見合いさせて、結婚へと導いていった。ゾグディアナの中心地サマルカンドでも集団見合いを挙行したが、その前の残虐行為が心にひっかかっていたのか、アレクサンドロス自身も現地の有力者の娘ロクサーネを見染めて結婚し、生涯連れ添った。

これは彼にふさわしいスケールの大きな「婚活」というべきものだが、バビロニア捕囚中に他の種族の女性と結婚したものを強制離婚させたあのユダヤの祭司エズラのやりざまと、比較してはいかがなものか。

アレクサンドロスが企てたパフォーマンスは、このような集団見合いだけではなかった。「彼の軍隊には多くの手品師や劇作家や俳優たちがいたが、アレクサンドロスは演劇を世界をヘレニズム化する手段として用い、軍隊を慰安するためにもギリシア劇を繰返し演じさせた」[27]とも言われている。

彼は力によって強圧するよりも、このようにパフォーマンスで楽しませながら人心を掌握する方が有効であると、見抜いていたのであろう。

アレクサンドロスは天才的な軍人にして、なかなかしたたかな政治家であり、人間性の洞察者でもあったのだ。

それにしても、ユーラシア大陸の西と東からさまざまな要素が流れ込んでくる中央アジアには、人類屈指の英雄アレクサンドロスをも巻き込むほど多様性のダイナミズムが漲っていたのであろうか。

第三章　東方への道

〈一〉善導から法然へ　――自力による悪の克服

「二河白道」に書き込まれた現実

日本の仏教界に浄土教について初めてまとめて紹介したのは、源信の『往生要集』だとされている。

もう半世紀も前にこの書を目にしたときには、地獄の描写のすさまじさに度肝を抜かれたが、いまにして思えば、それは「黒縄地獄」とか「大叫喚地獄」とかの言葉の迫力と、『地獄草子』などから採られたグロテスクな絵によるところが大きかった。肝心の極楽の何たるかについては、『浄土三部経』をはじめとする大乗仏典や中国人の祖師たちの解釈などの引用に次ぐ引用で、うんざりした記憶がある。

日本における浄土教の確立者である法然は、二百年後に『往生要集釈』を書き、「称名念仏をもって往生の至要とす(1)」と先達に敬意を表明しているが、源信の文章からは、餓鬼道にしても畜生道にしても、その苦しさや恐ろしさが切実に伝わってこないのである。

『往生要集』にも、賊に追われた旅人が大河に直面するシーンが出てくるが、それもさほど切羽詰まったものではない。

人がひろびろと果てしない野原で、自分に怨みを抱く賊に出会ったとする。賊は剣を抜き、勇み立って突進してきて、その人を殺そうとするときに、人は直ちに逃げ走るが、行く手にどうしても渡らなければならない河を発見し、その河にたどりつく間に、走りながらこんなことを考える。河の岸に着いたら、衣服を脱いで水中に沈んで渡ろうか、それとも、衣服を着たまま水中に浮かんで渡ろうか。衣服を脱いで渡る方が安全だが、それには服を脱ぐ時間がないだろう。もし服を着たまま河に浮かべば、またこの首が危ないかもしれない、などとあれこれ思いめぐらす。そのときには心にはただ河を渡る方法があるだけで、他の思いがまざる余地はない。念仏の行者もこれと同様で、阿弥陀仏を念ずるときには、先の人が河を渡る手段だけを考えるように、仏を思う念々が相次いで起こって、他の思いがまざることはないのだ(2)。

これは善導から一世代前の道綽《どうしゃく》の『安楽集』に拠るものとされるが、背後から凶悪な賊が追ってきているのに、こんなことを考えてぐずぐずしていたら、ばっさりと斬り殺されるのは必定である。なにはともあれ、着のみ着のままで河に飛び込んで、泳ぎが達者なら服を脱ぎ捨てて向こう岸までたどり着くし、そうでなければ、服に手足を絡まれて河底に沈むほかあるまい。

源信はただ『安楽集』を引き写すだけで、何の感想も述べていないから、地獄に転落するか、極楽に救われるかの決死の覚悟が伝わってこないのである。

善導には「出発点」で紹介した「二河白道」の譬があったが、法然はその主著である『選択《せんじゃく》本願念仏集』のなかで、ほとんどそのまま書き写している。念のため、以下にざっと要約しておこう。

一人の旅人が西に向かって荒漠たる原野を抜けると、水の河と火の河の間に、一本の細くて白い道が通っていた。背後の原野からは盗賊の群れの叫びや猛獣の吼える声が聞こえてきて、巨大な毒虫もうごめいている。そして、これらは刻々と自分の方へ迫ってくるのだ。ここにとどまっていたら、斬られるか、食われるか、刺されるかして殺されるのは必定だし、白い道に飛び込んでもとても対岸までたどり着けそうもない。このままむざむざ死ぬよりも、運を天にまかせた方がましだとばかり、細い道を駆け抜けようとすると、水の河からは波が牙をむいて打ち寄せて道を削り取り、火の河は真っ赤な炎を吐いて道を焼き焦がしている。旅人はすこしでも気を緩めたら、波に足をすくわれて河に呑み込まれるか、炎に舐められて火だるまになるか、まさに危機の連続である。

このような文章を書き取った法然の心境を察してみると、まず盗賊の群れや猛獣や害虫がいまにも襲いかかってくるのではないかという、強迫観念につきまとわれている。そのころ、専修念仏の浄土教を称えていた法然は、権威も信者も彼に奪われそうになった旧仏教側の非難の矢面に立たされ、布教を妨害されたばかりか、朝廷への訴訟によって強制的に教団をとり潰されそうな脅威に直面していた。法然にとって権力とぐるになって画策する旧仏教側は、蛇蝎にも似た恐ろしい存在であった。

また、当時は平安の貴族支配から鎌倉の武家支配に移り変わる渦中にあり、保元平治の乱や源平の合戦が打ち続いたうえに、飢饉や地震などの災害が重なって、どん底の生活を強いられた大衆のなかからは怒りが爆発しそうに高まっていた。こうした混乱のさなかで、目端が利いたり権力に繋がったりした連中は、これぞ好機とばかりに貪欲をむき出しにして、田畑でも権益でも奪えそうなものなら何でも奪おうとしていた。

　貪欲の水位は洪水寸前まで高まり、怒りの火は天にも届きそうな勢いであった。

一切衆生を救うために

　それでは、日本が生んだ革新的な宗教家の一人である法然を、その生い立ちから見ていくことにしよう。

　法然は一一三三年、現在の岡山県美作《みまさか》に生を享けた。時は平安末期、仏教でも末法入りが宣言されてから八十年たっていて、世は動乱の様相が濃くなっていた。そして、九歳になったとき、それが彼の家族にも及んできたのである。法然の父はその地域の豪族で、暴徒や盗賊を取締る押領使の役を仰せつかっていたが、京都からその上に荘園の預かり所なる者が配属されてきた。両者は既得権益をめぐって対立したうえに感情的なもつれが加わって、ついに預かり所は郎党を引き連れて夜討ちをかけ、法然の父は奮戦空しく殺されてしまった。残党狩りが続いたので、長男であった法然はひとまず近くの寺にかくまわれ、十三歳のときにもっと安全な比叡山に入って、仏道を修行する身となった。

　法然の家を襲ったのは時代の典型的な悲劇であったが、それが本来武士になるべき彼が仏教の指導者として大成する機縁となったというのは、仏の配剤であろうか。

　生来聡明で生真面目であった法然は、天台宗の修行に打ち込む一方で、延暦寺にたくわえられた仏教書を読み耽ったが、そんな彼の目にも比叡山の醜態ぶりが映らないはずがない。天皇家や藤原貴族の血をひく者たちは、最高位の座主に登りつめようと暗闘しているかと思えば、武装した荒法師どもが我物顔に山門を出入りして、ときには都へ下って暴れまわっているという。ここ比叡山は、末法悪世に苦しむ衆生とは無縁な、まったくの別天地であった。

ここでの生活にとうに嫌気のさしていた彼は、本山から離れた静かな谷間で修行に打ち込んでいる「聖《ひじり》」の庵の門をたたいて、「法然房」の名を与えられた。これはアジールのなかのアジールであり、遁世のなかの遁世であったが、無位無官の黒衣の僧になることにはなんの後ろめたさもなかったものの、そこで勉学に励めば励むほど空しさが募ってくる。世間から遊離した仏教の知識をどんなに身につけても、それが悩める人たちにいかほど役に立つのか？……

そんな疑問に攻め立てられながら法然は十年ぶりに比叡山を下りて、嵯峨の清涼寺で庶民にまじって釈迦の像の前で祈ったり、南都奈良に遊学したりして、新しい風に触れながら見聞を広げていった。

翌年に比叡山の谷に戻ってさらに勉学にいそしむうちに、彼にはやっと自分の進むべき道が見えてきた。それは源信の『往生要集』に導かれて浄土教の世界に分け入ることである。そうした探求のなかで、法然はついに生涯の師ともいうべき善導に出会った。彼が善導の『観経疏』などの著書を貪り読んだのは言うまでもない。それにとどまらず、法然は浄土教関係の中国に伝わる経や論を次々に読破していって、いつしか比叡山の「知識第一」と噂されるようになった。そして、日本における新しい浄土教の祖となるという密かな野心が、抑えきれなくなってきた。

それもさることながら、法然の心のなかを占めていたのは、戦乱と飢餓に打ちひしがれていた人たちをどのようにして救うかということであった。日本にもすでに浄土教は受け容れられていたが、それは貴族の慰め物のようなものであり、極楽浄土の憂世を離れた絢爛豪華さに夢うつつになった貴族たちは、それを地上に引き下ろして宇治の平等院のようなものを造り、金箔まばゆい阿弥陀如来像を灯明で浮かびあがらせて、音楽のように節をつけた声明に聞き惚れながら、現世のままで浄土に往ったような気分に浸っていた。

それにひきかえ、ただの庶民は死んだとてまともに葬ってもらえず、町中といわず山野といわず、遺体は無造作に転がされていて、浄土教の救いからも完全に締め出されていたのである。

このような一切衆生を救うには、誰でも容易に実行できる「称名念仏」の教えを広げるほかはない。――ようやく決意をかためた法然は、三十年間も籠っていた比叡山を蹶然《けつぜん》と降りて、人々の間に入っていったのだ。

旧仏教からの迫害

とはいえ、無位無官の法然には、布教の拠点となる寺院はおろか自分の住むべき家さえもない。やむなく、比叡山の後輩僧が西山の広谷に作った念仏道場を間借りして教えを説いているうちに、名声を伝え聞いた人たちがぽつりぽつりと現われると、彼は貴賤を問わず一人一人にていねいに念仏による極楽往生を語った。そして、住民の多い東山の吉水に庵を移すと、教えを求め人が急に増えてきた。

それでも、法然にはまだ宗教者としての権威も声望もなかった。彼が後ろ盾にできるのは、中国浄土教の大成者善導だけであったが、彼はその『観経疏』を解く形で浄土教の核心に迫っていった。折もよく比叡山麓の大原で、天台座主が主催して宗門の優劣を論ずる講演が開かれ、その講師の一人として招かれた法然は、三論宗や華厳宗などのいわゆる「聖道門」に比較して、凡夫まで一人残らず救い取るという「浄土門」こそは現在の乱世に最もふさわしい、と鮮やかに論じた。これは天台宗からの独立宣言のようなものであったが、場所柄か聴衆として居並ぶ山門のうるさがたたちは、かつての同僚の変貌ぶりに耳も目も疑った。そして、浄土門に帰依した者もいくらかは出たが、この山門からの離脱者に対して反感や批判を抱く者が多かった。ともかくも、法然はこのようにしてメジャー・デビューを見事に果たしたのである。

このニュースが京の街に流れると、吉水の法然の庵を訪れる人たちが激増したばかりか、ときの関白、九条兼実が浄土門に帰依して、法然を何度も自邸に呼んで直接に話を聞いた。これがまた、上流階級の間に法然の支持者を増やしたのは間違いない。

まずは上首尾続きであったが、一一九六年に兼実が失脚して関白の座から退くや、にわかに暗転する。その三年後には、浄土門に好意的であった頼朝が没すると、その後を継いだ頼家は、念仏の布教を禁止してしまった。

このような浄土教に対する問責の勢いは、頼家が謀殺されて北条の世になっても変わらず、一二〇四年には、ついに比叡山の衆徒が専修念仏の停止《ちょうじ》を天台座主に訴え出たのである。それでも、このときは法然が「七箇条制戒」を出してはね上がりを防いだため大事にならずにすんだが、翌年の十月になると、延暦寺と並ぶ暴れ者の奈良興福寺が、専修念仏を禁断する訴状を朝廷に奏上した。事ここに至っては有力な支援者のとりなしもいかんともしがたく、法然本人は土佐に配流、四人の幹部門弟の死罪という厳しい断が下されたのである。

法然が七年前に出した『選択本願念仏集』で予感していたように、盗賊や猛獣の群れが、ここぞとばかりに浄土教団に襲いかかってきたのだ。

齢八十に近づいていた法然は、この四国流罪を端然として受け容れ、これは田夫野人に法を説くために仏から与えられた好機だとして、瀬戸内海を下る津々浦々で碇泊中にそれを実践した。こうして浄土教への帰依者や支持者は各地に広がっていったが、京都に帰ってから二か月余りで、法然はひっそりと入滅したのである。

その後も法然が説いた浄土教がますます勢いを増していったことは、改めて言うまでもない。

信心による往生

それではこれから、法然の主著である『選択本願念仏集』について、主として「選択」とは何かをめぐって考えることにしよう。
まず選択といっても、誰が何を選ぶかということであるが、『無量寿経』に就きながら法然はこう書いている。――「選択とは、即ちこれ取捨の義なり。数限りない諸仏の浄土の中において、人天の悪を捨て、人天の善を取り、国土の醜を捨て、国土の好を取るなり。」つまり、阿弥陀仏自身がいくつもある浄土のなかから西方の極楽浄土を選んだのである。また、どのような方法でそこへ往くかについては、「阿弥陀如来、念仏をもって往生の本願としたまへる」と書いている。[3]
このように極楽浄土も念仏往生も阿弥陀仏が選択したとあれば、そこに人間が嘴を入れる余地はまったくない。しかし、そのすこし前に「道綽禅師、聖道と浄土の二門を立てて、しかも聖道を捨てて、正しく浄土に帰する」と書いているが、道綽がいかにえらい坊さんであるにしても人間であるからには、浄土門は人間が選んだことにはならないか。

とまどいながら読み進めていくうちに、「廃立《はいりゅう》」という弁証法くさい言葉が出てきてはっとした。[4] 註釈によると、これは「諸行を廃捨して、念仏を立てること」であるらしい。つまり、いったん聖道門を捨てたうえで、その要素を取り込みながら念仏門を立てる、ということではないか。

「選択」について私がこんなにこだわるのは、それとジャン・カルヴァンの「恩寵予定説」とを対比したかったからである。カルヴァンによれば、人間が天国に召されるか地獄へ落されるかは神が一方的に決めることで、人間には選択の余地がまったくない。ところが法然の説く「選択」を見てみると、聖道門を選ぶか浄土門を選ぶかにあたっては、時代状況や人間の資質などの制約はあるとはいえ、人間の意志や判断が関与することができる、つまり、自力によっても決定できるということにはならないか。

法然はこんなことも言っている。――「我、いま一心にこの仏教によつて決定《けつじょう》し奉行す。たとひなんじら百千万億あつて往生せずと言ふとも、ただ我が往生の信心を増長し成就せしむ。」[5]

浄土に往生できるかどうかは、何よりも私の「信心」による。そこには仏の導きや後押しがあるとしても、その決め手になるのは、どうしても浄土に往きたいという私の信心＝信念ではないか。お膳立てをしてくれたのは仏であるとしても、そこに据えられた料理を食べるか食べないかは、自分の意志や判断によるのではないか。

悪と罪の自覚

自力か他力かというのは、微妙にして深刻な問題なのかもしれないが、自力か他力かのいずれを選ぶかについては、人間の本性をどのように見るかにかかっているように思える。もしそれを悲観的に見れば、自分でなんとかしなければと考えるから自力を頼り、楽観的であるなら、仏がなんとかしてくれると思うから他力に傾きやすい。法然の場合は、悲観派であったようだ。

とにかく、『選択本願念仏集』のなかで彼が書いているのを見てみよう。——「かつては煩悩にさいなまれ、善い心も破れ乱されて、福徳や智慧などの貴い宝がみな散逸してしまった。長い間、迷いの世界に流されて、押しとどめても自由にならず、いつも悪魔の王のために召使として、迷いの六道を駆け回らされ、身心ともにすり減らしてしまった。」幸いにも阿弥陀仏という慈父にめぐり会うことができて、その教えに従う心を起こし、往生することを願っている。「それゆえ、努力し励んでたゆまない。(6)」

ここは、阿弥陀仏による救いが前提になっているが、そのために自力による努力を切り捨ててしまったようには思えない。無力な自分なのに、力の限り精進しようとしているではないか。

また、『和語燈録』のなかに入れられた『念仏往生要義抄』には、こんな言葉も見える。「善心は一年一年と年がたつにしたがって稀薄になり、悪心は一日一日と日を重ねるに従っていよいよ盛んになる。それであるから、古人が言っていることがある。『煩悩は身につき従っている影で、離れさせようとしても離れない。菩提《さとり》は水に浮かんでいる月で、取ろうとしても取られない』と。(7)」

善心というものはほうっておけば錆びついたり、摩耗したりしてしまう。だから、善心はそれだけ貴重なものであり、常に心して磨きあげていかなければならないのだ。

法然は多くの人たちに心を込めて手紙を書いているが、「黒田の聖人《しょうにん》へつかはす御消息」には、こんなことが書かれている。——「罪人なりとて疑ふべからず。罪根深きをもきらはずと言へり。

……わが身わろしとて疑ふべからず。自身は煩悩を具足せる凡夫なりと（善導師も）言へり。」法然はここで、罪の自覚について善導が『観経疏』に記した言葉を思い出しているようだ。「罪は十悪・五逆の者（浄土に）生まると信じて、小罪をも犯さじと思ふべし。罪人なほ生まる、いはんや善人をや。[8]」

阿弥陀仏は十悪・五逆の大罪を犯した者も救い取ってくださるが、善を心がける者は、それに甘えずに小さな罪さえ犯してはならない。そこから、「罪人なほ生まる、いはんや善人をや」という言葉が出てきたのだ。

これは『歎異抄』のなかのあまりにも有名な「善人なをもて往生す、いはんや悪人をや」の一句によく似ているが、表現ばかりでなく、その言わんとするところは正反対である。その言葉だけがひとり歩きすれば、善人ないし善行は、悪人ないし悪行の陰に追いやられてしまうのではないか。

そういえば、法然の伝記に「善人尚以て往生す、況や悪人をやの事、口伝之有り」という言葉が残されているが[9]、これは法然が直接書いたものではなく、信者たちの間の言い伝えであるから、聞き違いか書き違いがあるかもしれない。私には、法然はわざと逆説を弄して、人を驚かせるようなことはしないように思われる。

善人たらんとする者を、あるいは自分の悪を自覚して、自分の力の限り善をなそうとする者を、阿弥陀仏がみそなわされないはずがないと、法然は確信していたのではないか。

救済の民主主義

仏による救済が最低ラインにまで引き下げられたからには、これまでどん底で這いつくばっていた人たちも立ちあがって、上を向いて生きていくほかはない。その上にいた人たちはさらに上を目指すことになるだろう。

「念仏は易《やす》きが故に一切に通ず。諸行は難きが故に諸機に通ぜず。しかれば即ち、一切衆生をして平等に往生せしめむがために、難きを捨て易きを取りて、本願としたまふか。[10]」

法然は救済のレベルを押し下げたばかりでなく、横にも拡げた。これまで殺生や卑賤な職業で除外されていた人たちも取り込んだのである。「念仏を修せんところは、貴賤を論ぜず、海人漁人のとまや（苫屋）までも、みなこれわが遺跡なるべし[11]」と彼は語ったという。

また、『和語燈録』にはこんな言葉も記されている。──「阿弥陀如来の本願の名号は、たきぎを切ったり、草を刈ったり、菜をつんだり、水を汲んだりするごく当たり前の人で、内面も表面も不完全で、一字の意味さえ理解できなくても、念仏を唱えれば必ず浄土に生まれるのだと信じて、真実に喜び願って、つねに念仏を申しているのを、最上の資質ある人とする。[12]」

法然はどのような階層にも、職業にも、地域にも、救済の対象を一人も漏らさないように押し拡げていった。こうしたことこそが、民主主義の原点というべきものではないか。彼は地方にいる念仏者にこんな手紙を送っている。──「念仏を申さむ人に、たとひ塵刹《じんせつ》（汚れた国）のほかの人なりとも、同行の思ひをなして、一仏浄土に生まれむと思ふべきにて候なり。[13]」

横行する「虚仮の行者」

法然は広く外界に目を注いだばかりでなく、自己の内面も厳しく見つめた。『和語燈録』のなかでも最も長文の「往生大要抄」では、人間の真実と虚仮《こけ》をめぐって、詳しく考察している。

まず彼は、善導の「外には賢善精進の相を現じ、内には虚仮を抱くことなかれ」という言葉を手がかりとして、心の表層から深層へと分け入っていく。

善導がこう言っているのは、「内心は愚かで、表面は立派な姿を現わし、内面では悪ばかり造っていても、表面では善人のように振舞い、内心ではなまけ怠っていても、表面では努力精進しているように振舞うのを虚仮とは言うのである。」

このような「虚仮の行者」について、法然は「至誠心の欠けた者」と言っている。

これに対して、「表面的な善い悪いを心配しないで、世間の非難や名誉を気にしないで、内心ではこの穢土《えど》を嫌い、浄土を請い願い、悪を抑え、善を修めて、まじめに仏の気持にかなうようにと思っているのを、真実とは言うのである。この真実は虚仮に対する言葉である。真と仮とが対立する言葉で、虚と実とが反対を示す言葉である。」

それだから、虚仮が厚かましくはびこれば真実は隠されてしまうが、「虚仮の行者」だけが我物顔で闊歩しているというのは、千年前も今とあまり変わらなかったのだろうか。

「わが心の程度も思い知らされ、人のうわべを見るにつけても、この人目を飾る心持のどうにも思い離れることのできないのは、本当につらく悲しいことに思われる。」

そういえば、菩薩たるものが守るべき「譏嫌戒《きげんかい》」というものがあるそうだ。「譏」というのは人をそしったり、けなしたりすることで、そんなことをして人から嫌われたり非難されたりするな、という戒めなのだという。それはそれで立派なことかもしれないが、それに虚仮がまとわりつくと少しおかしなことになる。

「譏嫌戒だと称して、それにこだわって、内心が邪《よこしま》で、外見だけが立派な見せかけの行為になることもあるだろう。真実であるとそれらしく言って、あまりにも放逸であることもあるだろう。(14)」

これは現代のマス・メディアとそこで大活躍している人たちをあてこすっているのだと、錯覚する人もいるのではないか。

社会的にも個人的にもとても実行できそうもない、ワン・パターンのきれいごとを並べ立て、それが自分たちの知恵の産物だとばかりに言いふらして、人気者や成り上がり者ばかりか、粉骨砕身して責任ある仕事をしている人たちを、ことあるごとにそしり、けなしておきながら、自分たちこそは浄土の（冥土？）一番乗りだと威張り腐っている連中を見ていると、私はつい胸くそがわるくなる。

それだけならまだ我慢できるが、連中が担ぎ上げた虚仮の張りぼてがばんばん膨らんでいって、その中に真実も真実らしいものもいっしょくたに放り込んだあげく、外からか内からかの針の一刺しでその虚仮の張りぼてがぱあーんと爆ぜてしまったら、日本全体がへなへなっとぺしゃんこになってしまわないか？……

浮かれはしゃいでいる人たちは、こんなことを杞憂している私のことなど見向きもしないだろう。

法然は自ら「乱想の凡夫」とか「愚痴の法然房」とかと称して、名聞利養《みょうもんりよう》を求めず、豪華な堂塔の建設にさほど関心を示さず、教団組織の拡張にも力を入れて取り組まなかった。一時は数百人の弟子が集まっていたものの、延暦寺や興福寺の横車で壊滅的な打撃を受け、残された弟子たちは各地に散ってしまった。それが全国に教線を広めたとしても、強力な指導者による統制を難しくした。

こうした状況のなかで、今日なお法然が創始した浄土宗が日本有数の仏教集団の地位を保持しているのは、驚くべき事実であるように思える。

それでも、法然の教えは浄土宗の内部にとどめておくのはもったいない。その縄張りを外れたところで、それは思想としての真価を発揮するのではなかろうか。

〈二〉他力に賭けた親鸞――煩悩の海をどこへ漂流するか

女犯の奇蹟

日本の仏教や思想について語る者は、法然に続いて親鸞を取りあげるのが定石のようになっているから、素人の私もその定石を踏襲することにしよう。

とは言ったものの、いざ親鸞に近づこうとすると、とたんに濃い霧の中に迷い込んでしまう。しかも、その霧の発生源になっているのは、親鸞その人であるような気がしてくるのだ。法然はどこから見ても非の打ちようのない清僧であったが、親鸞はどこか人間離れしたような、こんなことを書くのは憚られるが、モンスターじみたところがあるような気がしてならない。しかも、このモンスター性は、人間にとっての最も根源的な欲望である性欲にからんで現われてくるのである。

時は建仁元年（一二〇一年）四月五日の夜の明けそめるころ、所は聖徳太子が創建したという京都の由緒ある六角堂で、百日間参籠して修行していた親鸞がその九十五日目に、ある夢を見た。それは「親鸞夢記」として記録されているから、私たちもその夢がどんなものであったか、のぞき見ることができる。

> 六角堂の救世大菩薩、顔容端政の僧形を示現して、白き納《のう》の御袈裟を服著せしめて、広大の白蓮に端座して、善信に告命して言く、行者宿報にして設《たと》い女犯《にょぼん》すとも、我玉女の身となりて犯せられん。一生の間よく荘厳して、臨終に引導して極楽に生ぜしむ。救世菩薩、この文を誦して言く、この文は吾が誓願なり。一切群生に説き聞かすべしと告命したまへり。[15]

これは二十九歳の親鸞（当時の名は善信）が見た夢だということだが、一読したら誰も啞然としてしまうだろう。夢の中で女性と交わるのは凡人の男だってあることだが、しかも、この場合はその相手が六角堂の御本尊である救世大菩薩であり、その観音様がわざわざとびきりの美人の「玉女」に変身して抱かれてあげるというのだから、欣喜雀躍しないはずがなかろう。そのおまけに、観音様は極楽往生まで約束して、この体験を「一切群生に説き聞かすべし」とまで言ったのである。これはまた有難すぎる観音様の功徳ではないか。

この夢そのものが異常であるうえに、それに輪をかけて異常なのは、常人なら秘すにちがいない夢を、あとで弟子の一人にわざわざ口述して筆記させたことである。それは天才的な宗教家ならではのことであろう。

九歳で比叡山に登ってからはや二十年、僧なみに修行に打ち込んできたものの、まわりはと見れば、僧としての不淫戒など建前だけで、若い女を囲ったり稚児遊びをしている高僧や先輩はごろごろしていた。当の善信にしてみても、もう何人もの女性と交わって、子供を儲けているかもしれないではないか。

人並みはずれて性欲の強かったらしい善信は、まわりを気にしながら密会をするよりも、堂々と一家を構えて女と一緒に暮らしたかった。それに、救世観音からお許しがあったとなれば、もうぐずぐずすることもないし、目星をつけた女性もいたのである。

そのころ、善信＝親鸞は時折り山を出て、師と仰ぐ法然のいる吉水へ通っていたが、妻帯の思いもだしがたく、その悩みを法然に訴えたようだ。自らは厳しく不淫戒を守っていた法然ではあったが、性欲を無理に押さえつけたら当人の心身によくないと考えていたらしく、あっさりとそれを許してしまった。かくして、親鸞はかねてから思いそめていた恵信尼《えしんに》なる女性と結婚したうえ、堂僧を勤めていた比叡山から出て、法然の念仏の教えに帰依するとともに、晴れて一家の主になったのである。

ちなみに、親鸞にはこの恵信尼のほかにも一人か二人の妻がいたとされ、子供は名前が残っているだけでも七人いたから、それ以上の子宝に恵まれていたように思われる。

「造悪無碍」をめぐる混乱

親鸞と恵信尼とはさぞ仲睦まじい新婚生活を送ったであろうが、六年後に起こった興福寺による法然の専修念仏弾圧事件に連座して、親鸞は越後へ流されてしまった。夫婦が離ればなれになったか、連れ添って国府の直江津に向かったかは、研究者にもはっきりしないらしい。四年後には流罪が勅免されて、彼はひとまず関東に落ち着いた。それ以前に恵信尼は確実に夫のもとにきていて、その年には四男が生まれたのだという。

配流されてからは僧籍をはずれて、自ら「愚禿親鸞」と称しながら、常陸から下野へと何度か場所を移して、精力的に法然直伝の専修念仏を説いていたから、関東の人たちには坊さん以外の何ものでもない。京都から流されてきた高名な親鸞であっても、妻と何人もの子供を抱えていては、地元の人たちにはさぞ風変わりに見えたことであろう。

親鸞は二十年以上も関東にとどまっているうちに、何か所もの念仏道場を作って多くの門弟を集め、そこを師の法然の後を継ぐ浄土教の根拠地にしようとした。そして、教義のうえからも法然から独立するために、主著となる『教行信証』の執筆にとりかかり、ひとまず初稿を完成したのである。

この『教行信証』を改定して最終的に仕上げるには関東では文献が足りないし、さすがに故郷への帰心は募ってくるし、そのうえ、朝廷に代わって今度は鎌倉幕府が専修念仏を禁止するなど、関東の情勢も不穏になってきたので、一二三五年ついに意を決して京都へ帰還した。

親鸞はもう六十三歳になっていたが、京都には彼の支持基盤は無きに等しい。教団指導者としての地位を確保するためには、彼は関東に残してきた門弟たちに頼らざるを得なかったのである。

しかし、京都と関東ではあまりにも遠く離れているし、通信手段も限られているから、親鸞の教えに異を称える者が出てきたり、道場間の主導権争いが起こったりもする。そのうえなお、彼の教えをなまかじりして、悪をなせばなすほど救われるという「造悪無碍」やら「本願ほこり」やらを掲げて、それを実行する徒輩も出てきたなどいう情報も流れてくる。とりわけ、最後にあげたものは幕府にさらなる弾圧の口実を与えることにもなりかねないから、なんとしても即刻手を打たなければならない！……

もう手紙のやり取りなどでは始末がつかず、最も頼りになる親鸞の身代わりを、関東に送り込むほかはない。それには、善鸞というとびきりの切札があった。母は恵信尼以外の女であったが、れっきとした親鸞の子供であり、その統率力や説得力は父親が惚れ込むほどであったという。帰京してから一年後に、親鸞はわが子善鸞を渦中の関東に送り込んだのである。

しかし、善鸞は父親譲りで相当に我が強かったらしく、最初は造悪無碍や神仏軽侮などの火の手を消し止めようとしたものの、それに抵抗されると、有力な門弟を道場から追い出そうとした。そのさい、善鸞は自分は深夜に一人だけ父の親鸞から特別の教えを受けていたから、自分の言うことは絶対に正しく、みな黙って従わなくてはいけないとも言ったという。それでも意のままにならなかった門弟に対しては、鎌倉幕府に取締るよう訴えたとも言われる。

こんなことでは関東の紛争を鎮めるどころか、火に油を注ぐばかりで、その火の粉は京都の親鸞のところまで飛んでくる。父親としての苦渋に追い込まれた親鸞は、窮余の一策として、善鸞を義絶することによってしか事態を収拾できなくなった。この時ばかりは、親鸞の子持ち作戦が裏目に出たのである。そして、その後の善鸞はどうなったか、歴史の記録から消えてしまって、杳として分からない。善鸞は、父親に使い捨てにされてしまったのだろうか。

それからの親鸞の子孫たちの活躍ぶりは、第五章で見ることにする。

他力に徹する

それでは、これからいよいよ『教行信証』を取りあげるが、正直に言えば、それは私などには手に負えない厄介な代物である。というのも、次々に繰り出される浄土教典をはじめとする大乗仏典の引用の狭間に、「私釈」と呼ばれている親鸞自身の文章が置かれているばかりで、彼独自の考えがなかなか見えてこないからだ。強いて探し出せば、念仏を称えるだけで極楽往生が保証されるということぐらいであるが、これでは師の法然と区別がつかないから、思想家としての親鸞の立つ瀬がなくなってしまう。

このような親鸞にも、脱出口はなくもなかった。それは法然は専修念仏を勧めながらも、その一方で道徳的な善をなすことも見捨ててはいなかったからである。確かに、法然は阿弥陀仏という他力の救済を説きながらも、自力による功徳をも認めている。それは思想としては不徹底で、矛盾さえはらんでいる。他力を信じきれずに、そのなかに自力を混ぜ合わせているからだ。

こうした単純明快な事実の発見にも、阿弥陀仏による救いが働いたか分からないが、宗教指導者としての親鸞は、これで独自色を強力に打ち出すことができるようになった。こうと決めたからには他力による救済一本に絞って、それ以外の要素はすべてきっぱりと切り捨てることになる。

もちろん、これは私のただの推測にすぎないが、それを通して『教行信証』を読んでみると、親鸞の言わんとするところが実によく分かるような気がするのである。

親鸞が出した宛先不明の手紙に、こんなことが書かれている。──「本願はもともと仏のお約束である、と心得てしまえば、そこに要るものは善でもなく、行いでもありません。だからこそ他力というのです。(16)」

この言葉のなかに親鸞の教えは尽きるように思われるが、それではあまりにあっけないので、これからそれに至る因縁をたどっていくことにしよう。

雑修雑善からの解放

『教行信証』の「行」巻の冒頭で、親鸞はこう言ってのける。──「大行とは阿弥陀如来の名を称えるなり。この行は即ちもろもろの善法を摂し、もろもろの徳本を具せり。」

大行とは称名念仏のことであるが、それさえすれば様々な善き法をそのなかにおさめ取り、様々な徳の基本を自分のものにすることができる。すなわち、この世界における法も徳も、すべて念仏者のものになるのである。

このような阿弥陀仏の不思議な働きこそが、「他力」というものなのだ。つまり、他力というのは如来の本願であるが、それに帰依するためには「雑行《ぞうぎょう》」を捨てて、「正行《しょうぎょう》」を選び取らなければならない。「正行」とは浄土への往生を信じてひたすら念仏を称えることであり、「雑行」とは仏教に関するその他のすべて、小乗が要求する戒律を守ったり、旧仏教に則って礼拝したり修行したりすることであるが、後者の雑行には、多かれ少なかれ自分の力で救われたいという「自力」が含まれているから、弥陀への信仰としてはそれだけ純粋なものではない、ということになる。

ここでは明言されていないが、すでに述べたように法然の説く専修念仏には「自力」が混入しているから、それも雑行のなかに組み込まれてしまっている。

親鸞によれば、「雑修雑善」というものは善であって善ではない。なぜなら、それらは「虚仮邪偽の善行、雑毒雑心」であるからである。そもそも毒のまじった善行が、どうして善などと言えるのか。

これに比べて、自力に邪魔されない他力の念仏というのは、転輪聖王のように、虚空に乗じて天下を自由自在に遊ぶことができる。

親鸞は他力の念仏の素晴らしさを、さらに並べ立てる。「利剣のごとし、よく一切の驕慢の鎧を断つが故に」「日輪の光のごとし、一切凡愚の痴闇《ちあん》を破るが故に(17)」等々。

このような不可思議の世界に遊ぶのに、ただ念仏を称えればいいというのなら、これほど願ってもないことはない。

絶対にして完全な他力

次の「信」巻に入っても、親鸞の他力への信心はますます高揚するばかりである。

「自身は現にこれ罪悪生死の凡夫、曠劫《こうごう》よりこのかた常に没し常に流転して、出離の縁あることなしと信ず。……かの阿弥陀仏の願力に乗じて定んで往生を得と信ず。」

これまで運命に弄ばれてきた平々凡々たる自分のような人間でも、弥陀の本願を信じさえすれば、思ってもみなかった往生ができるというものなのか。

しかし、早合点してぬか喜びしてはいけない。それにはやはり厳しい条件がつけられているからだ。それはつまり、極楽浄土は本当に存在しているのかとか、自分のような者の声を聞くだけで救ってくれるのかとか、阿弥陀仏にそんなすごい力があるのかなどとは、断じて疑ってはならぬのである。

親鸞はこんなつぶやきを聴いていたかのように、こう言って釘を刺す。――「至心は、真実誠種《じょうしゅ》の心なるが故に、疑蓋《ぎがい》雑はることなきなり。信楽《しんぎょう》は真実誠満の心なるが故に、疑蓋雑はることとなきなり。」そもそもそんなことをいちいち疑ってかかるようなら、浄土に往生する資格などないのである。君たちが心の底から往生を願うなら、あらゆる疑いをかなぐり捨ててかからねばならない。「真実の心にして、虚仮雑はることなし」と言うではないか。(18)

ここに、阿弥陀への他力信仰は「絶対他力」になった。ただの他力から、いかなる不純物も疑惑も許さない、絶対にして完全な他力になったのだ。

しかし、これを下世話で常識的な言葉でいってみたら、弥陀に「丸投げ」してしまうということではないか。もう絶対の救済が「決定」しているのだから、あとはときどき念仏を称えるだけで、何もすることがないではないか。この世でもう極楽に往生したようなものではないか。

他力の白道と自力の黒路

「信」巻を読み進めて間もなく、例の「二河白道」の譬が出てくる。これはほとんど一字一句法然を引き写したものであるから、わざわざここに書くまでもない。しかし、それから出された結論ないし教訓のようなものになると、俄然、親鸞色があふれ出てくる。

白道の白と言ふは、黒に対するなり。白は即ち選択摂取の白業、往相回向《えこう》の浄業なり。黒は即ちこれ無明煩悩の黒業、二乗・人・天の雑善なり。道と言は路に対するなり。道は即ちこれ本願一実の直道、大般涅槃《だいはつねはん》、無上の大道なり。路は即ちこれ二乗・三乗・万善諸行の小路なり。……本願力の回向の大信心海なるが故に、破壊《はえ》すべからず、これを金剛のごとしと喩ふるなり。(19)

ここに至って、救いへの道は二本に分かれることになる。一つはこれまでどおりの白道であり、もう一つは黒い「小路」である。つまり、白く光るコンクリートで完全舗装された高速道と、でこぼこした田舎の黒い路の二本に分岐したことになるが、「無上の大道」を往くのは、弥陀の本願を信じて念仏する完全他力の信者であるのに対し、狭い悪路をよたよた歩いている人たちを見れば、「万善諸行」にすがりついている自力の行者ではないか。

おそらく、と言うより百パーセント確実に前者の行き着く先は極楽浄土であるのに対し、後者はいったいどこへたどり着くのだろうか。親鸞ははっきり書いていないが、水と火の河に足を取られて地獄に呑み込まれてしまったのか？……

情け深い親鸞はそんなむごいことは考えずに、ちゃんと行者たちの落ち着く先を用意していた。それが辺地とか疑城とか胎宮とかと言われるところ、すなわち「化土《けど》」である。親鸞はこれらについて、「仏智を疑惑するを以ての故に胎宮に生まれむ」(20)とかいろいろ書いているが、そこは浄土に似ているようで似てもつかず、また浄土に近いようで無限に離れている。そんなところから華やかな浄土で遊楽に耽っている人たちを指をくわえて眺めているより、いっそのこと本物の亡者になってしまった方がましではないか。

すぐ前で述べたように、救いへの道は、白と黒、大と小、広と狭の二つに峻別されてしまったが、その黒白をつける決め手となるのは、やはり自力か他力か、善にこだわるかこだわらないか、疑うか疑わないかということであろう。

これまで、『教行信証』の漢文にそって引用してきたが、さぞ読みずらかっただろうし、私も書きずらかった。そこで、もっと分かりやすくするために、親鸞がもともと和文で書いた手紙を現代語訳したものを見ていくことにしよう。これらはいずれも、関東にいる門弟たちのために親鸞が京都から書き送ったものである。

まず他力と自力については、彼は「他力のなかの自力」と「他力のなかの他力」の二つに分ける。ここで自力と言うのは、「清浄を装って浄土に生まれようと思うこと」であり、「さまざまな善によって浄土に生まれようとすること」が他力のなかの自力なのだということになる。これに対し、仏から与えられた金剛不壊《こんごうふえ》の心によって浄土を信じるのが、「すなわち他力のなかの他力であります。」

どうやら、親鸞は「善ないし義というもの」を毛嫌いしていたようだが、それが手紙では単刀直入にこう書かれている。――「他力においては、義の捨てられていることが義である。」こんなにきっぱり切り捨てられてしまっては、善なるものも義なるものも恥じ入るばかりではないか。

こうして善と自力を追放しておきながら、その反動とでも言うように、他力の信者を持ち上げる。――「浄土の真実の信心を得た人は、その身こそあさましい穢《けが》れと邪《よこしま》にまみれた身であっても、心はすでに如来に等しいから、如来に等しいということもあるのだ、とご承知ください。(21)」

これぞまさしく現世往生というものであろうが、いささか安請け合いのような気もする。このような「他力のなかの自力」と「他力のなかの他力」を見比べてみると、あまりにもその差があからさますぎるし、親鸞はその差を意識的に誇張しているようにも思えてくる。彼は師の法然を名指しするようなことは避けながらも、その「他力のなかの自力」を批判することによって、法然との差異化を際立たせようとしたのではないか。

親鸞と悪の認識

親鸞と言えばすぐその「悪人正機説」が持ち出されて、彼の悪の認識の深さが議論されるが、私の目には彼の悪の自覚や罪の意識は稀薄であるどころか、存在すらしていないようにも見える。親鸞は律宗の祖師たる元照を引用してこう書いている。「いま浄土の諸経に並びて魔を言はず。この法に魔の無きこと明《あきら》けし。……もしよく明らかに識《し》りておのおの対治を用いれば、即ちよく除遣《じょけん》せしむ。(22)」

これはあくまで元照の文章であるが、親鸞がそれに共感していなければ、引用などするであろうか。そのなかでも、たとえ魔がはびこっても対策を立ててうまく治療すれば、簡単にそれを除去できるということに、同感しているのではないか。

また、これとは逆に、彼がまったく反応を示さないということもある。

第二章の末尾近くで、私は『無量寿経』のなかの「三毒段」と「五悪段」なるものを紹介したが、道徳に敏感な中国人がサンスクリット語の原文につけ加えたこのかなりの長文について、親鸞はまったく触れてはいない。浄土三部経についてあれほどふんだんに引用しているにもかかわらずである。

そこでは、「怒りや憎しみが重なって報復し合うようになる」というような個人的な悪ばかりでなく、所有欲や金銭欲や支配欲から生まれた富の格差や身分の不平等などの社会的悪も、鋭く告発している。「善を実行するから善が得られ、道を実行するから道が得られるということを信じない。善悪にかかわることは、一切これを信じない」というような文章[23]はまったく親鸞の目には入らなかったかのようである。

極楽浄土のまばゆさに目がくらくらしてしまって、人間に内在する悪やこの世の悪などはまったく映らなかったのだろうか。人間の悪のなかで親鸞がいくらかでも悩んだのは、救世観音に是認された性欲ぐらいではなかったか。

自力、自力と親鸞は大音声で追いまわしたが、妻帯して子孫を作るのは自力によってしかできないのである。まさしく、それこそは、「自力のなかの自力」ではないか。

本願寺王国の基礎

親鸞が妻帯して自力で子孫を儲けた功徳は、彼の死後間もなく現実に動きだした。彼の娘である覚心尼が父の墓を京都大谷の自宅の敷地内に移して、そこに廟堂を建てたのである。その所有権は関東の門弟たちにあったものの、ともかくもここに後の本願寺の基礎が打ち据えられたのだ。そして、その廟堂を維持管理する留守職《るすしき》になったのが、親鸞の曾孫の覚如であった。

この覚如というのはなかなかの野心家で、それなりの才覚もあったようだが、彼がなしとげようとしたのは、親鸞の門流を独自の教理を持った一派として、教理のうえでも組織としても独立させることであった。そして、教理上では、親鸞の絶対性を強調する一方で、親鸞独特の念仏として「報恩の念仏」を前面に押し出し、また組織上では、関東など各地に散在する門弟たちを糾合して全国にまたがる教団にする。そのうえで、親鸞の廟堂である大谷御影堂をその中核の寺に据えて、親鸞直系の子孫がその教団を統括する。[24]——このような覚如が打ち出した遠大な計画に沿って、これから一世紀以上の時間をかけて、本願寺王国が形成されていくのである。

ここにおいて、親鸞が師の法然の専修念仏とは一線を画したうえで、絶対他力を至上とする新たな教義を立ち上げておいたことが、徐々ではあっても確実に、「浄土真宗」なる教団が勢力を拡大していくための原動力になったのである。そのさい、あの『教行信証』の難解さが——難解といっても、教義が深遠で解りにくいというよりも、漢文の教典の引用が多すぎて、読むのに骨が折れるというぐらいのものだが——その浄土真宗に容易に近づきにくい権威を帯びさせたのである。

教祖の親鸞はもとより、七世紀以上にわたるその後継者たちも、人間が抱える煩悩に対する現実的で有効な手立てはいまだ打ち出せずにいるが、日本の最大多数の信徒たちが乗り込んだ本願寺教団の大船は、宗教が虚仮としても尊厳を失いつつあるなかで、煩悩の群生海をどのように漂流していくのであろうか。

〈三〉生きのびたマニ教 ——ソグド人の活躍を追って

時節はずれのマニ教ブーム

マニ教と言うのは不思議な宗教である。私たち日本人にはそんな宗教があったとどこかで聞いたかなぐらいですむが、ヨーロッパ人になると、眉をひそめるどころか、ときには敵意をあらわにさえする。そんなマニ教ではあるが、人類初の国際的な宗教であり、一時はペルシアばかりか、ヨーロッパやアフリカなどでも多くの信者を獲得したにもかかわらず、歴史の記憶からほとんど消えてしまった。

そのマニ教が亡霊のように甦ってきたのは、ヨーロッパ人の怪我ならぬ貪欲の功名のおかげであった。イギリス人やフランス人がアジアの奥地まで植民地化を進めると、その後を追った学者たちが、その地域の廃墟の探索や埋蔵物の発掘を競い合った。そうしたことから見つかった紙や皮の大量の巻物のなかに、マニ教に関する文書が含まれていたので、その貴重な獲物を本国に持ち帰った学者たちは、中世ペルシア語やパルチア語やトルコ語を習得して解読に没頭し、その成果を学会や雑誌に続々と発表したのがきっかけとなって、ヨーロッパの知識人の間で時ならぬ「マニ教ブーム」が現出したのである。

ところで、この時節はずれの「時の人」になった教祖のマニとは、いったいいかなる人物であるのか？——パルチア王族の血を享けたといわれるマニ・ハイエーは、紀元後二一六年に諸民族や諸宗教のるつぼであったメソポタミアで世の人となった。父親がユダヤ教とキリスト教を折衷したエルカサイ派という洗礼教団に加わっていたことから、その組織のなかで育てられた彼は、ユダヤ教とキリスト教、それに先祖伝来のゾロアスター教をごく自然に体得していったであろう。

若くして独自の宗教を打ち立てようとしたマニは、何を思ったのか、二十四歳になるやバビロニアの港からインドへ向かって船出した。クシャーン朝に支配されていたインドでは、当時大乗仏教が隆盛になりつつあったから、マニは仏教徒たちと論戦を交わしたように思われる。そして、二年足らずの短い滞在であったものの、ペルシアとの国境に近い小国とはいえ、トーランシャーの王を自分の新しい宗教に改宗させたというのだから、その説得力は並のものではなかったであろう。

また、マニは「大乗非仏説」にも言及しているというから、その認識力も隅には置けない。中村元によると、「マニがインドを訪れたとき、大乗教徒は自分たちの教えが釈尊の真の教えであり、小乗教徒は釈尊の教えのうち、劣ったものだけを伝えているにすぎないと言い、これに対して、小乗仏教の徒は大乗仏教は非仏説であると言って非難していた。だから、インドに起こった大乗非仏説論争が、マニをして真剣に考えさせたのである。(25)」

これは私の臆断にすぎないが、大乗仏教なるものはブッダの教えから離れた中央アジア人の創作ではないか、とマニは見抜いていたのではなかろうか。

インドからペルシアに帰ってみると、ササン朝二代目のシャプール一世が君臨していたが、マニはこの王に自分の宗教を説いて理解を得たうえに、かなりの保護も与えられていたようだ。そして、これに意を強くしたマニは、有力な弟子たちを西へ南へ東へと派遣して布教を拡げたが、なかでも西のヨーロッパでは驚くほど多数の信者を獲得したために、当時勢力を蓄えつつあったキリスト教の警戒心を呼び起こしてしまった。そして、その一世紀後にはローマ帝国に保護されたキリスト教に徹底的に弾圧されたばかりか、記録といわず遺物といわず痕跡すら残さないほどに抹消されてしまったのである。

また、マニ自身にしても、シャプール王の没後には、教団の存立を脅かされたゾロアスター教の保守派から反撃されて、牢獄に鎖でつながれて幽閉される身となり、飢え死にしたとも伝えられている。

かくして、宗教の鬼才として恐れられたマニの波瀾に満ちた五十年の生涯は終わったのだ。

マニの善悪「二極論」

東へ向かっては、マニは最も信頼していたマール・アーモを送り込んで新天地を開拓させた。期待にたがわず、アーモはシリアからイラン高原東部、バクトリアにかけて多くの有力者を改宗させたばかりか、自分で著書も編んで、マニの教義を普及させた。

ところで、そのマニの教義の核心をなすのは、よく言われるように光と闇、善と悪、正と邪、精神と物質の二元論であるが、それはキリスト教の一元論から発想されたものであるから、そのまま受け入れるのは危険が伴う。

というのも、キリスト教は全智全能にして善なる神が、宇宙万物の創造者にして根源であるという、一点非の打ちどころのない一元論であるが、それには誰にも容易に見られる泣き所がある。そんな神の創造物にしては、世界にも人間にも悪が目立ちすぎるからだ。この悪はどこからやってきたのかという疑問に対しては、もともと善であった天使が堕落して悪をまき散らしたのだとしか答えようがないが、全能の神がなぜ天使の堕落を阻止できなかったかと追及されると、悪いのは自分から堕落した天使であって、神はそれになんの関係もない。神が関係しないものは存在しないも同然であるから、悪は存在しないのだ。——

これはただの強弁であって、詭弁にもなりはしない。

マニは、ゾロアスターと同じように悪や闇の存在を堂々と認めているから二元論ではあるが、キリスト教の一元論に対比されるような単純なものではない。善も悪も、光も闇も、そのいずれもが独立して万物の根源になっているのではないのだ。それらは宇宙や人間の状況に応じて、どちらかが強くなったり弱くなったり、主導権を握ったり従属的になったりする。善と悪、光と闇は存在として絶対的であっても、関係としては相対的である。

それは「二元論」というよりも「二極論」と言った方がより適確であろう。

それでも、キリスト教徒は、マニ教は二元論であるから「異端」であると一方的に（一元論的に）決めつけるのである。

このようなキリスト教徒に比べたら、中国人は七世紀中ごろに入ってきたマニ教をよほど正確にかつ深く理解している。というのも、中国人はマニ教を「二宗三際」という言葉で特徴づけているからだ。このうち「二宗」の宗とは主だったものという意味で、マニ教が善と悪、光と闇を重要視していることを表わしていることがすぐ分かるが、「三際」というのはいくらか説明がいるだろう。つまり、マニ教の基本的考えによれば、宇宙は最初の状態（初際）では光と闇がはっきりと分離していたのに、歴史状況（中際）に入ると両者は混合しながら激しく闘い合い、終末に近づくと（後際）、光と闇はまた明確に分かれる。つまり、光は闇から紛うかたなく解放されるのである。

今は便宜上、宇宙論として説明したが、個々の人間においてもまったく同じような「三際」を経過するのである。

これは宇宙と人間の運命を時間軸に沿って見たものであるが、光が最終的に闇に勝利することが暗示されているから、中国人はマニ教を明経とか明門とかと呼んだ。（そういえば、マニ教徒が七六八年に長安に建てた寺院は、「大雲光明寺」と呼ばれた。）

善と悪、光と闇の闘い

それではこれから、ドイツ人の比較宗教学者クリムカイトが、中央アジアで発見されたマニ教の文書から何人もの学者がフランス語やドイツ語に訳したものを、英語に訳し直してまとめた、『シルクロードのグノーシス』を手引きとして、マニ教の実像に近づいていくことにしよう。

改めて見まわすと、マニ教の世界観では、光と闇、神と悪魔は独立した存在ではなく、二つの「自然」ないし「物質」であって、それらが混合している現実のなかで人間のなすべきことは、悪を善から分離しつつそれを滅ぼすことによって、自らの倫理的水準を高めることである。これがマニの神話になると、「光の王国」から送られてくる使者が、闇の底で眠りこけている人間の感覚を天からの光で刺戟して、闇の悪との闘いに奮い立たせることになる。そして、この「光の王国」からの使者は、「理性《ヌース》」とか「最初の人間」とかいろいろいるが、そのうちの一人がイエス・キリストと呼ばれていても、彼はとびきりの特別な存在ではなくて、他の使者たちといつでも代替が可能である。

「光の王国」に対抗して「闇の王国」もあるが、そこで采配を揮っているのがペルシアの悪の王者アーリマンであり、それがいちばん頼りにしているのが強欲ないし貪欲である（Āz）。そして、このĀzは金銭欲ばかりでなく、性欲や嫉妬や憎悪などをも活性化して、肉体の虜にしようとするから、人間の精神もそれ以上に躍動して、自分とは疎遠であったものを抑え込み、そのまま放置すれば宇宙的な戦争につながりかねない、不安や苦悩や暴動に打ち勝たなければならない。それに成功することによって、「新しい楽園」が出現するのである。

マニの神話なるものは、このようにダイナミックでドラマチックなものであるが、それは同時にまた、内面的な深さをもたたえているのである。

廃墟から現われたチンワト橋

ここからは、もっと具体的にマニの記述を見ていくが、コプト語で書かれたテキストには、私たちにはすでにお馴染みになった光景が出てくる。――「審判のための道具になるのは、魂が渡らなければならない橋である。正しくない者には、それはカミソリの刃のように細くなって、有罪と決まった魂はその橋の下の深み、すなわち地獄へと間違いなく転落する。その一方で、正しい人たちには橋は広くなって、容易に渡ることができる。[26]」マニ教徒たちは、このように橋が広くなるように祈るのだ。

この魂たちが渡らなくてはならないのは、言うまでもなく「チンワト橋」であるが、他のトルコ語から訳されたテキストでは、橋を渡って天へ昇っていく魂は、「もう一人の自己《アルター・エゴ》」を表わす「光の衣」を着るという。
トルコ語で書かれたマニを称える讃歌には、「真実の法の橋」ばかりでなく「道」も出てくる。

苦悩の足枷に繋がれてきた者は
輪廻から救い出されて
ブッダのような日の神（Buddhalike Sun-God）を見る。
……
救済のための道《ロード》や路《パス》を探し求めて
おまえはあらゆる方面に向かって旅をする
……
自由と救済へ至る道や路がいかなるものであるか
マニの説く「生ける福音」を読むことで理解する(27)

ここでは、仏教的な色彩が濃くなっているが、その先にあるのはゾロアスター教・マニ教的な光と闇、善と悪との闘いである。どのような道を進もうと、心の底にうごめく欲望を見つめて、それを克服していかなければならない。親鸞のように大道を悠々と行くのではないのである。

マニ教の「光の王国」と西方浄土

つい今しがたはしなくもブッダの名前が出てきたが、中央アジアで発見された文書には、仏教に関係する用語が頻出する。

パルチア語で書かれた「魂と救い主との対話」には、ずばり釈迦牟尼その人が現われる。「私の苦悩は、ブッダ・シャカムニ（Buddha Shakyamuni）によって消えた。彼は、彼が自由にした幸運なインド人の魂たちに、救済への扉を開いた。(28)」

この対話には未来仏としての弥勒菩薩（Await Maitreya）も顔を出すが、それは来たるべき神なるマニを暗に示しているのだという。

すでに述べたように、マニから東方へ派遣されたマール・アーモは、アム・ダリア河流域からクシャーン朝インドへ向かった。そこには仏教徒が数多く住んでいたうえに、ササン朝ペルシアの勢力も浸透していた。パルチア語がよく理解できたアーモは、滞在中にパルチア語の長い讃歌を書いたが――それは中国語で保存されている――浄土教の文書と見まがうばかりである。その韻文を要約すれば、次のようになるだろう。


そこに住む人たちは光に喜び溢れ、誰もが永遠にとどまる。苦痛も欲望も彼らを悩ますことはない。……その土地には飢えも悩みも渇きもない。……恐れも慄きも破壊もない。……そこには光の輝きが満ち溢れている……年を取っても、足や腰が弱くなることもない。……彼らはここちよく甘い香りをかぎ、年齢に制限もない。ここには誕生も死もない。……ここには抑圧も受難もない。純粋にして清浄な場所なのだ。(29)

ざっとこのようなものだが、編者のクリムカイトならずとも、次のような疑問が持ち上がってくるのは当然であろう。——「初期の大乗仏教における、無量の光と寿命の仏たる阿弥陀仏の西方浄土（Western paradise）は、マニ教の『光の王国』の叙述によって鼓吹されたのか、それとも、その逆に大乗仏典がマニ教に影響を与えたのか[30]」？……これはなかなか結論が下しにくい問題であるが、素人の気安さで言わせてもらえば、五分五分というよりも、ミトラ教も含めてペルシア＝マニ教側に比重が傾くように思われる。

これで、難問の一つがクリアーできたかどうか分からないが、そこにもう一つの難問が現われる。それはつまり、「キリスト教の十字架上の死と、仏教でいう完全な涅槃（Parinirvana）とは、自由に交換できる言葉かどうか」ということであるが、クリムカイトは「交換できる」としているものの、キリストの十字架上の死はあまりにも人間味が濃厚であるのに対して、仏教で説く「完全な涅槃」は人間離れしすぎているから、私には容易に「交換できる」ようにも思えない。

ともかくも、異なった分野や角度から、異なった光を当ててみると、意外な発見もありうるかもしれない。

民族や言語を超えた宗教

ここからはマニ教本来の問題に移って、中央アジアに出現したマニ教団の実態について見ていくことにしたい。

ブッダやゾロアスターやキリストのようなどちらかといえば「古代的な」教祖たちとは違って、「近代的な」意識を持っていたらしいマニは、自分の教義に疑義や混乱が起こらないように、自ら筆をとって数多くの著書をつくった。また、教祖としては几帳面すぎるほどであった彼は、教団の組織を細部までことこまかく組み立て、厳しくて柔軟な戒律も明確に定めた。フランスのタルデューが言っているように、「マニは預言者であると同時に、立法者でもあり、共同体の組織者でもあった。[31]」

マニはまた、国境や民族を超えた世界的な宗教を実現しようとしていた。彼は常日頃からこんなことを言っていたという。――「これまでの宗教は、どれもただ一つの国、ただ一つの言語のためのものであった。私自身の宗教は、あらゆる国々、あらゆる言語で表現され、はるか遠隔の地でも教えられるものである。[32]」

マニの教団は「選良者」と「聴講者」の大きく二つに分けられたが、特に前者に対しては苛酷ともいえそうな厳格な戒律が課された。肉食や酒色が禁じられたのはむろんのこと、清潔な環境を維持するために、どんな小さな植物も水溜りも雪片すらも踏みつけたり、汚してはならないとたたき込まれた。

一般の「聴講者」には日常生活にさしさわりのない範囲で、儀式や礼拝への参加、それに懺悔や断食が求められた。

このような信者の区分けは、仏教の出家者と在家者によく似ているが、特定の日の断食では、選良者と聴講者が同時にひもじさに耐えることで、心身の一体化がなしとげられ、とりわけペルシア暦の元日である春分の日には、マニの誕生祝いも兼ねたベマ祭が盛大に挙行されて、全員がはめをはずして喜びを爆発させた。

筆まめなマニは、各地の教会や信者にせっせと手紙を書き送ったが、なかにはこんな内容のものもあった。――「あなたたちは、上級の者であれ、同等の者であれ、下位に属する者であれ、誰からの攻撃にも権利の乱用にも耐えなければならない。ほんの軽いものであっても、信者を動揺させてはならない。それは誰かが象に向かって花を投げても、その花が象を傷つけられないようなものです(33)。」

選良者であれ聴講者であれ、「光の王国」の家族であることには変わりはない。信者には戒律を緩めなかったマニも、こまやかな心づかいをしていたようだ。

ソグド人の活躍

西方への伝道はキリスト教徒の分厚くて強力な壁に跳ね返されてしまったのに、東方へはなぜスムーズに通過できたのであろうか。それにはソグド人という願ってもない助っ人がいたからである。

ソグディアナに居住していたソグド人は、片やペルシアとローマ、片や中国を結ぶ大幹線たるシルクロードの中ほどという絶好の位置を占めて、その地の利を最大限に生かそうとした。彼らの武器は軍事力ではなくて商業の知識であり、東西の大国はもとより、その間に散在する野性的な遊牧民ともその商業を通じて友好的な関係を結ぶことが、自分たちの生活基盤を強固にすることをとくと承知していた。そして、その商業が有効に機能するためには、相手側の強みや弱点、何が豊富で何が欠乏しているか、いま何を最も必要としていてその緊急度はどのくらいか、さらには相手側相互の対立や融和の状況までも含めて、できるだけ正確に知らなければならない。

そのためには、広範囲にわたって緻密な情報網と通信網を整備するのは言うに及ばず、どのような事態にも迅速に対処できるように、智慧や勇気や行動力を鍛えあげていかなければならないのだ。

ソグディアナは、アム・ダリア河とシル・ダリア河の間の平坦で緑豊かな土地であり、中央アジアを代表するオアシスでもある。ソグドというのは、「美しく作られた神聖にして清浄の地」を意味するというのもうなずけよう。ソグディアナは「蒲桃城《ぶどうじょう》」とも呼ばれ、灌漑された水路を豊かに流れる水が、穀物をはじめ果物や綿や桑を育てるばかりか、織物や陶器の生産も盛んにおこなわれていた。ここを本拠地にして、ソグド人はシルクロードを西へ東へと打って出ていくのである。

このソグド人は人種的にも言語的にもペルシア人やバクトリア人と同じ系統に属しており、もともとゾロアスター教徒が多かったが、そこへそれとよく似ていてもっと洗練されたマニ教が流れ込んできたというわけだ。

このマニ教をもたらしたのは、マニから直接に派遣されたあのマール・アーモであった。彼はパルチア人の貴族ばかりでなく、ソグド人の商人たちの間にも支持者を広げていって、イラン高原東部からソグディアナを含む中央アジアを、マニ教の最大地盤にしていったのである。

遊牧民とマニ教

犬は吠えても隊商は進む。パルチア語の讃歌の一つは、亡くなったマニ教の教師の死を悼みながら、その功績を謳いあげている。――「熱心な隊商の指導者は、砂漠や荒れ地や山々や崖の背後に、隊商を置き去りにしたまま往ってしまった。心も魂も私たちから離れてしまった。私たちがあなたの業や理性や栄光をこんなに必要としているときに。[34]」

中央アジアというのは、「天は蒼々たり、野は茫々たり」という土地であるが、そこを貴重で高価な荷物を満載してラクダの長い列が、鈴を鳴らしながらゆっくりと進んでいくのだから、このような隊商を虎視眈々たる遊牧民や盗賊がつけ狙わないはずがない。そんなこと百も承知のソグド人商人は、先まわりして手を打っていた。

「遊牧勢力の方は、ソグド人とオアシスの民が得た商益の一部を、彼らの旅路の安全を護ってやる代償に、いわば通行税、保護税として巻きあげていた。こうして遊牧民とソグド人商人・オアシス民の隊商との間には、いわゆる共生関係が成立した。特にソグド人の商才と騎馬民族の武力とが、あい寄りあい助け合って、それぞれの利益をはかっていた[35]。」

このように持ちつ持たれつの関係を続けながら、ソグド人は遊牧民の間にマニ教を教え込んで、その荒ぶる魂を鎮めようとした。広大な草原を駆け回る彼ら遊牧民は、すでに仏教の洗礼を受けていたが、血が騒いでいる彼らには、慈悲を身上とする仏教はすこしやさしすぎた。それに比べてマニ教は、善と悪との闘いを真っ向から掲げているから、戦いに明け暮れる彼らにはよほど受け容れやすかったにちがいない。それに、豪放そうに見える彼らとて、心のなかには人並みに空しさも抱いていたから、マニの説く王国の光によってそれを満たそうともしたであろう。

こうして遊牧民の間にマニ教が広がっていったが、ソグド商人にとっても、遊牧民が宗教によって内面から馴化されることは、隊商の通行をより安全にしたばかりか、彼ら自身の武装や護衛用の傭兵のための費用を削減したから、一石で何鳥もの効果があった。

ソグド人はまた、交易の補給基地として、シルクロードの沿道はもちろん、かなり奥まった地域にも多くの植民地を建設して、そこにまとまった家族を居住させた。彼らは本来の交易のためにも、各地の民族と言葉の秘術をつくして交渉していたから、いつの間にか彼らの話すソグド語が中央アジアの国際語のようなものになっていった。

ソグド人は、「中央アジアのフェニキア人」と言ってもいい存在になったのである。

ウイグル王国の国教に

八世紀の半ば、中央アジアのモンゴル草原にちょっとした歴史的な事件が起こった。それは遊牧民の雄で中国もさんざん痛めつけていた突厥《とっけつ》の支配権から、遊牧民の一つであるウイグル族が独立して、新しい王国を作ったことである。この快挙にあたっては、ソグド人が財政的に援助したばかりでなく、持ち前の情報力を駆使して作戦の指南役や外交官として活躍したと言われている。そうしているうちに、ウイグル王国の上層部にマニ教が浸透していったというのも当然の成行きであろう。

ついに七六二年、第三代王の牟羽《ぼうう》可汗がマニ教に改宗し、それを新興王国の国教にしてしまった。出来立ての王国を筋金入りのものにするために、軍隊を十人、百人、千人の単位にしてそれぞれにリーダーをつけるという、後であのジンギスカンが取り入れた制度に改革する一方で、マニ教の教会組織もそれに見合うようにした。そればかりか、このウイグル王は「温めた血を飲むという習慣をやめさせて、調理した米を食べるようにした。そして、血を求めるよりも徳を求めるように仕向けた(36)」とも言われている。

こうした「改革」は、おそらくマニ教の感化によるものであろう。マニ教の根幹をなすのは悪に対する善の戦いであるから、遊牧民の野性的なエネルギーを温存したうえで、それを王国の上下関係や同志関係と調和するものに導いていくことが可能になる。――このような思惑があったればこそ、可汗はマニ教の国教化に踏み切ったのであろう。

これまで裏方の宗教であったマニ教は、ここに晴れて勝利者の宗教となった。それには公認された保護のほかにも、様々な特典がついてまわる。布施として王族から土地や財産も寄贈されたから、これまで清貧を宗としてきた「選良者」たちのなかから、こっそり贅沢に耽る者が出てきたとて不思議ではない。彼らが王の長命や支配の永続を祈ったのも当然であろう。それでも、目に余るほどの堕落はしなかったという。

マニ教の国教化には、色々な波及効果があった。モンゴルの高原やステップを根城にする遊牧民のなかからは、ウイグル族に倣って、マニ教に改宗するものが続出した。マニの神格化も進んで、〈Mani=Budhha〉とか〈Mani=God〉とか〈Messiah=Mani〉とかと呼ばれるようになった。こうしたなかで、教団としての統制や教理が緩んでいったであろうが、それは中央アジアの多くの人たちの心にマニ教が根づいた副作用だと見れば、それほどのことでもなかろう。

マニ教がウイグル王国の国教になってから、国王が反対派のクーデタで殺されたり、他の遊牧民に主都の王宮を焼き討ちされたり、いかにも遊牧民らしくモンゴル高原から西方の天山山脈のふもとに移動したりと、波瀾や紆余曲折はあったものの、マニ教の国教ないしそれに準ずる地位は変わらなかった。

とりわけ、トゥルファンを本拠とする天山ウイグル時代になると、文化的にも充実してきて、それだけマニ教やソグド人の存在感が高まった。また、中国の長安でも「胡人」と呼ばれたソグド人やウイグル人が肩で風を切って歩き、胡曲や胡舞や、それに胡食や胡酒や胡姫や胡服がもてはやされた。また、唐帝国を転覆しそうにした安禄山はソグド人であり、それを鎮圧するために集められた大軍の主力はウイグル人で、それを財政的に支えていたのがソグド人であったから、彼ら「胡人」はいやでも中国人の目について、それだけ中国人の警戒心を呼び起こした。

　そうしたことが八四五年の「会昌の廃仏」につながって、仏教の僧尼二五万人とともに、マニ教の司祭も二千人が還俗され、地方へ追放されてしまった。

　そのとき留学僧としてたまたま長安にいた円仁は、その目の当たりにした様を『入唐求法巡礼行記』こう書き遺している。――「会昌三年四月中旬、勅下る。天下の摩尼師を殺さ令《し》む。剃髪して袈裟を着せしめ、沙門の形を作《な》してこれを殺せと。」配流されたマニ教徒の大半は死亡したという記録もある。

　もともと宗教への関心が薄いと言われる中国人ではあるが、このころは仏教をはじめマニ教などの外来の宗教にも目が開かれてきていただけに、この禁教はマニ教にも大きな打撃となり、それが東アジアで大宗教に発展する可能性もついえてしまった。

　天山ウイグル王国は十一世紀に絶頂に達したあと、内乱が激しくなってしだいに衰えたところをユーラシア大陸を席捲したモンゴル軍に急襲されて、ついに一二五〇年に国家として消滅してしまった。マニ教もまた、一神教のイスラム教の大攻勢にさらされて、教団としての活動はできなくなったが、宋から元の時代になっても、「明尊教」と呼ばれて、ひっそりと生き残っていたともいわれる。また、明代まで反権力闘争を続けた白蓮教徒のなかにも、白い帽子に白装束のマニ教徒が、かなり加わっていた形跡がある。

史上で最も辣腕の商業民族の一つだとされるソグド人は、ゾロアスター教とマニ教を心に抱いて、臆病や怠惰や気紛れや放逸という悪と闘いながら、何かの光を求めて、キャラバンとともに東へ西へと歩き続けた。それは、艶やかな絹の敷き延べられた、最も古くて長い白い道であった。

これからはまったくの蛇足であるが、会社を定年で退職した一九九三年の春、私はやっとのことでソグディアナの中心都市サマルカンドにたどり着くことができた。それはウズベキスタンがソ連から解放されて数年後のことで、青いタイルが剝がれ落ちたモスクをいくつか見たあと、シャーヒ・ジンダ廟へきていた。そこにはあまり大きくない同じような形をした建物が何十となく連なっていたが、そのドームや外壁に張りつめられた青いタイルも無残に剝がれ落ちていた。それらを次々に通り抜けていくと、屋根の丸い穴から一筋の光が射し込んでいる建物の薄暗い壁龕に、ランプの火のようなものが燃えていた。地元のガイドは「あれはゾロアスター教徒が崇拝している火です」と説明したが、そのときは何気なく聞き流したものの、あの火はもう何百年も、もしかしたら千年以上も燃え続けているのではないかと思うようになった。

ゾロアスター教の火とは言っても、そんなに長く自然のまま燃え続けるはずがなく、近くに住む誰かが油を注ぎ足したり、煤を払い落としたり、芯を取り換えたりしていなければならない。

今にして、ソグド人の信仰の深さとねばり強さに、私は畏怖のようなものを感じている。

シャーヒ・ジンダ廟（サマルカンド）
著者撮影

第四章　西方への道

〈一〉キリスト・イエスの復活　――廃墟に蒔かれた一粒の種

ユダヤ人と「神の箱」

旧約聖書に君臨するヤハウェほど、不思議極まる神はない。それは自分が創造した宇宙全体を見張りながら、ただユダヤ人だけしか目にとめない。また、それは全智全能を標榜しながら、その特別に贔屓しているユダヤ人すら他の民族の侵略から護ることはできない。この玄妙なところが、ヤハウェ一流の神秘なのであろうか。

ヤハウェに負けず劣らず奇天烈なのが、ユダヤ人というものであろう。借金で首がまわらなくなったり、部族争いで負けて農地を奪われたりした連中が、「ハビル」というグループをつくり、現在のイラクあたりからユーフラテス河を遡ったあと、地中海東岸を下ってパレスチナまでやってきた。そうした放浪の間、彼らは追剝ぎを働いたり、傭兵になったりして食いつないできたらしい。

そして、砂漠を吹きすさぶ空っ風に背中を押されてたどり着いた彼らが、ハビルないしヒブルからヘブルないしヘブライ人と呼ばれるようになったと言われているが、この文字通りの「風来族」が世界制覇を公言して憚らないようになるのである。

それはハッタリと言えばそれまでだが、ハッタリにとどまらないところが、ヤハウェと同じようにヘブライ人の不気味なところであろう。

ようやく乳と蜜の流れるカナンという「約束の地」に足を踏み入れたものの、そんな約束はヤハウェとユダヤ人が勝手に交わしただけのものであるから、先住のパレスチナ人がおめおめと土地を明け渡すはずがない。途方に暮れたヒブルたちは、族長のアブラハムに率いられて、エジプトへ出稼ぎに行くよりなかった。

そこでなんと苦節四三〇年、今度は英雄モーセの指揮の下に紅海を渡って奇蹟的にシナイ半島への脱出に成功した。見事に大業を果たしたモーセは、シナイ山に登ってヤハウェと対面したあと、十戒を刻んだ石板を渡された。それを収めたのが「神の箱」とか「契約の箱」とか呼ばれるようになったが、おそらくヤハウェもその箱の中に同居していたのであろう。

モーセの死後、ユダヤ＝イスラエル軍はこの神の箱を担いでヨルダン川を渡り、このときばかりは神の加護が有効に働いたらしく、ようやく約束の地カナンを我が物にすることができた。聖書で読むかぎり、ユダヤ＝イスラエル軍は連戦連勝のように見えるが、士気ははやっても装備が劣っていたために、反撃に転じたカナン軍に苦戦を強いられた。そうして勝ったり負けたりしているうちに、海の彼方からペリシテ人という強敵が現われると、戦陣を蹴散らされたあげくに、肝心要の「神の箱」までむざむざ奪われてしまった。

こんなことでは、いかなヤハウェといえども神通力の発揮しようがないではないか。神あってのユダヤ人から神が消え失せてしまったのだから、彼らがパニックに襲われないはずがない。

それでも、この箱の中にはまだ神の力が残っていたらしく、その力でペリシテ人の神ダコンの神像を破壊したため、後難を恐れてその箱をユダヤ人に返したという。

勇気百倍したユダヤ人は、これまでの十二部族の連合体を統一して国家らしいものを作ったが、その二代目の王があの名高いダビデである。エルサレムから五十キロほど南のヘブロンにいた彼は、長老たちから油を注がれてイスラエルの王となった。かくして、名実ともに「メシア」になったダビデは、エルサレムへと上っていって、そこに神の箱を安置した。「ダビデは力をきわめて、主の箱の前で踊った。ダビデとイスラエルの全家《ぜんか》とは、喜びの叫びと角笛の音をもって、神の箱を担ぎ上った。(1)」

ここに、海抜八〇〇メートルほどの赤茶けた岩だらけのエルサレムは、天下に名だたる「いと高き神の都」になったのである。

敗軍の神から唯一神に

それまで天幕とともに各地を移り住んだユダヤ人にはこれといった主都はなく、王宮も神殿もなかった。エルサレムの征服でヤハウェもやっと安住の地が得られたとはいえ、まだ依然としてテントの中のわび住まいを強いられていた。

ダビデがバテシバという美女との不倫で儲けたソロモンの代になって、待望久しい神殿造りが始まった。それはレバノンの香柏《こうはく》に金と銀をふんだんにちりばめた壮麗を極めたものだと言われるが、そのいちばん奥に作られた至聖所の中に、あの「神の箱」も目出度く納められたのだという。

これまで私が神の箱にこだわってきたのは、それがあの偉大なヤハウェの居住所にしてはあまりにも狭すぎるからだ。宇宙におけるすべての存在を創造したヤハウェであるからには、その責任上から言っても、大は太陽や月や無数の星々から、小は蜉蝣《かげろう》や蟻に至るまで、それらすべての運行や行動を監視したり管理したりしなければならないのに、こんな狭苦しいところから出たり入ったりしていて、そんな大役が勤まるかという疑問は誰しも抱くのではないか。

それにいざ戦争となれば、イスラエル軍の先頭に担がれていって叱咤激励しなければならないが、負けがこんできたらその全能の表看板にも深い傷がつかざるをえない。

ヤハウェという神は、このように偉大さと卑小さが、全能と無能が背中合わせになっていて、ときどきというよりも実にしばしば、それが入れ替わるのではないか？……

ソロモンの短い栄華のあと、ユダヤ人の国家は南のユダ王国と北のイスラエル王国に分裂した。そして、伝統的なユダヤ教を墨守する南のユダと、シリアのバール神信仰に色気を見せる北のイスラエルは宗教的に対立しながら主導権争いに憂身をやつす一方で、それぞれの内部でも紛争が絶えず、みるみる弱体化していった。そんなところに、周囲の群小国家とは桁外れに強力なアッシリア帝国が南に向かって進攻してくると、北のイスラエルはひとたまりもなくひねり潰され、住民の大部分は虐殺や拉致されて、残った者も混血して生粋のユダヤ人は目立たなくなり、サマリアという別の国家になってしまった。

南のユダも風前の灯になったが、エルサレムの宝庫に蓄えておいた金銀などで総攻撃の将軍を買収して、滅亡だけはなんとか免れることができた。それから百年ほどたつと、今度はメソポタミアから新興のバビロニア帝国が襲いかかってきて、紀元前五八七年には、宗教と政治の中心地たるエルサレムがついに陥落してしまった。生き残ったエリートたちが捕囚となってバビロンに連行されたのは、序章で述べたごとくである。

事ここに至って、さすがのユダヤ人もついに兜を脱いだかと思いきや、意外や意外、神様すらびっくり仰天するような大逆転が起こったのである。

信者たちが想像を絶する惨事に見舞われたというのに、手も足も出なかったヤハウェは、守護神として失格の烙印を押されてしかるべきと思われたのに、あにはからんや、これまでのイスラエルの地方神から、世界で唯一の全智全能の絶対神に祭り上げられたのだ。

もちろん、このようなとてつもない奇蹟は現実とはかかわりなく、観念の世界で起こったにすぎない。大預言者とされるイザヤが旧約聖書にそんなことをぶちあげたから、それから二千六百年もたった今でもそのまま信じている人は無数にいるだろうが、おそらく当時の人たちは誰一人としてヤハウェの破格の大出世など露知らなかったであろう。それでも、信じられようが信じられまいが、ヤハウェに選ばれたという自信も誇りもすっかり打ち砕かれてしまったイザヤなどのエリートたちには、自分たちの神はどんなことがあっても全智全能の唯一絶対神だという観念にすがりつかなければ、絶望にあえぎながらも生きていくことはむずかしかったであろう。

こうした苦難のどん底に落ち込んだユダヤ人に、それから五十年ほどして、今度は本物の奇蹟が起きた。永遠に続くかと思われたバビロニアの天下は、東から起こったペルシア帝国のキュロス大王の神にも勝る手によって、こともなげに引き倒されてしまったのだ。そのおまけに、キュロス大王は、エルサレムから奪われた財宝まで手土産にしてユダヤ人たちを祖国に送り返したのだから、イザヤならずとも、キュロスは「油を注がれたメシア＝救い主」と持ち上げずにはいられなかったのであろう。

危急存亡の窮地に追い込まれたら、ユダヤ人たるもの、なりもふりもかまってはいられないのだ。

神殿の破壊と再建

エルサレムに帰還したユダヤ人たちは、エズラやネヘミアの監督と指導の下で、バビロニアによって破壊された神殿の再建にとりかかったが、資金も労働力も不足していて、できあがったいわゆる第二神殿は、ソロモンのそれに比べたら、「掘建て小屋」みたいだと陰口もたたかれた。それでも、祭司たちはここで犠牲の肉を焼いて天にとどけと煙を上げることができるし、ユダヤ人たちは誰憚らずに祈りを捧げることができるようになった。

神殿の建設や整備と並行して、旧約聖書の編纂も進められていった。紀元前五百年ごろに、モーセ五書（トーラー）が正典化され、イザヤ書を含む預言書も紀元前二百年ごろには正典としての権威を与えられた。となれは、放心状態のイザヤによってなされたヤハウェの唯一絶対神化は、それから繰返し繰返し読まれるようになり、少なくともユダヤ人の頭の中では、それは客観的な事実として定着していったのである。

そのころ、ユダヤはアレクサンドロス後継のシリアのセレウコス朝の支配下にあったが、壮絶極まるゲリラ戦で紀元前一四三年にはシリアから自治権を与えられた。血みどろの戦いで一応の独立を回復したのもつかの間、西方からローマの勢力が伸びてきて紀元前六三年になると、カエサルと覇を競った武将ポンペイウスがエルサレムを包囲して、籠城も空しくローマ軍に占領されてしまった。あの第二神殿が破壊される屈辱をなめたうえに、ユダヤはローマの属領になってしまったのだ。

今度もまたヤハウェはその無能をさらけ出すことになったが、どこまでも打たれ強いヤハウェは、例によってその全能に箔がつくことはあっても、絶対の勢威が翳るようなことはなかった。

そのころ、狡猾な政治家としてローマに取り入りながらのし上がってきたのが、アラブ系の混血ユダヤ人ヘロデであった。ユダヤ人の執拗な抵抗に手を焼いていたローマ当局は、それに名目的な独立を与えて紀元前四〇年にはヘロデを王に指名した。この成上がり者のヘロデは、やがて「大王」と称するようになるのである。

出自に負い目があったためか、ヘロデ大王はエルサレムを壮麗に飾り立てることに異常な力を注いだ。なかでも、彼が目の色を変えて取り組んだのが、ポンペイウスに蹂躙されて荒れたままになっていた神殿の再建であった。

金に糸目をつけなかったせいか、このヘロデの神殿はソロモンの神殿もかくやと思わせるようなものになったばかりか、規模は一段と大きくなり、それを囲む城壁も堅固なものになった。（事実上の「第三神殿」が完成するのは、彼の死後半世紀以上もたってからである。）

この大王ヘロデは、紀元前四年にオペラまがいの派手な一生を終えたが、ちょうどそれとほとんど時を同じくして、ガリラヤの片田舎で、貧しい大工ヨセフの息子としてイエスと名づけられた男が呱々《ここ》の産声をあげたのである。これはまた、なんという因果のめぐり合わせであろうか。

若きイエスの反ローマ闘争

後で「油注がれた者」＝メシア＝キリストと呼ばれようになったイエスは、ガリラヤ湖と地中海を結ぶ線のほぼ中央にあるナザレという寒村に生まれた。ここは緑には恵まれていたものの、農業のほかにはこれといった産業はなく、住民たちはさして広くもない畑で野菜や穀物を作っていたが、大工などの手仕事や日雇労働にも従事していた。

このナザレから歩いても行けるところに、セッフォリスというギリシア風の都市があった。ここにはローマ人の別荘や宮殿と見まごうばかりの邸宅もあり、二つの水道橋が街の真中で交差していて、ローマ風の大浴場や劇場もあった。貧しい家族の生活を助けるために、少年イエス――そのあたりでイエスという名はさほど珍しくなかった――は、この都市に出かけていって何かの仕事を手伝って手間賃を稼いでいたかもしれない。

「セッフォリスのユダヤ人は裕福なコスモポリタンで、ギリシア文化に強い影響を受けており、周囲には多種多様な人種がいて、宗教もまた色々であった。(2)」

ここにもまた因果の糸が繋がっていて、イエスが生まれ落ちた紀元前四年に、「ガリラヤのユダ」という革命家に率いられた反徒の小集団が、このセッフォリスの街を襲撃し、そこに保管されていた武器などを奪った。この運動は規模と激しさを増しながら十年以上も続いたが、最後にはローマ軍によって容赦なく鎮圧され、反乱に加わった者や同調者など千人以上が、十字架にかけられて処刑されたという。

このころ十歳以上になっていたイエスは、この反ローマ闘争の一部を自分の目で見たであろうし、「メシア」と呼ばれていたユダとも直接に接触したか、少なくともその噂はたっぷり聞いたであろう。

ヘロデ大王が死んでみると、首都エルサレムをはじめ地方都市でも行われていた建設や改修工事がぱったりと止まり、仕事にあぶれた人たちは続々と故郷へ帰ってきた。そうしたなかでローマの総督による直接統治が始まると、ローマに向けられた住民の不満は、いつでもどこでも爆発しそうな不穏な状況になってきた。少年から青年になりつつあったイエスは、復旧工事などに携わりながら巡回説教師として、多くの人たちの悩みや不満を吸収していったであろう。

どこで習い覚えたのかイエスには医療もできたし、悪魔憑きすら癒せたという。

そんな奇蹟まがいの治療が評判になったこともあって、ガリラヤ湖畔をまわるイエスの教えに共感する人たちが、群れをなして彼に従うようになった。そして、三十歳をすぎるまで満を持していたイエスは、ついにエルサレムに上る決意をかためたのである。

「ユダヤ人の王」にしてローマへの「反逆者」

そこでのイエスの大活躍ぶりは、私などがわざわざ語るまでもなかろう。ただ私が触れておきたいのは、「宮浄め」といわれている胸のすくうような一件である。

エルサレムに着いた翌日、イエスは弟子たちを伴ってヘロデが再建した神殿に向かった。異邦人の庭と呼ばれる境内に入ると、そこには巡礼たちが納める金を両替するための机がずらりと並び、生け贄にするための鳩や羊を入れた籠や檻が所狭しと置かれていた。きっと唇を結んで近づいていったイエスが両替商の机を蹴倒すと、様々な色や大きさや刻印のコインが路上に散らばり、蓋や扉を開けると鳩や羊が鳴き声をあげながら飛び出していった。あっけにとられた群衆によく聴こえるように、「私の家は祈りの家となるべきなのに、おまえたちは強盗の巣にしている」とイエスははっきりと言い切った。

祭司長や律法学者たちは、イエスが神殿でやってのけた一部始終を見張っていたが、人混みの中にいた子供が「ダビデの子にホザナ！」と叫んでいるのを聞き取った。これぞまさしく、このイエスなる人物が巻き起こすであろう騒乱の前触れではないのか。

イエスはどこでも、誰に対しても思ったままに語り、思ったままに振舞った。こうした彼の計算も策略もない、直情径行的な言動こそが、最も恐るべき起爆力を秘めているのである。そして、二千年後の今なお、彼の発した言葉が私たちの心を打つのは、彼の素朴ながらも真情を穿つ鋭さなのではないか。イエスの怒りがぶつけられたのは、ユダヤを植民地化しているローマ人もさることながら、そのローマと結託しつつ昔ながらの特権の上にあぐらをかき、貧乏な一般信者から貢ぎの金を搾り取って贅沢三昧に暮らしている、祭司長をはじめとするユダヤ人の上層階級に対してであった。そして、その両者が共に最も神経をとがらせて警戒しているのが、自分は「メシア」であると宣言しながら群衆を煽動して、権力に刃向かってくる狂信者であった。

もちろん、イエス自身がメシアであるなどと公言はしなかったが、あの頑是ない子供までが、「ダビデの血を引くメシアだ」などと叫んでいるではないか。あの説教師が本物のメシアにならないうちに抹殺しなければ危うい、とエルサレムの特権階級が考えたのも無理はなかろう。何はともあれ、ことは早く処理するに限る。夜中にただ一人ゲッセマネの園で祈っていたイエスはさっそく逮捕され、形式的な裁判にかけられただけで、あっさりと死刑を宣告された。それも十字架刑というただの極刑以上のもので、政治犯のむごたらしい末路を大衆に見せつけようとしたのである。

十字架を背負ったイエスはゴルゴタの丘へ登っていったが、そこにはその地名のごとくすでに刑に処せられた者たちの頭蓋骨がごろごろ転がっていた。

真新しい十字架に、手と脚を太い釘で打ちつけられて、苦しみ喘ぐイエスの頭上には、「ユダヤ人の王」という罪状書きが貼りつけられていた。また、彼の後ろの左右にも十字架が立てられていて、二人の男が磔になっていた。レザー・アスランによると、「この男たちには『レーステース』という小板が掲げられていた。これは英語ではしばしば（日本語でも）『強盗』という言葉が当てられているが、実際の意味は『暴徒』のことで、ローマ人の通念では、暴動の煽動者もしくは反徒を意味する」のだという(3)。

これを見ても分かるように、当時のエルサレムにはひとりイエスと限らず、ローマとユダヤ人の祭司階級に反旗を翻していた者はかなりの数にのぼっていた。もしかしたら、イエスの斜め後ろで十字架にかけられていた二人の男は、彼の同調者か支援者かもしれないし、それとも、彼ら自身も「メシア」を名乗っていた可能性もなくはなかろう。

このようなイエスをも巻き込んだ反ローマ、反権力の動きとそれに加えられた苛酷な弾圧は、三十数年後に来るべきローマに対する大反乱の前ぶれであったかもしれない。

神殿から逃げ出した「神々」

ゴルゴタの丘でイエスが刑死したからといって、ユダヤとエルサレムの地からメシアを名乗る者が一掃されてしまったのではない。いな、むしろ彼の死後にメシア待望熱はいっそう激しく燃え上がってきたのである。

ダビデの血を引く者、神から召命された者、自称・他薦、本物・偽物が入り乱れて、我こそはメシアなり、我に従えと呼ばわっていた。少年の日のイエスに、メシアとしての英雄的な死を見せつけた「ガリラヤのユダ」にはヤコブとシモンという二人の息子がいたが、二人とも父と同じように反ローマの革命に挺身して十字架刑に処せられていた。また、もう一人の息子で過激派の「シカリ党」のリーダーになったメナヘムは、紫の衣を着てエルサレムの神殿に乗り込み、「自分はメシアであり、ユダヤ人の王である」と群衆の前で宣言したという。

こうした異常な雰囲気のなかで、紀元六六年五月、ローマの総督が、神殿に納められていた金を未払いの税金だとして強奪してしまった。この暴挙が反乱に火をつけて、またたく間にユダヤ全土に拡がっていったのである。それは世界最強のローマ帝国に対する宣戦布告にも等しかったが、本家本元のローマも暴君ネロの自殺で混乱していたため、小部隊しか派遣できず、一時はユダヤ反乱軍が優勢になって、いますぐにも夢に描いていた「神の国」が実現しそうだとみなで抱き合って喜んだ。

しかし、体勢を立て直したローマ軍は、三年以上かけて神殿のまわりに厚い石の壁を築き、水と食糧を断ったあとで、四軍団を率いた新指揮官のティトウスは、ついに総攻撃の火蓋を切った。反乱軍の残党を神殿の内庭に追い上げ、ローマ軍が神殿の土台部分全体に火を放つと、「神殿の丘全体が地底から血しぶきと炎で沸き立っているように見えた。炎は神の在所である至聖所を包み、神殿はやがて崩れ落ちて、灰と塵の山になった[4]。」

戦利品として七枝の燭台や聖杯や律法書《トーラー》の巻物がローマに運ばれてきたが、あの「神の箱」は見あたらなかった。それはソロモンの神殿がバビロニアによって破壊されてから、ずっと行方不明になっていたとも言われる。

ローマ軍による神殿とユダヤ教の破壊は徹底をきわめ、「大祭司の継承も絶たれ、神の固有名詞さえ忘れられてしまった[5]」ほどであった。

ローマの大歴史家タキトゥスが紀元一〇〇年から数年かけて執筆した『同時代史』には、このユダヤ戦争後の状況が生々しく書き留められている。

「神殿の創建者たちは、ユダヤ人の異常な性格から戦争が絶えないことを予測していた。そこから、どんなに長い籠城戦にも耐えられるようにいっさいが準備されていた。」しかし「彼らの間で確執と裏切りと放火が起こり、多量の穀物が消失した。」戦いが終わったあと、不思議な現象が起こった。「天空で戦列が衝突し、武器が火花を散らすのが見られた。雷光が突然黒雲を裂き、一瞬、神殿を照らした。その途端、至聖所の扉が開いて、『神々が出て行くぞ』という人の声よりも大きな声が聞こえた。それと同時に、神々が出て行く騒々しい音が聞こえた[6]。」

まるでユダヤ人の預言者の幻のようだが、タキトゥスは「神々」と書いているのに、神殿のなかには唯一神のヤハウェ以外にいるはずがなく、してみれば、落ちのびていったのはヤハウェだということにならざるをえない。

あのユダヤ人たちが命にかけて護ってきた神殿が、蛻《もぬけ》の殻になったばかりか、その殻すらも灰と塵になってしまったのだ。

ユダヤ人たちの頭の中が空っぽになったことは、言うまでもなかろう。

この聖都と神殿の防衛戦で数千人のユダヤ人が死に、わずかに生き残った者たちも、一人残らずエルサレム周辺から追放されてしまった。すべてが灰燼《かいじん》に帰して、ユダヤ教の痕跡をとどめるものは何もなく、町の名もローマ風の「アエリア・カピトリーナ」に変えられたのだ。あの岩山の上で威容を誇っていたヤハウェの聖所は、まるで空所になってしまったのである。

復活の奇蹟とエネルギー

キリスト教徒（クリスチアーノ）と呼ばれる人たちの頭の中は、それよりも数十年も前から空っぽになっていた。彼らが師として慕い、メシアだと信じてきたイエスは、あえなくも十字架の露と消えてしまったのだ。イエスに従ってユダヤの各地を歩きまわり、寝食を共にしながら彼の教えを一言も聞きもらすまいと耳を傾けてきた人たちにとって、イエスはその人格も智慧も感情の暖かみも包容力もあまりに大きすぎて、その存在が抜け落ちた空洞は、なまなかに埋められるものではない。彼はいまも生き続けていて、我々を見守っていてくれる……そのように考えなければ、彼らは生きていくこともおぼつかなかっただろう。

このような強烈なイエスの復活願望が想像力を膨らませて、それにふさわしい様々な物語が紡ぎ出されていくとともに、それが祈禱文に織り込まれて日常的に唱えられるようになると、それはますます堅固なものになっていく。そして、その願望を現実化して誰もが納得できるようにしたのは、アリマタヤのヨセフではないかと私には思われる。

金持でサンヘドリン（ユダヤ人議会）の議員でもあった彼は、ローマ当局にコネが利いたようである。新約聖書の福音書によると、このヨセフが総督のピラトからイエスの遺体を引き取る許しを得て、岩に掘ったばかりの墓に埋葬した。しかし、政治犯の十字架刑はもともと見せしめのためで遺体は腐ったまま放置され、鳥や犬に食われるままにされていたから、イエスの遺体が消えたとなれば面倒なことにもなりかねず、それは極秘のうちに行われたであろう。そして、しばらく間を置いてから、イエスは肉体とともに天に召されて神の右側に座したのだ、という噂を流したのではないか。

この一石何鳥もの妙策によって、イエスの遺体隠しは詮索を免れたばかりでなく、彼の復活物語がひときわ真実味を帯びてきたのである。それにとどまらず、この教祖の復活は帰依者の信心を高めるとともに、それがまた、復活を事実として覆すことのできないものにしていったように思われる。

このような循環効果によって、復活はキリスト教の中核的な教義になっていったのだ。

二世紀から三世紀にかけて、キリスト教ともユダヤ教ともつかぬグノーシス主義の文書が数多く現われた。そのなかでもキリスト教寄りとされる『フィリポによる福音書』には、こんな謎めいたことが書かれている。

「主は初めに死んだ、それから蘇った、と言う者たちは誤っている。なぜなら、主は初めに甦り、それから死んだのであるから。誰であれ、初めに復活に達しなければ、死ぬことはないであろう。神は生きている。その者は死んでいたことであろう。(7)」

この逆説を弄んでいる文章は、一見したところ解りにくいが、これまで述べてきた私の推理を適用すれば、いくらか読みやすくなるだろう。

まず、「主は初めに甦り」というのは、イエスは神の子としてこの世に生を享けてから、つまり、この世に甦ってから、十字架上で死んだのである。次の「初めに復活に達しなければ、死ぬことはないであろう」というのはすこしややこしそうだが、もしイエスが神の子として生まれなければ死ぬことはないという常識を、もったいぶって言っているにすぎない。最後の「神は生きている。その者は死んでいたことであろう」は、やや意味深長であるが、イエスは神のみもとで生きているが、この世では死んでいるということではないか。つまり、イエスはこの世で死ななければ、神のもとに甦ることはできないというわけだ。

それでは、なぜこのような詭弁まがいのものを書いたのかといえば、イエスはただの人間ではなく、神の子にしてこの世の救い主＝キリスト＝メシアとして生まれたのだ、と主張したかったからであろう。

イエス・キリストと書けば、イエスが名前でキリストは姓であるように見えるが、キリスト・イエスともなれば、救世主キリストが主体で、イエスは薬味のようなものになりはしないか。

あの十字架で血を流しながら人間の救済を神に乞い願ったイエスの苦しみが、ただの口当りをよくするための薬味にすぎないというのは、キリスト教徒ではない私にとってもいささか侘しすぎる。

それでも、キリスト・イエスが復活したおかげで、何千万、何億もの人たちが救われたとしたら、人間イエスも冥加に尽きるというものではあるまいか。

私はときどき、キリスト教はどうしてあのように大宗教になったのかと考えることがあるが、それはキリスト・イエスの復活のからくりにあるような気がしてならない。

そこで、私はこんな比喩を思いついた。

あの相対性原理によると、質量なるものはエネルギーと同等で、ある質量が完全に消滅すれば、それに光速度の二乗をかけてエネルギーに変換されるそうだ。それを俗界の出来事に適用すれば、もし人間イエスの質量がこの世から完全に消え失せてしまえば、それに光速度の二乗をかけたエネルギーが生まれてくるにちがいない。

これは私の単なる思いつきであるから、まともにつきあっていただく必要などもうとうないが、あのキリスト教のすさまじいエネルギーは、このようにでも考えない限り私には説明できないのである。

若いころ私は聖書の『ヨハネ伝』のなかで、「一粒の麦もし死なずば、ただ一粒にてあらん。もし死なば多くの果《み》を結ぶべし」という言葉を読んでいたく感心したものだが、もしかしたら、人間イエスは物質として完全に消滅することによって、あれほど多くの果を結ぶことができたのではあるまいか。

〈二〉神の帝国――栄光の中のキリスト

ヤコブとパウロ

十五年ほど前、イエスの弟ヤコブの墓が見つかったということが、キリスト教国ではセンセーショナルな話題になった。しかも、その骨箱には、「ヤコブ　ヨセフの息子イエスの弟」というアラム語の銘文が彫られていたのである。(8) この発見によって、復活したイエスばかりでなく、彼の弟のヤコブの実在も確たる証拠によって裏づけられたことになる。

ヨセフとマリアの夫婦は子沢山であったことは聖書にも記されているから、マリアが「永遠の処女」ではなかったことが明らかになっても、今さら驚くようなことではないかもしれない。教会の首脳たちは、イエスの兄弟たちはヨセフの前妻が儲けたものだとか、兄弟ではなく「従兄弟」であるとかと苦しい弁明にあいつとめてきたのである。

それはともかく、この『ヤコブの手紙』なるものが新約聖書に載せられているが、ほんの数ページの短いものなので、見落としてしまう人が多いかもしれない。このイエスの弟は「義人ヤコブ」とも呼ばれていて、兄の刑死後もエルサレムにとどまり、彼の教えに従う人たちを取りまとめて教団に育てあげてきたが、ユダヤ教の祭司長らに目の敵にされて、ローマ総督が不在であった六二年に石打ちの刑で殺されてしまった。

このヤコブの淡白で誠実な人柄は、手紙の中ににじみ出ている。

「人はすべて、聞くに早く、語るにおそく、怒るにおそくあるべきである。」

「清く汚れのない人とは、困っている孤児ややもめを見舞い、自らは世の汚れに染まずに、身を清く保つことにほかならない。」

「あわれみは、裁きに打ち勝つ。」

「もしあなた方の心の中に、苦々しいねたみや党派心を抱いているなら、誇り高ぶってはいけない。……ねたみと党派心のあるところには、混乱とあらゆる忌むべき行為がある。」

このような言葉を読むだけで、兄イエスの面影が浮かんでこないだろうか。

イエスの死後三十年ほどして、できあがりつつあるキリスト教の指導方針をめぐって、この義人ヤコブは、地中海狭しと精力的に布教しているあのパウロと対立していた。

それでは、イエスの遺志を継ごうとするヤコブとは好対照のもう一人の立役者、パウロのプロフィールをざっと描くことにしよう。

パウロは『ピリピ人への手紙』のなかで、自らこう啖呵を切っている。——「私は（生まれて）八日目に割礼を受けた者、ベニヤミン族の出身、ヘブル人の中のヘブル人、律法の上ではパリサイ人、熱心な点では（キリスト）教会の迫害者、律法の義については落ち度のないものである。」

ここでちょっと註釈を加えると、「パリサイ人」とは、排他的なユダヤ人のなかでも、他人や他のグループとどこまでも折り合わない独善的なエリート、律法などのこまごました規定に徹底的にこだわる形式主義者であり、イエス自身が誰よりも忌み嫌った者たちである。彼はマタイ伝の二三章で、彼らへの呪詛を並べ立てている。

「偽善な律法学者、パリサイ人たちよ、おまえたちはわざわいである。おまえたちは天国を閉ざして人々を入らせない。……やもめたちの家を食い倒し、見栄のために長い祈りをする。……利益の十分の一を宮に納めながら、公平とあわれみと忠実とを見逃している。……杯と皿の外側は清めるが、内側は貪欲と放縦とで満ちている。」

これは「わざわいなるかな、パリサイ人よ」といちいち繰返されるが、簡略化した。

パウロの自己宣伝でもう一つひっかかるのは、「熱心の点では教会の迫害者」というくだりであろう。

彼は小アジア西岸の港湾都市タルソスの裕福な家の生まれで、ギリシア・ローマの古典を学んで、ギリシア語も自由に話すことができ、父からは大枚をはたいても買えないローマの市民権を譲り受けている。長じてはエルサレムに留学して、大学者のガマリエルから直々に律法の薫陶を受け、ぱりぱりのパリサイ派になった。おりしもユダヤとその周辺で、キリストの教えに従う者が目立ってきたので、当時サウロと名乗っていた彼は、勇躍彼らの迫害に乗り出した。「サウロは家々へ押し入って、男や女を引きずり出し、次々に獄に渡して、教会を荒らしまわった。(9)」最も早くキリスト教信者になったステパノが、群衆から石を投げられて殺されても、サウロはただ冷然と眺めていた。もしかしたら、彼自身も石の一つや二つ投げつけたかもしれない。

こうした実績を重ねてユダヤ教の長老たちの覚えがめでたくなったサウロは、祭司長にダマスカス行きを申し出た。もちろん、キリスト者を見つけては縛りあげ、エルサレムへ引っ張っていくためであった。

サタンを踏み砕くパウロ

異変が起きたのは、ダマスカスへ向かって真っすぐ伸びた路上においてであった。「サウロ、サウロ」と呼びかける声とともに天から強烈な光が射してきて、目がくらんだ彼は馬から路上へ転げ落ちた。

このシーンはカラヴァジョの絵などでおなじみのものだが、おそらく、『使徒行伝』執筆者のルカが劇画のようなものを創作したのであろう。それでも、何かこのようなことをきっかけにして、あのぎらぎら血をたぎらせたパリサイ派が、これまた情熱あふれるキリスト者に回心したのは事実であろう。

しかし、このサウロを手塩にかけて育ててきたユダヤ教側からすれば、これはまぎれもない転向であり、裏切りである。なぜ彼がそんなことをしたかについて、ルカは何も書いていないから、私たちが推測するほかはない。

一つには、ユダヤ教のボスたちの間の跡目争いで不利な立場に追い込まれたサウロが、その最高位を望むのは無理だと見切りをつけてしまったか、あるいは、ユダヤ教の狭い世界に閉じ込められるのがいやになり、離散ユダヤ人や異邦人たちの間でキリスト信者が急増しているのを見届けてもいたから、いっそそのチャンピオンになろうという野心を燃やし始めたか、そのいずれかであるように思われる。

ともかくも、新しい可能性に賭けたであろう彼は、パウロと改名までして、地中海東岸からギリシア、イタリア半島に出かけて各地にキリスト教の組織を作り、信者を獲得していった。そして、自らか秘書によってかそれらの教会に次々に手紙を出して、一つの中央集権的な教団にまとめあげていったのである。

パウロの自尊心がどれほどのものであったかは、『コリント人への第一の手紙』を見ればよく分かる。復活したイエスはまずペテロをはじめとする十二弟子に現われたあと、「弟のヤコブに現われ、次にすべての使徒たちに現われ、そして最後に、月足らずで生まれたような私にも現われたのである。」(10)

ここでいささか奇異に思えるのは、生前のイエスと何の接触もなく、互いに顔を見たことすらないのに、復活して肉体をまとったイエスが、わざわざパウロのところまで訪ねてきたということである。こう書くことによって、新参者の彼が一番弟子のペテロや弟のヤコブと同格であるように、印象づけようとしたのではないか。

それでは、新約聖書の三分の一近くを占めるパウロの書簡のなかから、ローマ帝国の中枢部にできた教会へ送った彼の手紙から見ていくことにしよう。

パウロはまず「神はユダヤ人たちだけのものなのか」と問い、「異邦人たちの神でもある。もし神が一なるものであるならば」と答える。彼はユダヤ人の独占物であった唯一神ヤハウェを、こう書いて異邦人にも解放する。

そのあとでキリストについてこう述べる。――「私たちのうちの古き人は、キリストとともに十字架につけられた。それは罪の身体が滅び、罪の奴隷となることがないためである。」そして、「神の子」である自分たちは「キリストの相続人」であると言い切る。

このように神とキリストを持ち上げたあと、いよいよパウロ本人の出番がくる。――「すべての人間は、上位にある権威に服従しなさい。神によらない権威はないからである。……その権威は無駄に剣を帯びているのではない。それは神の奉仕者として、悪をなす者に対しては怒りをもって報いるものなのである。」ついに、衣の下から鎧がのぞいたのだ。

もし神が存在するかどうかだとか、パウロの教えや指導は正しいだろうかなどと疑ったりしたら、「すべての神なき不信心者や不義の上に、神の怒りが天からあらわされる」と、ヤハウェそっくりの凄みのある声が飛んでくる。

「平和の神は、サタンをあなたがたの足下ですみやかに踏み砕かれるであろう。」――もしあなたが神とパウロから「サタン」だなどと断定されたりしたら、あなたの運命はどうなるであろうか？……

パウロの言葉はこのようにとげとげしく、無味乾燥で索漠としていて、ただ神とキリストの権威を笠に着て、素朴な信者たちを脅しつけているような気がしてならない。

パウロの思想といえば、神と彼自身を頂点とする独善的な戦略論のほかには、「神は自ら義となり、さらに、イエスを信じる者を義とされる[11]」という、いわゆる「信仰義認論」ぐらいしかないが、神の唯一性や全能性、イエスの受肉や復活や最後の審判などを丸ごと信じろと言われても、そんなことはやすやすと信じられるものではない。私はミッション・スクールに通っていた中学生時代、「ただ信ぜよ、ただ信ぜよ、信じる者はだれもみな救われん」という讃美歌を繰返し歌わされたが、それから七十年近くたった今なお、とても信じることはできない。

キリストから与えられた権威

ギリシアの商業都市コリントは、浮名を流す遊女たちで知られる自由な気風の町であったが、そこの教会で何か組織上か風紀上の問題が起こったらしい。さっそくパウロの手紙が海を越えてやってくる。

「私こそがキリスト・イエスにあって、福音を通じてあなたがたを産んだのである。そこで私はあなたがたに勧める。私に倣う者になりなさい。」彼はそう言ったついでに、自分は「キリストの助手」だとか「神の奥義の管理者」だとかと威張ってみせる。

「そのような者（不品行で高ぶっている者）を、肉の滅びへと至るように、サタンに引き渡すようになったのだ。」パウロからサタンに引き渡されたらどうなるか、ついさっき見たばかりだ。「あなたがたのうちから悪い者を取り除きなさい。」つまり、破門するなり追放するなりなんなりして、さっさと成敗せよということだろう。「私たちがあなたがたの肉的なものを刈り取るとしても、それはある人たちが騒ぎ立てるような重大なことであろうか。」

誰でも薄かれ厚かれ肉の衣をまとっていて、それを剝ぎ取られては生きてはいけないから、何の権威によってあなたはそんなに居丈高にどやしつけるのかと言いたくもなりはしないか。「私は自由ではないか。――私は使徒ではないのか。私は私たちの主イエスを見たのではないか。」すでに述べたように、パウロはキリスト者の迫害者であっても、使徒ではない。まして、夢の中ぐらいでしかイエスに会ったことなどないのだ。

「すべての者がキリストに従わせられる時……それは神がすべてのものにおいて、すべてになるためである(12)」

それは同時にまた、パウロがすべてのものになる時でもあろう。

コリントの教会でのごたごたはパウロの介入によっても解決しなかったらしく、そこで二の矢が放たれる。

「主が与えられた私たちの権威について、いくらか度を越して誇ったとしても、恥じるには及ばないだろう。私は手紙によってあなた方を脅迫しているように思われたくない。」とは言いつつも、パウロはあからさまに脅迫している。「私はかの『大使徒たち』になんら劣っていなかったと考えている。」彼が「大使徒たち」と言っているのは、ペテロかイエスの弟のヤコブのことであろうか。

「偽使徒たち……サタン自身が光のみ使いに擬装する。したがって、サタンの奉仕者たちが義の奉仕者に擬装したとしても、それは大したことではない。」パウロに反対するものは誰であれ「偽使徒」であり、「サタンの擬装者」であるのだ。（客観的に見ればパウロこそ最大の「偽使徒」ではないか。）

「多くの者が肉に従って誇っているので、私も誇ろう。……誰かが何かを敢えて誇ろうとするなら、私も愚かさのなかにあって言うのだが、私もまたそれを敢えて誇ろう。[13]」あれほど肉をけなしたパウロも、ついに自分も「肉の衣」を着ているのに気づいたのだ。

パウロがこのようにローマ帝国の各地でキリスト教の組織づくりに励んでいても、帝国の当局にはほとんどその存在が知られていなかった。「ネロ時代のローマの火災（六四年）で表面化したのは、『キリスト教徒』が特に迫害されたということである。ユダヤ人の反乱に先立って、キリスト教がユダヤ教の一分派ではなく、他の宗派とは異なる一つの宗教だと見なされていたことは、疑いなかった。[14]」ということは、あのローマの大火災までキリスト教徒はほとんど目につかなかったのだ。

エルサレムでローマに対する反乱が起こった六六年、キリスト教の危険に突然気づいたかのように、皇帝ネロは信者の迫害に乗り出して、すでに捕らえていたパウロを処刑してしまった。それでも、紀元一世紀に通じて、キリスト教がローマ帝国によって禁止されたという記録はない。「キリスト教徒にとって世界そのものであったキリスト教共同体は、都市の文化的・教養的雰囲気には接触しなかった。彼らは秘密の集会に集まり、社会の構成員としての自覚には無頓着であった。[15]」

ケルソスのキリスト教批判

このようなキリスト教の潜在的な危険や破壊力、それに、その特異というよりも異常な性格を鋭く見抜いたのは、二世紀から三世紀にかけての新プラトン派の哲学者、ケルソスであった。彼は二三〇年ごろ、『真理のロゴス』という本を書いてキリスト教の欠点を暴こうとしたが、残念ながらそれはキリスト教徒によって湮滅《いんめつ》されてしまった。それでも、ギリシア人の神学者オリゲネスが、それを逐一反論した『ケルソス駁論』が残っているので、私たちはそのおおよその概要を知ることができる。

ケルソスはまずイエスは「神の子」であるという神話を打ち砕こうとして、こんなふうに書いている。——「イエスの母は、彼女の婚約者である大工から姦淫のとがめを受けて放逐され、バンテーラという名の一人の兵士によって懐妊した。」

このケルソスの記述から、キリスト教に好意を持たないユダヤ教の「タルムード」は、さっそくイエス・ベン・パンテーラという名前を作りあげている。

このケルソスの爆弾的な発言に対して、オリゲネスはこう反論している。——「万物の造物主の心にかなうように万事を行うようにと、人類のためにあれほどのことを大胆に行った方が、奇蹟的な起源ではなく、いかなる起源よりも恥ずべきものであったというのは、道理にかなっているだろうか(16)。」

これはオリゲネスが信仰告白しているだけで、ケルソスに対する何の反論にもなっていない。そんなことなど意に介さないかのように、ケルソスはたたみかける。

「神がかりの状態の人々や乞食でさえ、自分たちは神の子として天からきたと主張する。」

「最もあり得ないのは、彼が救い主、神の子とみなされていたのに、彼の同行者で個人的にすべてを共有し、師として従っていた人たちに見捨てられ、売り渡されてしまったことである。」

「いったいなぜ、神を長い間待望していた人たちによって、神なるイエスはそれと認められなかったのか(17)。」

ケルソスが言うように、ほとんどのユダヤ人が生前のイエスを「神の子」と認めていなかったのは事実である。彼が突きつける証拠に対する説得的な反論は、オリゲネスからは聞かれない。

この後、ケルソスは人間の本性論に入って次のように言う。――「罪を犯す本性と習慣を持った人を罰することによって、ましてや憐れむことによって、それらを完全に変えることなど誰にもできないことは、万人に明らかである。」

このケルソスの切り込みに対して、オリゲネスはへどもどしながらこう答える。――「私たちは万物の創造者によって、邪悪な本性が造られたことを否定している。むしろ多くの悪は、養育や倒錯、環境が原因で生じる。」これでは、人間の悪はそもそも悪の原因がないのに発生している、と言っているようではないか。悪というものはただ否定するのではなく、それを直視しなければ浮かび上がってはこないのである。

ケルソスの批判は、ずばりとその中心を狙う。――「神はその神的な力によって、矯正など必要とせず、直ちに優れた人間を造り、悪の実在がまったくないようにすることはできなかったのか。」

神が悪につきまとわれる人間という欠陥品を造っておきながら、キリスト教徒はなぜその悪を隠そうとするのか。これに対するオリゲネスの答えは、なんとも心もとない。――「たとえケルソスが望まなくても、世界全体の矯正者としてキリストが来たのである。」

キリストが来さえすれば、すべてが帳消しになってしまうのか。

「神がまるで料理人のように火で罰するときに、他のすべての民族はことごとく焼き尽されてしまうのに、彼ら（キリスト教徒）のみが生き残ると彼らがみなしているのは愚かなことである。」(18)

ケルソスの追及は最後の審判にまで及んでいるが、残された彼の文章はいくらか潤色された抜き書きなので、隔靴掻痒の感は否めない。それでも、なんとかこのように読めるだけでもよしとしなければならないだろう。

ケルソスのキリスト教批判は、それがあまりにラディカル（根本的）であるだけに、ヨーロッパではずっと無視されてきたが、最近は少しずつ見直されてきているようだ。

悪にたじろぐアウグスティヌス

神と悪についてケルソスが問いつめていったのを知ってか知らずか、ヨーロッパ最大の神学者とされるアウグスティヌスも、世界と悪の問題に思いを凝らしていた、というよりも考えあぐねていた。

若き日のアウグスティヌスは、カルタゴに留学して同棲した女性と一子を儲けるなど、後年の謹厳そのものの肖像画からは想像できないような奔放な生活をしていたらしい。そうしている間にマニ教に入信して、悪の問題にも目が開かれていったようだ。

二十九歳で世界の都ローマに出て修辞学の教授になった彼は、上流階級と交際を始めるとともに、キリスト教へ接近していった。そして、四年後の三八七年、ローマ皇帝のテオドシウスを震えあがらせるほどの実力者で、ミラノ大司教であったアンブロシウスから洗礼を受けた。押しも押されぬキリスト教徒になったアウグスティヌスは、大著『告白』のなかでこう回顧している。

——「悪というものは、つきつめていけば完全に無になってしまうような、善の欠如にほかならないことを当時の私は知らなかった。[19]」

キリスト教の有力者になった彼は、かつてのめり込んだマニ教に猛烈な反駁を加え始めた。ここでは、『基本書と呼ばれるマニの書簡への駁論』を中心に見ていくことにしよう。

この世界が全能の神の創造物であるからには「存在する限りのものは善であるが、欠けたものである限り、自らが神から生まれたものではなく、神によって無から造られたことを示している。」

ケルソスならずとも、すぐいくつか疑問がでてくる。——なぜ神は「欠けたもの」＝「悪」をわざわざ造ったのか。そんな「欠陥品」を生み出す「無」に振りまわされるようでは、全能などと言っていられるのか。

私のような初学者の疑問など委細かまわず、アウグスティヌスは続ける。——「悪と呼ばれるものは壊敗（corruptio）以外の何ものでもない。……壊敗が害するのは本性に反するものである。壊敗が本性ではないとすれば、いかなる本性も悪ではない。」

これは言葉のトリックそのもので、屁理屈にもなっていない。（ちなみに、「壊敗」という文字を除いてこの文章を読んでいただきたい。）

このような「壊敗」が起こるとすれば、酵母や黴菌のようなものが物質に浸入するか、怠惰や高慢や憎悪が精神を害するからであり、それが常識的に「悪」とされるものではないか。

「マニ教徒はそれらの悪は本性から取り去ることはできないと言うだろう。……（しかし）すべての本性は本性である限り善である。[20]」これは「善」の一言しかいえない鸚鵡のようなものであるが、彼がその五年後に書いた『善の本性』でも、「すべての本性はそれが本性である限りで善であるから、至高にして真なる神によるのでなければ存在しえない[21]」と、まるで進歩していない。

こんなことばかり読まされていると、大神学者の精神そのものがcorruptioしてしまったかのようにも思えてくる。

ローマ帝国も末期に近づくと、地方総督のようになったキリスト教の司教には裁判権や行政権が与えられ、有能な人物は競って教会の指導者になったが、アウグスティヌスもその一人であった。先を見るに敏な彼は、さっさと流行遅れになったマニ教の服を脱ぎ捨てたのであろう。彼はカルタゴ時代に九年間もマニ教の聴講者に加わり、その仲間たちから財政的な支援も受けたが、権力や金銭上で有利な地位が見つかればどこへでも飛び移ってしまうのが、機会主義者の真骨頂かもしれない。（そういえば、ユダヤ教を裏切ったパウロもまた、機会主義者ではないか。）

「マニの主張は冒瀆的な無駄話」とか「極悪の怪物よ、惑わされた魂の呪わしい滅亡と堕落よ」とかと、アウグスティヌスは口汚くマニを罵っているが、彼に対する負い目からくる良心のいとわしさはあるとはいえ、恩を仇で返すというのは、人間にとって立派な「悪」ではないか。

ヤハウェのDNAを受け継ぐ

二世紀から三世紀になると、あの勇猛果敢で質実剛健を誇ったローマ市民も、世界から流れ込む戦利品で飽食して、パンとサーカスを貪る遊惰な生活に耽るようになり、危険がつきまとう辺境での戦闘に尻込みするようになった。やむなくその不足を蛮族で補うと、内部に入り込んできた異分子に対する警戒心が強まり、社会全体が不安と混乱に揺れるようになった。そんなところに際立った一致団結を誇ったのが、あの名だたる戦略家パウロに鍛えあげられたキリスト教徒の集団であった。

二世紀半ばの教会の長老クレメンスは、コリントの信徒にこんな手紙を出した。――「私たちは司令官に兵士として仕えている者たちと考えよう。すべてが長官であるわけではなく、すべてが千人隊長でも百卒長でもないが、それぞれが各自の地位において、王や司令官に命じられたことを果たす。私たちの身体全体がイエス・キリストの中で維持されるようにしよう。」

パウロのときよりも組織が拡大して強固になったせいか、言い方も単刀直入になる。「なぜ争い、憤激、不和、分裂、戦争が君たちの間にあるのか。なぜキリストの肢体を寸断し、切り裂くのか。」最後には権力丸出しになる。「騒乱のもとをつくりあげた者は長老に服従し、悔い改めに至る懲戒を受けよ。そして、心の膝をかがめよ。服従することを学ぶがよい[22]。」

イギリスの社会学者ミークスは、『古代都市のキリスト教』のなかでこう書いている。「キリスト教集団は、いかなる団体にも、異教的な祭儀団体にも見られないほど、排他的で全体主義的であった。『キリスト・イエスにあずかる洗礼を受ける』とは、パウロ的な集団の回心者にとっては、きわめて徹底的な集団内部への再社会化を意味した。」そして、「洗礼を受けてキリストにつくものとされた、あるいは『一つの身体にされた』人たちは、『キリストを着』あるいは『新しい人を着』たのであり、ユダヤ人と異邦人、ギリシア人とバルバロイ、奴隷と自由人、男と女という区別さえも一掃されて、『みな一つ』になった[23]。」

寛容で世界に開かれていたローマ帝国には、アジアやアフリカやアラビア、また、東部や西部や北部のヨーロッパから、無数の人たちが無数の希望や習慣や宗教を持って流れ込んできた。そして、価値や正当性をめぐる競争で最後まで勝ち残ったのはキリスト教であった。それは悪にも罪にも迷わされず、自分は誰よりも正しく、強く、優れていると主張するユダヤ教の神、ヤハウェのDNAを受け継いでいたからである。

「ローマ帝国の大多数の人間が受け入れたのは、このような勝者の信仰であった。……ひとたび闘いに勝利すると、この集団は自分たちが正しいと宣言するのみならず、キリスト教が誕生してからずっと正しかったと言い張った。[24]」

キリスト教の最大の原罪は、原罪のなんたるかについて無知であることではないか。それは自己中心性、自己優越主義にこだわるという、原罪の根源をなすものをずっと忘却してきたのである。

皇帝コンスタンチヌスの政治的打算

ここに最後の、そして最強の機会主義者が現われた。それは誰あろう、ローマ皇帝コンスタンチヌスである。

倒壊寸前の帝国を立て直したディオクレティアヌスが引退したあと、東西に分かれたローマの、正帝と副帝の四人の権力闘争に勝ち残って、ただ一人の皇帝になったコンスタンチヌスは、キリスト教の恐ろしさを正確に見抜いていた。ローマ司教を頂点とするその聖職者階級は、ローマ国家を真似してもう一つの権力機構を作り、そのヒエラルヒーの底辺から細部まで一糸乱れずに動かしていたのである。それに、帝国の軍隊や政府機関にも、忠実で一本気なキリスト教徒が数多く加わっていて、彼らが臍を曲げたら国家全体が麻痺しかねない。

このような危険きわまる大集団は敵にまわすよりも、そっくり抱き込むにしかずと決断したコンスタンチヌスは、やはり一流の戦略家だと言うべきであろう。

三一三年に彼は有名なミラノの勅令を発して、信教の自由を装いながらも、キリスト教に最大限の優遇措置を与えて、国教に近いところまでもっていった。帝国の延命という大義名分はあったにもせよ、やはり直接的には皇帝としての自分の権力を維持強化するために、栄誉ある帝国を無償でキリスト教に譲渡してしまったコンスタンチヌスは、機会主義者と言わずにどう言ったらいいであろうか。

イタリア・ルネッサンス文化を研究して、人間を見る目を養ったブルクハルトは、「コンスタンチヌスはキリスト教徒ではなく、政治的な打算家、エゴイストである」と断定したうえで、こう書いている。――「野心と権勢欲が一刻の平穏のときも与えない天才的な人間にとって、キリスト教と異教、意識的な信仰と不信仰ということは全然問題にならない。このような人間は、その本質において無宗教である。」ともかくも、「コンスタンチヌスという冷酷な指導者にキリスト教は代表される」ようになったのだ。(25)

パウロとアウグスティヌスとコンスタンチヌスという「三位一体」ならぬ「三身一体」の機会主義者たちによって、アウグストゥス以来のローマ帝国は、ほとんど無償でキリスト教徒たちの手に落ちてしまったのだ。

あの貧しかったナザレのイエスは、いまや「神の帝国」にキリスト・イエスとして君臨しているのである。「キリストが皇帝の姿にイメージされ、提示されることが当然視されるようになり、キリストは王冠を戴き、手を挙げ、光輪を背にして、宮殿や召使などを伴った支配者として描かれた。(26)」

やがて、幼な子イエスを抱きかかえた処女マリアの頭にも、重そうな金の冠が載せられるようになった。

〈三〉新しいエルサレム　――ヨーロッパの征服

権力闘争の産物としての三位一体

三世紀末から四世紀にかけて、キリスト教は帝国の有力な宗教にのし上がっていったが、それも後世から想像されるほど圧倒的なものではなかった。ペルシア伝来のミトラ教やマニ教、エジプトのイシス神やシリアのバール神の人気もまだ衰えていなかったし、なによりも、ギリシアとローマの古くからの神々、なかでも地域や日常生活に密着した神々への信仰は根深いものがあった。先輩にしてライバルのユダヤ教を上まわるようになったものの、キリスト教徒はせいぜい人口の十パーセント程度だったとも言われている。

こうした状態に活を入れたのが、あのコンスタンチヌス大帝のキリスト教への肩入れであった。――「コンスタンチヌス帝が改宗すると、キリスト教徒になることが流行し、一般的になった。人々は先を争って改宗した。四世紀も末になると、帝国の人口の半分がキリスト教徒を名乗るようになった。(27)」

ここで注意しなければならないのは、よく「コンスタンチヌスの改宗」などとこともなげに書かれるが、それはキリスト教会がつくった「伝説」にすぎないということである。

コンスタンチヌスが個人的に信奉していたのは、ローマの戦争の神マルスであり、「不敗の太陽神」として帝国の軍人の間で絶大な人気のあったミトラ神にも魅かれていたと言われている。

臨終になって告解したとか、洗礼を受けたとか書かれているが、それは教会側の言い分であってはなはだあやしい。

コンスタンチヌスが「改宗」を装ったとしたら、それはキリスト教会の「一致の力」を借りて帝国の解体を食い止めようとする、きわめて政治的なものであった。

しかし、それが大きな目算外れであったことは、すぐさま明らかになる。三二五年のニカイア公会議で各地から集まった司教らの幹部は、父なる神（ヤハウェ）は子なる神（イエス）とは「同質」か「類同」かをめぐって、唾を吐きかけ、髪をもつかまんばかりの大論争を始めたからである。教会側のエウセビオスでさえ、こんなことを書いている。「各都市の司教が他の都市の司教に激しくぶつかり、殴り合いは殺し合い寸前までいき、その結果、自暴自棄に陥った者は我を忘れて聖ならざる行為に走り、大胆に皇帝像を侮辱することまでした。」

こんな有様を見せつけられては、さすがのコンスタンチヌスも度肝を抜かれたらしい。「もし神の民が正義に反する悪質な争いで分裂しているならば、いったい予はどのようにして理性をもって対処できようか。[28]」

切羽詰まったコンスタンチヌスは、「理性」ではなく「権力」による解決を選んだ。つまり、父と子は「同質」であるという彼の鶴の一声で、なんとかその場は収まったのである。しかし、そのどさくさに紛れて、目はしのきく司教たちはそのなかに「精霊」なるものを潜り込ませてしまい、ここに異端の最大の発生源となったあの「三位一体」の玄義ができあがったのだ。これによってコンスタンチヌスは会議の一致だけは確保したものの、これから何かとそれは紛糾を呼ぶことになる。

当然のことながら、このような結果は司教たちの勢力関係にも甚大な影響を及ぼした。「同質」を掲げたアタナシウスが聖人に引き上げられたのにひきかえ、「類同」にこだわったアリウスは、異端者として追放されてしまったのだ。

キリスト教への根強い反抗

キリスト教の内輪もめを何とか自分の権力によって決着させたコンスタンチヌスは、それをもっと頼りがいのあるものにするために、土地を寄進したり、聖職者の税金を免除したり、壮大な教会を建てるための寄付までする一方で、キリスト教徒たちが異教の神殿などを破壊するのは黙認した。しかし、それは平穏無事ではすまなかったようだ。

「神殿を破壊するために兵士や剣闘士を送り込んだ司教のマルケルスは、地元の住民たちに捉えられて生きながら焼かれた。アレクサンドリアでは、神殿を破壊した人間が磔にされた。……表向きとは別に、庶民たちのほとんどが異教を信奉し続けていたことは、当時の勅令や文献が物語っている。(29)」

時代は少し下がるが、七三二年にはフランク帝国の領内で、三〇の教会が焼き打ちされたという。

コンスタンチヌスの血を引きながらも、次の皇帝から謀反を疑われて幼児のときから厳しい監視のもとで育てられたユリアヌスは、ガリアでの蛮族との戦いで兵士たちの信頼を得て、三六〇年に思いもよらず皇帝に推された。冷遇時代からキリスト教がのさばるのを苦々しく思っていたユリアヌスは、権力を掌中にするやいなや、破壊を免れたギリシアやローマの寺院の再開と、供儀を媒介とする礼拝の復興を宣言した。彼が出した異教の神殿の土地返還令と寛容令とは、温和な多神教の新時代が幕開けしたことを暗示していた。

筆まめであったユリアヌスは、激務のかたわら多くの書簡を出したばかりか、自分の考えを盛り込んだ著書までものしたが、そのいくらかは奇蹟的に今日まで遺されている。そのなかの『諸皇帝論』にはこんなことが書かれている。――「十年あまり、かれ（ユリアヌス）は公的にはキリスト教徒として振舞い、その間にも異教の神々を礼拝してきた。……快楽が皇帝コンスタンチヌスの装いを飾り、彼を自己制御できない状態に追い込んだ。イエスもその点では同罪である。」書簡になると、もっとあからさまになる。――「ガリラヤ人（キリスト教徒）もまた、博愛《アガペー》と親切さをもって事を始めるが、結果としては、彼らはきわめて多くの者を無神論へと押しやっている(30)。」

ユリアヌスは有言実行もした。彼は身分制限令も発して、宮廷をはじめ政府の各部署からキリスト教を奉じる官僚を追い出したばかりか、地方の官庁でもそれを徹底させた。キリスト教側にとっては幸運なことに――神の加護があったのだろうか？――係争となっていたメソポタミアで、対ペルシア戦争を強行してユリアヌスが落命してしまったために、彼の改革（反動？）政策は三年ほどで終わりを告げた。彼の異教復興政策がせめてあと十年以上続いていたとしたら、その後のキリスト教支配の歴史はかなり変わっていたかもしれない。それもかなわぬ夢となって、彼は「背教者ユリアヌス」という汚名だけを後世に遺すことになった。

皇帝というトップレベルだけでなく、中間や底辺で暮らす人たち、また、ローマから遠隔の地に住む人たちの間には、伝統的な宗教への信仰が根強く続けられていた。三九五年にキリスト教がローマ帝国の国教になってからは、国家権力によって異教を根絶やしにしようとしたが、それもなかなか隅々まではいきわたらない。

アイルランドなどに居住するケルト人の樹木崇拝は、キリスト教時代になってもずっと保持されていたが、業を煮やした地元の司祭たちは、森林に押し入って古木を伐り倒したり、燃やしたりした。ケルト人にとって空まで伸びる巨木は、天を支える柱であるとともに天の回転軸でもあり、まさしく「宇宙の樹」であったが、それが切り刻まれて、見るも無残な姿を地上にさらすことになってしまったのだ。

「キリスト教の伝道者が、策略や賄賂や軍事力など可能なあらゆる手段に訴えてでも、キリスト教を受容させたことを、北欧やアイスランドの文献は示している。[31]」

精霊を信じたゴート族の王

祖先から伝えられてきた信仰を護ろうとする「地の民」の抵抗は執拗をきわめたが、それも自然発生的で散発的なものにとどまり、緊密なネットワークと鉄壁のヒエラルヒーを誇るキリスト教会のブルドーザー作戦を前にしては、敵すべくもなかった。時間がたてばたつほど、ヨーロッパ全土はキリスト教一色に染めあげられていく。

このようなキリスト教による植民地化をいちばんいまいましく思っていたのは、ギリシア・ローマの教養を受け継いだ知識人たちであった。カトリックの修道院で七年間尼僧として修行したカレン・アームストロングは、自省をこめて次のように書いている。

「教育を受けた異教徒たちには、キリスト教は野蛮な信条の宗教であるように思われた。キリスト教の神は、人間的な事件に不合理な干渉を続ける残忍で原始的な神である。……神は全人類に知られうるものなのに、キリスト教徒は卑しい小さな集団にこり固まってこう主張しているのだ。『神は我々だけに注意を向けるために、全世界と天の運動さえ見捨てて、広い大地をも無視した』と。[32]」

その舌鋒は鋭くても、知識人階級はしょせんひ弱な敗者にすぎない。ここで、それらよりずっと野太い、キリスト教主流派への反逆を紹介することにしよう。

ローマ帝国は三九五年に西と東に完全に分裂したが、西帝国にはゲルマンの蛮族が断続的に侵入して、不滅の都とうたわれたローマも何度か略奪された。そのあげくに、四七六年にはゲルマンの傭兵隊長に若い皇帝が廃されて、西ローマ帝国はあっけなく滅亡してしまった。

その混乱のあとで、イタリア半島を支配した東ゴート族の王テオドリックは、ひとまず秩序を立て直して産業を興し、学芸も保護して蛮族ながら善政をしいたと言われるが、私が特に注目したいのは彼の宗教政策である。ローマ人から「ドミヌス」（主君）と呼ばれるようになったテオドリックは、当時のローマ人の大部分が属していたカトリック教会に加わることを潔しとはしなかった。蛮人なりの誇りと反骨精神の故か、彼は異端の烙印を押されていたアリウス派の教義を選んだのである。

このアリウスは、主流派が押しつけた父と子と精霊の「三位一体」を断固として拒否したのであったが、きのうまで蛮族であったテオドリックが、こんな高等政治の妥協の産物など理解できようはずがない。とりわけ、彼の気にさわったのが、「精霊」というものであったらしい。

樹木や光や水や風に宿る「精霊」なら、彼が以前から親しんできたものであるが、その精霊がなぜキリスト教の神とその子とされるイエスに一体化しなければないのか。それは神聖な精霊に対する侮辱であり、冒瀆ではないのか？……これは私の想像であるが、テオドリックはこのように考えたような気がしてならない。

それはともかく、王であるテオドリックが反三位一体のアリウス派を受け容れたからには、それはまずゴート族全体に拡がり、次いでほとんどのゲルマン族もそれに倣うことになったという。

ゲルマン族がキリスト教化されたと言っても、松谷健二氏が『東ゴート興亡史』に書いているように、「カトリックの僧侶から説教されて、こういうものが文明なのかと半ば感心し、半ばあきれながらそれを採り入れたのであろう。[33]」

テオドリックは最後までアリウス派の教義を固持していたと言われるが、彼の死後二十年以上して、まだ生き延びていた東ローマ帝国の勢力がイタリア半島まで伸びてくると、占領地を次々と奪われて民族単位としての東ゴート族は消滅してしまった。

テオドリックが掲げたアリウス派もそれと運命を共にして一場の夢と化したが、反カトリック、反アタナシウス派の実践として、記憶されてもいいのではないか。

教皇から帝冠をいただいたフランク王

テオドリックが東ゴート王国に君臨していたころ、ライン河を渡って北ガリアに定住していたフランク族の首長クロービスが、四八六年にメロビング朝フランク王国を建設した。このクロービスはテオドリックとは違って、三位一体のカトリックに改宗したうえ、ローマ教会やローマ人の有力者たちと密接な関係を結んで、ローマの遺産を受け継ごうとした。

文明の格差がありすぎて、ローマのきらびやかさに幻惑されたのかもしれない。その甲斐あってか、ローマ教皇のパウロス二世から「フランク人は新しい契約の民であり、聖なる民、忠実なる民である」と褒めちぎられるまでになった。

八世紀になってスペインから侵入してきたをイスラム軍を撃滅して、ヨーロッパを護ったことからフランク人の勢威はますます高まり、カロリング朝のカール大帝（シャルルマーニュ）がゲルマン人の他部族や異教徒と戦って力でねじ伏せ、民族大移動以来、動揺がやまなかった西ヨーロッパを何とか安定させることができた。

キリスト教世界の盟主であることを自覚していたカールは、「我々は王国内の教会の指導を神から授かったのだから、神の加護の下、その保護と発展のために尽力しなければならない」と豪語したという。それればかりか、彼は「ローマ教会に皇帝の権力と栄光、力、威厳を与えることを願った」とさえ言われている(34)。

俗権の王カールとローマ教皇とは、まさに持ちつ持たれつの関係になった。カールの頭上に教皇が神の栄光を惜しみなくふりまけば、教皇がヨーロッパを支配する力をカールは物理的に支えるのである。あとはただ、カールの頭に教皇が冠を載せるばかりだ。

「八〇〇年クリスマスのミサで、ローマ教皇は自らシャルルマーニュの頭に帝冠を置き、その前に跪いて、シャルルマーニュをローマ皇帝の称号である『エンペラドール・エ・アウグストゥス』であると宣言した。……シャルルマーニュは西方キリスト教全体の指導者となり、あらゆる領土争いが聖戦として正当化されることになった(35)。」かくして、彼のローマ教会への投資は大きなリターンを得たのである。

この皇帝シャルルマーニュとローマ教皇との取引は、前者に有利なようにも見えるが、それは短慮というものだろう。というのは、まず第一に王ないし皇帝には寿命があるばかりか、王国や帝国は分裂しやすいのに、ローマ教会は半永久的な強固な組織である。第二には、王ないし皇帝は教会の実質的な後ろ盾となり、場合によっては危険な戦いもしなければならないが、教皇はただ権威を与えるだけですむ。第三に、その権威にしてからが、教皇は王ないし皇帝の頭に冠をかぶせるのに、王ないし皇帝が教皇に三重の教皇冠を載せることはない。つまり、戴冠式などといっても、それは教皇が王ないし皇帝の上位にあることを衆目に歴然と示す儀式にすぎない。

ヨーロッパ最強のフランク王国を抱き込むことにより、ローマ教皇とカトリック教会の権力は、神も驚くほどの絶大なものになった。

十字軍の聖なる遠征

西ローマ帝国が滅亡してみると、それまで地中海周辺からもたらされていた豊富な物資の流入はぴたりととまり、各地を結んでいた交易も休業状態になった。人口に比べて自前の農業生産は貧弱であったから、穀物不足で都市では食うに困る人が続出した。それに加えて、小規模な部族国家が乱立して抗争や離合集散を繰返していたから、人々は安心して生活することすらおぼつかなくなった。

それでも、フランク王国が出現すると、ヨーロッパの中心部は一つの政治単位としてまとまり、それが分裂したあとも、ドイツ、フランス、イタリアというかなり広い領土を持った国ができたうえに、海を隔てたイギリスも国家の様相を呈してきた。

こうして政治が安定し、治安がよくなってくると、農業生産にも力が入るようになり、耕作方法や農具にも改良が加えられ始めた。穀物や野菜の生産に余裕が生まれると、毛織物や鍛冶などの副業にも手を広げるようになり、市場での交易も活発になってきて、荒廃したローマ時代の都市もまた生気を帯びてきた。

生活に余裕が出れば、ヨーロッパ外の世界への好奇心も刺戟され、そこで運だめしや腕だめしをしてみようという野心がうずうずしてくる。

このような物と人心の動きを見はからうかのように、一〇九五年のクレルモン公会議で、教皇ウルバヌス二世は第一回十字軍への参加を呼びかけた。それはサラセン人に占領された聖都エルサレムの奪還と巡礼者の保護を狙うものであったが、その宣言は宗教者の言葉とは思えないほど露骨なものである。

「これまで強盗でしかなかった者たちは、キリストの騎士となる。兄弟や親戚と戦っていた者は正当な権利として野蛮人と戦う。端た金で傭兵になっていた者が手にするのは、永遠の報酬である。[36]」

こうした教皇の乱暴な呼びかけに、ヨーロッパ各地から、有り金やありきたりの武器を持った人たちが殺到して、集団の目的も意味も分からずにうろうろしている住民をなで斬り、突き刺しながら、小アジアからシリアへと怒濤のごとく押し寄せていった。占領した町の市民の虐殺を繰返しながら、三年後にはお目当ての聖なる都エルサレムを征服した。

「わが軍は彼らを追いかけ、彼らを殺し、切り裂きながら、ソロモンの神殿まで追撃した。そこは血の海で、わが軍はくるぶしまで血に漬かって渡った。……十字軍の兵士は町中を駆けめぐり、金、銀、馬、ロバなどを掠め取り、財宝で満ちていた家を略奪した。[37]」

なんら悪びれることもなく、『フランク人たちの事績』はこう書いている。これはカナンに侵入したユダヤ人たちの、血も凍るような手柄話を旧約聖書で読んでいるみたいではないか。

十字軍が暴虐を働いたのは、アラブ人やイスラム教徒に対してばかりではなかった。――「フランクが最初に手にかけたのは、ギリシアやアルメニアなどの東方教会派の全司祭を、聖墳墓教会から追放したことだ。十字架の守り役の司祭をひっ捕らえ、拷問にかけて口を割らせたうえで、聖都のキリスト教徒から最も貴重な聖遺物を強奪した。(38)」

使命と貪欲がこんぐらがって、できることなら何でもやってのけたようだ。キリストを磔にした十字架の破片でも見つかったら、大戦果というものだろう。これに対する教会側の代償といえば、かつて犯した罪への罰を免除するとか、最後の審判で責任を取らないですむように神にとりなすなどという、なんともお手軽なものであった。

キリスト教の罪というのは、もともと教会が思いつくままに作り出したものであり、それを取り消すのも思いのままにできるのは当然であろう。

十字軍の遠征も二回目となると、アラブ・イスラム側も体勢を立て直し、「シリアの関が原」とも言われるヒッティーンの角の戦いでは、キリスト教軍は惨敗を喫した。英雄サラディンが現われるに及んで、あのエルサレムも奪い返され、十字軍兵士は海に向かって逃げまどった。

エルサレムに威風堂々の入場を果たしたサラディンは、十字軍兵士のうち老齢者は無償で立ち退きを許し、未亡人と孤児については贈物までつけて故郷へ送り返したという。

サラディンはまた、岩のドーム・モスクの頂上に立てられた金箔塗りの十字架は引き下ろしたが、聖墳墓教会の破壊は阻止した。もちろん、殺人も略奪も許さなかった。

こうした光景を見るにつけても思い出されるのは、次のような事実である。

「エルサレムの勝利に酔い、暴虐に狂った一両日後、十字軍の諸侯たちは武装を解き、衣服を改めて手を清め、謙遜と痛悔に心を満たしつつ、裸足で聖所訪問の義務についた。[39]」

この記述は、キリスト教の何たるかを語って余りあるのではないか。いくら手を洗い清めても心は清められないであろうし、「痛悔」といっても何を悔いていたのであろうか。

救いのための暴力

十字軍の十字というのは、キリスト・イエスが磔にされた十字架を表わすだけではない。キリスト教の大恩人ともいうべきあのコンスタンチヌスが、三一二年に首都ローマの獲得をめぐって、皇帝を名乗るマクセンティウスとティベリウス川で対決したとき、空にくっきりと十字の形が浮かびあがったと言われるが、その神からの激励の印に勇気百倍したコンスタンチヌス軍が決戦に勝利したことから、それはギリシア人の戦勝記念碑たるトロパイオンに擬せられるようになった。(英語の「トロフィー」はそれから派生した。)

そうしたコンスタンチヌスの勝利にあやかって、キリスト教会やキリスト教徒が重要な戦いに挑むときには、「十字軍」と呼ばれるようになったという。

そういえば、聖地エルサレム奪還の戦いばかりでなく、十字軍が活躍した戦いは他にも色々あるようだ。

まず思いあたるのは、あのシャルルマーニュによる「ザクセン十字軍」である。フランクの王カールは、隣接するゲルマン族のザクセン人がまだ異教を信じていたため、彼らを征服する戦いは異教徒との戦いであり、聖戦であると意識して、「ザクセン十字軍」なるものを戦いに送り込んだのである。

勝利した十字軍は、ザクセン人が神のように崇拝していた「イルミン聖柱」という巨木を伐り倒してしまったが、それはキリスト教の神に対する捧げものであったのだろうか。

次はスペインを中心とした「レコンキスタ十字軍」である。イベリア半島には、八世紀にイスラム軍がジブラルタル海峡を渡って侵入して以来、キリスト教徒との戦いが続いたが容易に決着がつかず、エルサレム十字軍とほぼ時を同じくして、教皇はここでも十字軍を宣言した。これによってイスラムに奪われた領土を再征服しようとする「レコンキスタ」は正戦から「聖戦」となり、兵士たちには例によって気前よく贖罪が与えられた。つまり、イスラムに対する暴力行為は「美徳」になったのである。

ピレネー山脈を越えてフランスなどからも十字軍兵士が応援に馳せ参じ、一二一二年にアンダルシアのラス・ナバス・デ・トロサでの決戦で勝利したあと、キリスト教軍はイスラム軍をじわじわと南方へ追い詰めていって、一四九二年にはグラナダを陥落させ、八百年近くもかかってイスラム教徒をようやくアフリカへ追い返すことができた。

聖地十字軍がパレスチナで苦戦していた一二〇八年、教皇イノケンティウス三世は、南フランスの司教と諸侯に「アルビジョワ十字軍」への参加を呼びかけた。これまでの十字軍は異教徒や異国人を相手にしてきたが、この十字軍が標的にしたのはフランス人で、しかもキリスト教徒であった。しかし、キリスト教徒とはいえ、戦うべきは「カタリ派」といういまわしい異端であったのである。

檄を飛ばす教皇の書簡にはこう述べられている。――「手に力を込め、腕を大きく伸ばし、サラセン人に対する以上の確信をもって、異端と戦ってほしい。なぜなら、彼らはサラセン人にもまして危険だから。[40]」

これを近親憎悪と言うのだろうか。同じような顔をして、同じ言葉をしゃべり、同じように聖書を読んでいるから、異端に対してはひときわ憎しみが募ってしまうものらしい。

フランスの一地方で発生した異端に、ローマ教会はフランス王家と連合して総攻撃を加えたが、カタリ派も南仏の有力な貴族に支援されてしぶとく抵抗し、予想外の長期戦となった。各地で多数の異端者が虐殺され、生け捕りにされた者を焼く火刑の煙が、揺らめきながら神のいます天に向かって立ち昇っていった。

異端者の最後の拠点が陥落するまでには四十年近くもかかったが、その間に犠牲になったカタリ派の人たちは、支援者も含めて数十万から百万人にものぼると言われている。

神のために戦う十字軍はブレーキがかからず、獣性がむき出しになりやすいが、このアルビジョワ十字軍は、酸鼻を通り越して、この世を地獄と化してしまったようだ。

アメリカのアダムが築いた「丘の上の町」

ヨーロッパのキリスト教徒にとっては、自分たちが最も理想とする場所がエルサレムなのである。だから、パレスチナの突兀《とっこつ》とした岩山の上にある都市だけがエルサレムであるのではない。地球上のどこにでもエルサレムはあるのだ。

帆船で大西洋を西へ西へと向かったキリスト教徒たちが、何十日ぶりに見た新大陸は、冬の朝日に赤く映えていて、今まさに天から降りてきたばかりのエルサレムであった。

あの丘の上の誰もいないまっさらな土地に、生まれたばかりのまっさらな人間である自分たちが、これまで心に思い描いてきた理想の都市を造るのだ、と彼らは神に誓ったことであろう。「アダムは最初の人間であり、人間の原理であった。彼の道徳的主張は経験から出たものではない。彼は新しい人間であったために、徹底的に無垢であった。」(41)

この「アメリカのアダム」は、堕落以前のアダムであったのだろう。

上陸した彼らが身を寄せ合って厳冬の寒さに震えていると、どこからともなく人間のようなものが現われて、ぬるい湯や果物や薄汚れた毛布のようなものを運んできてくれた。恐るおそるそれらを受け取った彼らは、こんなところに人間が住んでいるはずがない、あの人間に似たものは別の進化系統をたどった、類人猿みたいな動物なのだと考えたことだろう。

手招きされてこの動物のあとについて行ってみると、そこには木や草でできた小屋や獣皮の天幕が散らばっていて、狭いながらも開墾した土地に雑草か野菜か区別できないものが生えていた。もしこの動物のようなものが原始的な人間であったら、この目路も遥かな荒漠とした土地は、いったい誰のものなのか。もし彼らが自分のものだなどと言い張ったら、つべこべ言わさずに奪い取らなければならない！……

「地球全体は神の庭園であり、神はそれを人間の子孫に与えた。キリスト教徒はこの地上に数を増やし、地を満たしてこの地上を支配する」と、一六三〇年にイギリスで出されたパンフレットに書かれている。そうだ、これらの土地はもともと神がキリスト教徒である我々に与えると約束したものであり、我々がここに来るのが少しばかり遅かったというだけのことではないか。

キリスト教徒と原住民は酒を酌み交わしたり、いっしょに歌ったり踊ったりするようになった。ヨーロッパから持参したとびきり強い酒を飲ませて原住民がぐっすり眠り込んだころを見はからって、部落ごと焼き打ちにした。「一六三六年からのピーコット戦争では、原住民の砦の総攻撃で、その地域のインディアンを女・子供を含めて全滅させた。『あまりにも残酷で、あまりにも多くの人を殺し、キリスト教徒たる者もっと慈悲と憐みを持つべきだった』という声も出た(42)」という。

残酷であろうと無慈悲であろうと、これはヨーロッパとパレスチナでキリスト教徒がさんざんやってきた、あの十字軍戦争の一つにすぎない。

こんなことを平然とやってのける「アメリカのアダム」はとても「無垢」であるようには思えないが、エデンの園でアダムとイヴがリンゴを食べたのは好奇心にかられた毒見のようなもので、「原罪」などという仰々しいものではない。してみれば、アメリカに来着したキリスト教徒が見せつけた強欲や高慢や裏切りは罪でも何でもないから、「アメリカのアダム」はやはり「無垢」だったのだろう。

そういえば、「アメリカの英雄は徹頭徹尾清潔《クリーン》で、なおかつ最高の権力《パワー》を持っている」などとも言われている。彼らには、クリーンとパワフルは矛盾でも何でもないのだ。いやむしろ、クリーであればあるほど、パワフルになれるのだろう。

「アメリカの清教徒の『丘の上の町』という理想と、神の摂理に導かれているという感覚とは、当初は彼らの精神生活と小規模な入植地と町の社会組織に限られていたが、十九世紀の初めには、広大な大陸のすべてを包摂するものになった(43)。」

このようなものこそは、無垢なアメリカ人が築き上げた「エルサレム」というものであろう。アメリカ人がなしとげた偉大な事績を振り返ってみれば、「アフリカ人奴隷の積荷が最初にヴァージニアに上陸したのは一六一九年であり、それはあのメイフラワー号がケープゴットに到着する一年前のことであった。[44]」

黒人や「インディアン」と呼ばれるようになった人たちが、あの「金の街路でできたエルサレム」の住人になれるようなことがいつかあるのだろうか。

第五章　暴走と逆行

〈一〉本願寺王国——権力になった絶対他力

召使の子蓮如の野望

一四七〇年ころ、まだ応仁の大乱は始まったばかりで、足利幕府の権威はがた落ちになっており、幕府の管領をはじめ大名や守護が東軍と西軍に分かれた戦いは全国に波及し、また、土一揆や百姓一揆が各地に頻発していた。これまで伝統や制度によって抑え込まれていた人たちは、権利や力を自覚して自分たちの利益を主張するようになり、果敢に行動するようになった。

この社会も人心も常ならぬ時代に、大聖寺川によって加賀に接した越前に、異変と言ってもいいような不思議な現象が起こっていた。ここ吉崎と呼ばれるぼっこりと盛り上がった丘に、寺の堂宇がいくつもできて、念仏衆や一揆くずれなどが集まってきたが、越前の戦国大名の朝倉氏がその土地を横領しようとしたことから、それに抗議したり念仏を称えたりする声がひときわ大きくなってきた。そして、そうした人たちを収容するための坊舎や多屋《たや》という宿所が、にわかに軒を並べるようになったのである。

そんなころ、親鸞の子孫たちの拠りどころである本願寺は寂れるばかりであった。彼らは京都大谷にある宗祖の廟の「留守職」を細々と務めていたが、その一方で、親鸞の教えという「血脈」を受け継いだと喧伝する仏光寺派や高田派は隆盛をきわめていた。

なかでも、名帳《みょうちょう》と絵系図という「新商法」を編み出した仏光寺派には、それらを求める信者の群れが押し寄せていた。というのも、親鸞が教えたように阿弥陀仏の六字名号を称えるだけで、本当に極楽に救われるだろうかと心もとなく思っていた人たちに、仏光寺は「名帳」というものに信者一人一人の名前を書き込んで、それを直接に阿弥陀如来に届けるから、まずは往生間違いなしと太鼓判を押したのである。そんなことで安心できるなら、なにがしかの手数料など安いものではないか。

このような仏光寺の繁盛ぶりを横目で見ながら、蓮如は第八代の本願寺住職を継いだ。そのとき蓮如はもう四十三歳になっていたが、父の存如が召使の女に生ませた子である彼は、それまで、わびしい本願寺のなかでもとりわけわびしい部屋住まいを強いられてきたからである。しかし、その逆境のなかでも、蓮如は親鸞の著書を読み耽りながら、一発逆転の策を練りあげていたが、そんな彼の野心を仏が認めてくれたのか、十九歳年下の正妻の子をさしおいて、彼が本願寺の法主に選ばれたのである。それには叔父などの画策もあったと言われているが、苦節に耐えてやっと日の目を見ることができ蓮如は、長年暖めてきた野心の実現に向けて猛烈に動き出した。

延暦寺の山徒に本願寺を焼き打ちされたあと、近江や東国を転々として布教しながら、蓮如はその秘密兵器ともいうべき『御文《おふみ》』と、「仏恩報謝」の殺し文句に磨きをかけた。浄土への往生を保証するのは、仏光寺が持ち出した「血脈」などというあやしげなものではなく、この自分の体内に脈打っている親鸞の血そのもの、その血の通った言葉なのだ、ということを力強く主張したのである。そして、一四七一年に北国へ下向して、ついにあの吉崎に自分の道場を開いたのだ。

吉崎御坊の時ならぬ賑わい

そこでどんなことになったかは、『御文』自体が雄弁に物語っている。

「われらが煩悩悪業の罪、光明の縁に会ふによりて、即ち罪障消滅して、たちまちに信心決定《けつじょう》する因は起こさしむるものなり。」

これは現存する御文の二番目のもので、近江で書かれているが、どのような悪業も阿弥陀如来の「光明の縁」に出会えば消滅すると明確に述べられている。「光明」ではなく「光明の縁」とされているのがみそで、如来との縁を結ぶのは宗祖親鸞その人のおかげであるということが、言外にほのめかされている。

「弥陀如来一仏を頼み、余仏余菩薩は心をかけず、また余の功徳善根にも心を入れず。」

これは吉崎で書かれたもので、道場での寄合か説教の場で読みあげられたのであろうが、阿弥陀仏以外の仏はもとより、世の「功徳善根」などにはいっさい目もくれない、という「一向宗」の立場がよく示されている。

吉崎に居ついて二年前後して、余裕が出てきたせいか、こんなことも書かれている。「われらは京都の御一族分にて候あひだ、ただいつも、ものをよく食ひ候ふて、そののちは、寝たく候へば、いくたびも、なんどでも、ふみそりふせり候。」

ここには、親鸞の「御一族」であるという特権意識が露骨に出ている。それにしても、「ふみそりふせり」とはふんぞり返って寝るということで、わざわざ京都からこんな田舎にきてやっているという、蓮如の高慢さが、ふんぞり返っているようでもある。

この御文は内輪用の私信であるように思えるが、親鸞上人の血筋をひく「蓮如様」が北陸くんだりまでお出ましになったという噂は近郷近在にまで広まって、一度でもいいからその有難いお姿を拝み、貴いお声をお聴きして、浄土に往生するよすがにしたいという善男善女が辺鄙な吉崎に殺到してきた。

「山の頂上をひき崩して、屋敷となして、一閣を建立すと聞こへしが、いくほどなくて、うち続き、加賀、越中、越前の三カ国のうちのかの門徒の面々寄り合ひて、多屋と号して、いらかを並らべ家を作りしほどに、いまははや一、二百間の棟数もありぬらんとぞおぼへけり……さるほどに、この山中に経廻《けいかい》の道俗男女、その数幾千万といふことなし。しかれば、これひとへに末代いまの時の、罪深き老少男女におひて、すすめ聞かしむるおもむきは、なにの患ひもなく、ただ一心一向に、弥陀如来をよしと頼みたてまつりて、念仏申すべしとすすめしむるばかりなり。」

さすがに「幾千万」というのはオーバーであるが、山中に忽然として念仏やお経の声が響きわたる賑々しい街が出現したのは事実らしい。となれば、茶屋や物売りも現われるし、なまめかしい女人も参詣するようになった。それでも、女性に目のない蓮如のことであるから、女人禁制などという不粋なことはしなかっただろう。

このような異様な風景を想像していると、あの十字軍もかくやとも思えてくる。貴族や商人ばかりでなく、素性のあやしい女や羊飼いや子供までが何ものかに憑かれたかのように、浮かれながらぞろぞろと列を連ねていったではないか。

世はまさに荘園に縛りつけられた封建時代から、実力がものをいう戦国時代へと、激変するさなかにあった。そうと決まれば、運と努力しだいではこれまでの十年一日の生活から抜け出す機会も出てくるだろうし、それに後生での極楽暮らしというお土産までついてくれば、吉崎まで上ってくることなどなんの苦もない。

放送局で働いていた駆け出しのころ、吉崎に近い北潟湖に数十年ぶりに二羽の白鳥が飛来したというので、私はテレビの撮影でいったことがある。手漕ぎの小舟で静々と湖面を進んでいくと、びっしりと埋め尽くした鴨の群れのなかに、長い頸を優雅に伸ばした白鳥がいた。ニュース取材用のカメラには五五ミリの望遠レンズしかなかったので、鴨の隙間を縫うようにそっと近づいていくと、一部の鴨が飛びたったのに驚いた白鳥はすうっと空に舞い上がり、湖のうえをゆったりと旋回したあと、灰色の雲の向こうへ姿を消してしまった。

時は十一月半ばとあって、北風が吹きつける舟のうえで白鳥が帰ってくるのを待つ間の寒さは骨身にこたえた。船頭さんの話では、白鳥はもう数時間は戻ってきそうもないということなので、撮影はあきらめて湖からそれほど遠くない吉崎までいってみた。

ゆるやかな丘の斜面を登っていくと、建設現場の飯場か学校の廃舎のような多屋がまだいくつか残っていて、あたりのうら寂しさを引き立てているかのようであった。ここが真冬になって、日本海からの強風が吹き荒れ、ボタン雪が舞い落ち、大粒のあられがたたきつけてきたらどうなるだろう、と思っているうちに身震いがとまらなくなってしまった。

この吉崎に何千何万という人たちが集まって、声を限りに夢中で念仏を称えていたとは、にわかに信じられなかった。

北陸での布教は信者が爆発的に増えて、蓮如も予想もしなかったほどの大きな成果をあげたが、吉崎での生活にいちばん嫌気がさしたのは蓮如本人であった。

「誠にかの吉崎は、なまじいに京人の身なるがゆへに、ならはぬ住まいをせられて、不相応の子細これ多しといへども、かの多屋の面々抑留あるによりて、今日までも堪忍なり(1)。」

吉崎暮らしももう二年近く、京都の華やかさが恋しくてたまらなくなった蓮如は、逃げるようにして吉崎を抜け出していった。

本願寺王国での一向一揆

しかし、これによって蓮如と北陸との縁がふっつりと切れてしまったのではない。北陸にはもともと浄土真宗の信者が多く、なかでも加賀は真宗の金城湯池であった。その加賀のなかでも有力な本泉寺などの三つの寺には、蓮如の次男と三男と四男をそれぞれの住持に押し込んであったからである。この何よりも濃い血の繋がりが、浄土真宗の北陸制覇に威力を発揮することになる。

ここで、蓮如の桁外れの精力が産み出した子女について述べることにしよう。

蓮如は二十八歳で最初の結婚をしてから、八十五歳で没するまでに、五人の女性を妻にして、そのうちの四人と死別した。そして、その五人の女性との間に男一三人、女一四人の合わせて二七人の子宝をえて、当時ではきわめて珍しくそのほとんどが成人した。ハーレムや大奥の女性を相手にするならいざ知らず、一夫一婦でこれだけの子供をなすのには、平均して二年に一人のペースで量産しなければならない。（これには先祖の親鸞が、夢のなかで救世観音と交わったことの御利益があるのだろうか。）

蓮如の子沢山の効能についてはまたあとで触れるとして、ここで話を一向一揆にもどすことにしよう。

ところで、一揆というのは鎌倉時代になって現われたもので、何かリスクを伴うことを集団でなそうとするときに、全員の名前を書き連ねた誓紙を神前に供えたあと、それを燃やした灰を水に溶かして全員が飲むことで、結束を固めようとするものである。そうしたことから、一揆は「一味神水」とか、「一味同心」とか、「一味和合」とかとも呼ばれる。この一揆の最大の特徴は、参加者の全員が平等であるということで、それは「傘連判状」を見れば分かるように、誰がトップで誰がビリだということはないのである。

このような一揆は、権力の強制が緩んだ室町時代になると激増した。武士も農民も町民も、ことあるごとに一揆を結んでより上位の権力と対抗しようとしたのである。とりわけ農民たちは、年貢や労役の提供を拒否したり、森林で薪などを集める入会《いりあい》権を獲得したり、自分たちで裁判する権利を認めさせるために一致団結して立ち上がり、ときには戦争する武士たちが田畑を荒らすのを武装して阻止しようともした。こうした一揆は応仁の乱後にますます激しくなってきたが、様々な一揆のなかでひときわ異色で強力だったのが、浄土真宗をバックにした一向一揆であったのである。

そもそも一揆なるものは生命を賭けて自分たちの主張を通そうとするものであるから、たとえそれが奪われても死後の永遠の生命が保証されているなら、どんな危険も恐れることはない。浄土真宗の教えでは、阿弥陀の名号を称えるだけで現世と来世、穢土と浄土の「二益」が得られるから、喜び勇んで死地へも飛び込んでいける。一揆を突きつけられた守護や領主にとって、このように信仰にこり固まった「一向衆」ほど手強い敵はなかったであろう。

時あたかも蓮如の子供たちが要所に配されて本願寺王国になりつつあった加賀では、守護の座をめぐって富樫政親と弟の幸千代が激しく争い、一向衆が政親を支援したのに蓮如は幕府にそそのかされて幸千代側についたために、勝負は持ち越された。そして、一四八八年加賀に土一揆が起こると、今度は一向衆が守護となった富樫政親を攻めて居城の高尾城を包囲するや、能登や越中や越前の門徒も加わって総勢数万人にもなり、ついに城は落ちて政親は自害に追い込まれたのである。

勝利した一揆勢は富樫の一門を守護にしたが、それは傀儡《かいらい》にすぎず、加賀一国は一向衆が事実上支配することになった。

「近年の加賀の有様は、百姓たちが国の政治を奪い、守護の存在を認めず、守護職と同輩になったつもりでいる。これは下克上の至りというべきで、まさに日と月が泥土の中に落ちる姿を眼前に見るようである。(2)」——『仏光寺文書』にはこのように記されている。

これが世に「長享一揆」と言われているものであるが、「この国中一揆で重要な役割を果たしたのは、本願寺門徒の信仰、ないしは本願寺門徒という共通の身分を紐帯とする結合であった」と神田千里氏は書いている。(3)

「弥陀の代官」への報恩謝徳

これから本願寺は急速に戦国大名化していくが、その前に本願寺勢力の組織の実態を見ておかなければならない。

封建時代における日本の民衆は、「惣《そう》」というものによって結合していた。この「惣」なるものは「すべて」という意味であり、文字通り共同体を構成するすべての者が対等の資格でそれに参加するのである。そして、この惣は村から庄、郡から国へと組織を拡大しながら連合していって、数十か国にまたがる一大勢力になるものもでてきた。さらに、この惣を動かすのは「寄合」と「談合《だんごう》」であり、全体にまたがる事項を最終決定するのは「総寄合」というもので、小から大への段階ごとに代表を送り込むのである。

こうした民衆の上層を占めるのが国侍や村落の年寄や長《おとな》であるが、彼らもまた結合して「惣」をつくる。

これらはすべて自生的なものであるが、本願寺はこれとはまったく別系統の組織をもたらした。その基本をなすのが、坊主が信徒の念仏や修行を指導する道場であり、それが親鸞につながることを本願寺が確認することによって、道場の坊主と門徒は「安堵」されることになる。

それでは次に一向一揆というものであるが、これらの道場が絡まって主導権を争い合いながらも、領主権力との戦いが厳しくなるにつれて、有力な坊主が参加者全員を統率するようになり、それを京都の本願寺がリモコンするという構図ができあがる。

こうした組織を利用しながら一向一揆が守護や地頭に勝利していくと、封建経済を動かす大元である年貢なるものは誰に属し、誰が納め取るのかという重要な問題が持ち上がってこざるをえない。

辻川達夫氏によると、「室町時代の荘園領主や守護層らの上級支配者たちは、農民に対する保護や勧農策などは何一つやらず、単なる収奪者にすぎなかった。彼らは本願寺門徒を指導する有力坊主を代官に頼んだり、その協力によって年貢を確保していた。[4]」

　こんなていたらくであったから、加賀などで一揆勢が支配するようになれば、その地域の年貢が一揆勢に流れていくのは当然である。しかも、一揆の指導者は農民とかたく結ばれていたから、年貢で得た金を農地や用水の補修や改良に注ぎ込むのも、これまた当然であろう。

　この当然すぎる流れに待ったをかけたのは、京都の本願寺であった。「弥陀の代官」として「現世安穏・後生善処」を保証する見返りに、農民たちから「志納金」を収めさせていた本願寺は、これまで以上に浄土往生の決定を強調して、宗祖親鸞に対して「報恩謝徳」しない者は「恩知らず」だと恫喝しながら、農民たちが集めた年貢を差し出すよう強制するようになった。

「聖人の御一統は阿弥陀如来の御掟なり」として、蓮如を「上様」と呼ばせるようになった本願寺は、農民たちへの要求をとめどもなくエスカレートしていく。大坂に本願寺が城郭を構えるようになると、農民はお堀や築城の人足に駆り出されたばかりか、米倉や武器庫や邸宅の警備など様々な「番役」をおおせつかった。

　こうした「番衆」というのは、弓持番衆やら荷持番衆やら色々あったが、地方から大坂への出仕を命じられた農民は、「三十日番衆」として様々な役務にこき使われた。もしその一か月の間に何かの戦闘でも勃発しようものなら、もちろん、兵役まで務めなければならなかった。

　蓮如の曰く、「世間の人なんども偏執の輩もあり、むつかしき題目なんども出来《しゅったい》あらんときは、執心の心を止めて退出すべきなり。[5]」つまり、文句を言ったり反抗するけしからん奴は、さっさと追い出してしまえというわけである。

　こんなになってしまっては、一揆に参加した面々はこと志に違うと思わざるをえない。『朝倉始末記』には次のように記されている。

「先の一揆で我々が多くの武士を命がけで退治したのは、自分たちの手で国の政治を行うためであった。それなのに、上方（本願寺）からやってきた何も知らない支配者の下知によって、国の政治が壟断されているのは思いもよらぬことである(6)。」

このようにして、本願寺は戦国大名への道をまっしぐらに進んでいったのだ。

戦国の雄となった本願寺

一四九九年に蓮如が八十五歳で大往生をとげてから三十年ほどすると、戦国時代もいよいよ大詰めの様相を呈してきた。

蓮如から二代後の法主となった証如は、山科から大坂へ進出して石山本願寺の造営を始めた。ここは寺とはいうものの、広々として大坂湾を眼下に眺め、淀川が左右に控えるという要害の地で、ほどなく難攻不落の城塞となった。その工事に加賀ばかりか各地から大量の農民が動員され、完成が近づくにつれて武器や兵糧が続々と運び込まれた。この石山本願寺の主となった証如は、ここを拠点として天下を狙って動き出すのである。

本願寺に呼応するかのように、全国のあちこちで一向一揆勢は目ざましい活動をしていた。三河の岡崎では、まだ織田信長の翼下にあった徳川家康が、いますこしで一命を落す間際まで追い込まれた。その信長にしてからが、伊勢湾に面した長島では、斬っても斬っても幽鬼のように湧き出してくる一揆勢にほとほと手を焼いていた。いまや戦国の群雄は誰にも天下を狙うチャンスがめぐってきて、合従連衡したり離反したりして激しく戦っていた。そんななかから、長島の一向一揆に足を引っ張られながらも京都に拠点を構えるようになった信長が、本願寺の最大の脅威となり、倒すべき標的になった。代替わりした顕如と将軍の足利義昭が手を組み、浅井や朝倉、上杉や武田らの有力大名を繋いで反信長連合が結成されるや、石山本願寺は天下をめぐる動きのなかで台風の目のような存在になったのである。

日本の金銀のかなりの部分が本願寺に流れ込むと言われたほど資金は豊富にあったし、各地から信徒軍が雲霞のごとく参集してきた。本願寺は大名に指令を出すだけではすまず、自らも率先して戦わなければならなくなった。

かくなるうえは、本願寺の信徒への締めつけもきつくならざるをえない。これまでは宗主に別信を抱いたものは折檻ですんだが、見せしめのための生害（処刑）までが公然と行われるようになった。

「本願寺を守るための軍役も親鸞への報恩、いな最高の報恩謝徳となる。これに応じない場合、浄土往生不可の宣告が、『恩知らず』として『御門徒』からの破門が、『地獄へ落す』にも似た制裁が待っていた。」(7)

極楽浄土を願って参戦した人たちにもたらされたのは、進むも地獄、引くも地獄というのっぴきならない状況であったのだ。

信長包囲網が破れると、今度は本願寺包囲網が刻々と狭められてきた。部厚い鉄板で覆われた戦艦のようなものが大坂湾に現われると、毛利軍からの食糧補給も遮断されてしまった。城内に追い詰められた大軍には飢餓が迫り、小銃や大砲で怪我をした人たちの呻き声が天に響いた。石山本願寺全体が阿鼻叫喚の地獄と化したのである。

なすすべもなくなった顕如は、信長と和議を結んで紀伊へ脱出した。一五八一年には、あの威容を誇った石山本願寺もあえなく炎上してしまった。

その翌年、加賀では一向衆が敗れて、生け捕りにされた数百人の門徒が磔にされた。

血のネットワークによる支配

本願寺の栄枯盛衰ほど、詭弁や目論見違いや番狂わせが積み重なったのも、日本の歴史のなかでは珍しいであろう。

なかでも、いちばん不可解そうに見える逆説は、荘園を基盤とした封建制が崩れかかっているなかから出現し、それを打倒しようとする人たちに担がれながら、本願寺がいつの間にやら最大の封建勢力に化けてしまったことである。

しかし、後になって考えてみれば、本願寺を支えていたものは、血統による支配とか、不可侵の家父長制とか、神仏への無条件的な信奉とか、与えられた恩義への報謝とかという、封建的な原理そのものであった。そして、本願寺一門の利益のために、それらを露骨に打ち出してとことんまで活用し尽くしたのが、蓮如その人であった。

中年まで不遇を強いられた彼が、『教行信証』などの親鸞の著書から引き出したのは、阿弥陀如来による「絶対他力」の救済であった。

自ら『弥陀の代官』と称するようになった蓮如は、この「絶対他力」の妖刀を振りかざして、むらがる敵や不信の徒輩を斬り倒していった。しかも、この「絶対他力」は「絶対救済」でもあり、その救済のなかに彼は現世での救済も包み込んでいたから、蓮如の説く絶対他力は万能の救済薬でもあったのだ。

この絶対他力と並ぶ彼のもう一つの秘密というよりも、天下御免の兵器は、彼の人間業を超越したような、絶倫をきわめた精力であった。

何よりも血を重視する封建社会にあっては、直接血の繋がる子孫ほど信頼できる藩屛《はんぺい》はいない。直々の子供だけでも二七人もあった蓮如は、どこかにめぼしい寺があれば男の子を養子に押し込み、女の子は嫁にいかせた。こうして蓮如の子孫は芋づる式に拡がっていって、濃厚きわまる血のネットワークができあがったのである。

とかく絶対を後ろ盾とし、絶対を標榜する宗教の創始者は、絶対的な独裁者になりやすい。それを警戒して、はるかな昔から宗教の創始者やその後継者には独身が強制されてきた。どんなにカリスマ的な宗教者であっても、一代限りであったら、絶対的な権力にはならないからである。

おそらく蓮如に匹敵する「性豪」であったローマ法皇のアレクサンデル六世は、無数の女性と交わって無数の子供をなしたらしいが、誰も正式な子供とは認知できず。「甥」として扱われた。だから、いちばん野心的で傑出した「甥」であったチェザーレ・ボルジァが毒殺されてからは、ローマ法王庁に血の痕跡は残らなかったのである。

それにひきかえ、蓮如は何の支障もなく血統の拡大を推し進めることができた。本願寺支配体制に鮮やかなメスを入れた井上鋭夫はこう書いている。――「本願寺教団の拡大の基礎には、汎浄土教の真宗化という事態を考えなければならない。そして、この真宗化をなしとげたものは、蓮如をめぐる血統の統一、つまり、本願寺一族という複合的な大家族の形成であった。」

井上はさらに、「蓮如の地方の大坊主に対する態度は、秀吉や家康の大名統制の先蹤をなすもの」

だとして、それは「御三家、御家門による徳川幕府の大名統制に匹敵する」とまで言い切っている(8)。

一向一揆をはじめとする強烈な下からの地殻変動で、封建制はかなり動揺はしたものの、それが収まってみれば、封建制はよりスマートで合理的なものになり、より強靭で適応性のあるものへと再編成されていたのである。

条件つきの絶対救済

蓮如は宗教や思想の天才ではなくても、組織づくりの天才ではあったが、彼一人の力であれほどのことがやってのけられたのではない。それには時代のめぐり合わせということもあるし、何より宗祖親鸞からの強力な助太刀があった。

まず時代との相性から見ていくと、蓮如が生きた十五世紀は、日本の歴史のなかでも最も変化の可能性に富んだ、スリリングな時代であった。誰でもなにがしかの希望や期待を持つことができたし、一揆や徳政要求に加われば、なにほどかは自分の力を実感できたし、明日は今日とは変わるだろうと予感することもできた。

しかし、このような変化が現実的なものになれば、それへの惧れも現実的なものになる。自分はうまく変化の波に乗れるだろうか、失敗して振り落とされるのではないか、自分と家族だけは置いてきぼりになるのではないかなどと、次々に不安が頭をもたげてくる。そんなときに、蓮如がおまえたちは何も心配することはない、ただ念仏を称えるだけで阿弥陀如来は確実に助けて下さるし、それを信じるだけで心が休まるではないか、などと語りかけられれば、ついついその気にもなる。誘われるままに念仏講に入って、お経を読んでいるうちに一揆などに首をつっ込んだら、金持の蔵から何か金目のものを持って帰れるし、なにがしかの土地が自分のものになるのもまんざら夢ではない。

そのうちにだんだん深みにはまっていって、坊さんの言うことや頭領や仲間のすることに疑問を持つようになっても、おいそれとは解放してもらえない……

ここで、親鸞の救済についての考えを改めて見直してみよう。

彼の説くように他力信心だけが往生を決定するというのは、一種の救済予定説であるが、その決定《けつじょう》が決定するのは親鸞の教えに従うかどうかにかかっていて、それが決定的なものになれば当然ながら親鸞に感謝しなければならない。もしその報恩謝徳を怠るようなことがあれば、「恩知らず」として決定を取り消されたとしても、自分の怠惰を悔いるほかはあるまい。

よくよく考えれば、他力救済なるものには親鸞とその一統への従属と報恩という中間項があり、それが欠けたら救済はありえない。つまり、超越的な決定が、世俗的に否定されてしまうのである。

ということは、無条件的な他力救済、「他力本願」というのは、虚偽ないし錯誤だということにはならないか。

そもそも、一向一揆に加わって本願寺に奉公するというのは、剣や槍を揮って相手を倒さなければ自分が倒されてしまうから、他力本願に頼っていたら念仏倒れになってしまうだろう。

黒田俊雄氏は『日本中世の国家と宗教』のなかで、次のように指摘している。――「蓮如の仏法領では、阿弥陀、ひいては宗祖（親鸞）、さらには（代々の）法主への絶対他力の信仰が摂取不捨＝万能の能力を予想し、それが一切の支配を結論づける。そして、支配とは一方では擁護、他方では冥罰を意味する。[9]」

一神教に近い阿弥陀信仰

親鸞の浄土真宗をつらつら眺めていると、私はそれがキリスト教、とりわけカトリックにそっくりのように見えてならない。まず阿弥陀仏とその他力を信じるだけですべてが許され、誰もが救われるというのは、あのパウロが説いた全能の神とキリストさえ信じれば、どんな罪も帳消しになってすべてが救われるという「信仰義認論」とどこがどう違うのだろうか。

また、仏教の数ある仏たちのなかでも阿弥陀如来こそは、ユダヤ＝キリスト教の唯一神にいちばん近いのではないか。神田千里氏が言っているように、「弥陀一仏への専一的帰依という浄土諸派に見られる信仰から、諸宗への攻撃、守護・地頭への反抗、年貢・公事の懈怠という行動が生じることは注目すべきであろう。[10]」

本願寺はカトリックのように他宗教や異端への具体的な迫害はしなかったものの、教義のなかにそのような志向を秘めていたことは間違いないように思える。

さらに、浄土真宗の法主たちは、本願寺への志納金を出し渋るような道場の坊主や農民たちに対して、「破門権」や「後生御免権」（処刑）などをちらつかせて脅しをかけ、それを強要するような手口は、これまたカトリックの常套手段によく似ているではないか。

信長軍が石山本願寺に迫ってきたとき、本願寺の法主は戦死を覚悟して戦う者には、特別に「免罪」を与えて、確実に浄土へ入れることを保証したとも言われる。これはイエズス会の宣教師が報告していることであるが、ここまでくると、ローマ法皇が十字軍に参加した兵士たちに贖宥状《しょくゆうじょう》や免罪符を乱発したことが思い出されるではないか。

浄土真宗の阿弥陀如来は、キリスト教の神に比べたら絶対性はかなり稀薄であるものの、信者の生と死に深くかかわっていたということでは、よく似通っているところがあるようにも思える。「百姓共和国」の夢から覚めてみると、「本願寺王国」ができあがっていたが、その王国も戦国大名の雄に滅ぼされて、新たな覇者となった家康に法主の教如が恭順を誓ったことにより、なんとか檀家組織の解体は免れた。それ以後、徳川幕府に監視されながら、本願寺は住民の思想を善導する役や宗門人別帳による宗教警察の役を務めてきたのである。

本願寺による恐怖政治はただの悪夢に終わったが、それから三百年近く、日本人は再編成された封建制の下で、自力の発露を抑えつけられて生きなければならなかった。

鎌倉から室町時代にかけて台頭してきたあの自由、自主、自立、自尊の動きは、他力本願による一揆が自滅してしまってからは、頭を抱えて逼塞することを余儀なくされたのである。

〈二〉軌道修正の試み　――正三と尊徳

統制の強化と柔構造

暗くて長かった戦乱の世が石山本願寺の炎上で三百年ぶりに終わったとき、為政者は国民の立場や感情を配慮したうえで、力の行使を自粛しつつ安定した秩序を築こうと決意したであろうし、被治者たちも自分たちの欲望を抑えて、できるだけそれに協力するよう覚悟したであろう。

統一政権を打ち建てた豊臣秀吉は、待ちかねていたように検地と刀狩を実行した。このうち「太閤検地」と呼ばれるものは、被治者の大部分を占める農民たちの実態を正確に把握することによって、それに厳しい統制を加えることで、流動的になっていた身分構造を固定させるものだ、とあまり評判がかんばしくない。確かに、農民が所有する田や畑や屋敷の面積が掌握され、そこで生産される米が年貢に換算されるローラー作戦が行われはしたが、水本邦彦氏よると、「実際の年貢徴収の際には、検地帳の石高通りに徴収されたのではなく、常にそこから百姓留保部分が差し引かれていた」のだという。つまり、なにがなんでも絞れるものは絞り取ろうという、血も涙もないものではなかったらしい。

また、身分の統制にしても、「各人の移動を容認したうえで、その状況に応じての移動であった。身分の移動を含む人間の動きが頻繁であったからこそ、自分の身元を証明する保証人が必要とされた」のである。「身分統制の枠組の堅持、個々の移動の容認と調整、逸脱者の否定――この三原則からなる秀吉の身分制が徳川国家にも受け継がれ、社会編成の基本的デザインになった」と水本氏は断言している(11)。

大坂城が落城して徳川政権が盤石のものになると、幕府は代官などによって築堤や開拓事業を推進していった。この代官には、幕府の旗本だけでなく、治水や土木や農業経営の知識と経験を持った百姓身分の人たちも、多数抜擢されたという。

こうして水利と灌漑のネットワークが整備されるにつれて、米作を中心とする農業の生産性が飛躍的に高まるとともに、その中核となる小農たちの経営意欲も刺戟されて、都市近郊の農村では野菜などの畑作物ばかりでなく、綿や菜種などの商品作物も栽培されるようになった。農業の全般的な活況に後押しされて、下人などの従属的な身分の人たちも、主人から独立できるようになっていく。

徳川幕府は、上から監視と統制を強化する一方で、社会の中間や末端からの要望を吸い上げることによって、そこで必要とされていることにできるかぎり適確に対応するという、柔軟な構造を持つようにもなっていったのである。

戦国から生み出された知恵と教訓

戦国大名は倒すか倒されるか、斬るか斬られるかの戦いに明け暮れていたが、そうした生死を賭けた戦いのなかから鋭い観察が生まれてくる。宿敵とわたり合っているうちに相手の力量や弱点を見抜き、もし信頼するに足ると判断したら、それまでのいきさつも捨てて同盟を結んだりもした。うっかり信頼して裏切られたら寝首をかき切られかねないから、腹の探り合いもしたであろうが、腹を割って話しているうちに、相手がどこまで正直に対応しているかを見定めたであろう。こうしたなかから現実に同盟が形成されていったら、正直というものの価値が身にしみて分かるというものだ。

戦国大名の多くは、自分たちの血のにじむような体験から絞り出した智慧を簡潔にまとめて子孫に伝えようとしたが、それが「家訓」と言われるものである。これから、それらの家訓のなかからいくつかを選んで、彼らの生き抜くための極意がどのようなものであったかを、具体的に見ていくことにしよう。

まず最初に登場するのは、伊勢新九郎と称して駿河へ上り、伊豆韮山で勢力を蓄えたあと、小田原の領主を滅ぼしてそこを戦国屈指の繁栄に導いた北条早雲である。この一代の風雲児が書き遺した家訓は、それだけ味わい深い。

「上下万民に対し、一言半句も虚言を申すべからず。假初《かりそめ》にも有りのままなるべし。虚言を云いつくれば癖になりて、後は人々に見限られるべし。」

見知らぬ土地で大名にのし上がるまでには、きわどい策略も弄したであろう早雲であるから、虚言もまた「かりそめ」ではない。「神仏を礼拝することは、身の行いというものである。ただひたすらに心を正しくおだやかに持ち、正直一途に暮し、上なる人を敬い、下なるものを憐み、つつみ隠しなく、有るは有るとし、無きは無きとして、ありのままの心持ちで生活することが、天意にも仏意にもかなうものである。このような気持ちでいるならば、たとえ祈らなくても神明の加護はあるものであり、たとえ祈ったとしても、心が曲がっていたら天道からも見放されるものである。」

神明も天道も、形ばかりの祈りよりも正直の心によって動かされる、ということであろうか。

次は九州全土をほぼ統一したあと秀吉に下り、薩摩と大隅の二国を安堵された島津義久の「掟書」である。

「威勢をもって人を屈服すれば、その身体は屈従したようでも、心は従わない。正直の徳をもって民を従えさえすれば、身命を軽んじて謀反の心を起こすようなことはない。」

住民の心服を得るには、物理的な圧力よりも、正直の方がより威力がある。

中国地方の大名尼子氏の譜代の武将、多胡辰敬《ときたか》の家訓はやや毛色が違っている。

「算用を知れば道理を知る。道理を知れば迷ひなし。」また、「作をするも、一鍬の跡を大事に思ひ、米一粒をも大儀と思ひて拾ひなどする者は、三宝の加護あり。」

スケールは小さくなっても、合理的な色彩が強くなっている。

続いてお目見えするのは、戦国末期から江戸初期にかけて活躍した武将で、津の藩主になった藤堂高虎の遺書である。――「常によき友と噺《はな》し、異見をも申すべく候。」「算用の道知らずば、何事につけても悪しく候。常に心置き申すべき事。」

ここでも「算用」が強調されているが、議論を尽くしたうえで「異見」にもよく耳を傾けよ、というは出色である。

彦根の二代目の城主で、幕閣の重鎮にもなった井伊直孝も、議論を重視している。「僉議《せんぎ》は私見を挟み、人言ふを拒むべからず。思ふ所を蔵せず、以て之を争ふべし。甚だ相争ふとも、我意を介すべからず。」

ここで思い出されるのが、肥後の有力武士団の首領、菊池武重の起請文である。時代も少し遡り、一揆のための血判による誓約書であるから家訓とは性格が異なるが、その言わんとするところはほとんど変わりがない。

「国務の政道は、内談の議を賞すべし。武重すぐれたる議を出すとも、管領己下《いげ》の内談衆一同せずば、武重が議を捨てらるべし。(12)」

最終的に議論を決するのは、発言者の地位や身分ではなくて、その場にふさわしい中身だということであろう。時代が躍動的であっただけに、言葉もきびきびしている。

しんがりをつとめるのは、秀吉の軍師として、その知性が天下に恐れられた黒田如水（官兵衛）

である。――「神の罰よりも主君の罰恐るべし。主君の罰よりも臣下百姓の罰恐るべし。[13]」

参謀の雄である官兵衛のことであるから、なかなか神妙なことを言っているが、いくらかは本音も込められているであろう。

これらの家訓を通観してみると、戦国という少しでも気を緩めて失敗でもしたら、一家はおろか一族も全滅するという険しい環境のなかで生きてきたからこそ、他者を信頼しつつ神仏にすがり、本心をさらけ出して議論を尽くしたうえで、状況そのものを変えていこうとする、近代にも通ずるような気概が土壌のなかに浸み込んでいったのではないか。

異能の禅僧鈴木正三

そんなところに、一人の型破りの禅僧が現われた。名は鈴木正三《しょうさん》と言い、ときに参禅することはあっても無師独悟で、どのような禅の教派にも寺院にも属さなかった。

この正三が生まれたのは戦国の世が押し詰まった天正七年（一五七九年）で、本願寺の顕如が信長に頭を下げて和を乞うた年である。生まれ落ちたのは徳川家康の本貫の地である三河で、父は松平氏の旗本を務めていた。武家の長男として彼は武術の鍛錬に励んだが、幼いころから仏心があったらしく、人間はなぜ死ぬのかなどとひとり思い悩んでいたという。

二十二歳になった一六〇〇年に、徳川秀忠に従って天下分け目の関ケ原の戦いに出陣したが、大将が合戦の場に遅参したため、華々しく初陣を飾ることはできなかった。

一六一五年の大坂城夏の陣には、将軍秀忠の親衛隊の一員となって、真っ赤な火の玉のように突撃してくる真田幸村隊の前に槍ぶすまとなって立ちはだかり、将軍の命を護った。この戦いの際、自らも首二つを挙げたが、この首に一生つきまとわれてはかなわないと、帰陣の途中で捨てしまった。

その翌年に家康が死去して元和偃武《げんなえんぶ》の世となり、もうこれ以上武士として奉公する必要はないと腹をくくった正三は、髪を剃って出家したいと秀忠に申し出た。徳川直参の武士が家督を継がずに放り出すというのは切腹ものであったが、秀忠は出家ではなく、「隠居」であるとしてそれを認め、度量のあるところを示した。

大坂城が再建された直後に正三はそこで大番役を務めたが、仏教など何の役にも立たないとくさす同僚たちに反論するために、そこで『盲安杖』を書いた。これが正三の最初のまとまった著作である。

晴れて出家の身となった正三は、各地の禅門を敲いて教えを乞うたり、議論したりした。法隆寺では律宗も学んで、沙弥《しゃみ》戒も受けた。

全国を行脚しているうちに四十五歳になった正三は、三河の閑静な石平に庵を結び、滝に打たれるなどの荒行をした。一六三二年に秀忠が死去すると、下賜された金でそこに仏殿を建てて、「石平山恩真寺」と称するようになった。

その山寺を訪れる多くの人たちに、正三は教えを説いたり問答を交わしたりしていたが、そうしたなかから『万民徳用』、『念仏草紙』、『麓草分』などの著作を生み出していった。そして、そこで論じたり攻め込んだりしたやりとりを弟子の恵中が書き記したのが、彼の主著とされる『驢鞍橋《ろあんきょう》』である。(14)

以上ざっと述べたところだけでも、正三の異能ぶりは分かっていたただけたかと思うが、これから彼の著述のなかにちりばめられた言葉を繙《ひもと》きながら、その独特の考えを見ていくことにしよう。

心の鬼を斬る剣

「自分を抛《なげう》つほどの信力なくんば、功徳有るべからず」と、かつての武士らしく勇猛なことを言う。正三の心の中には、我執の鬼が棲んでいたのである。「心の鬼を滅ぼす強者《つわもの》は、南無阿弥陀仏にしくはなし。」彼にとって念仏とは、心の中の鬼と戦うための武器なのである。「利剣即ち弥陀の名号と説かせたまへば、罪を斬る剣《つるぎ》なり。不浄、汚れ、何にても弥陀の剣にて斬らざるものあるべからず。」

これは『麓草分』と『念仏草紙』から集めた言葉であるが、正三にとって念仏とは、極楽に往生することを願うだけのやわなものではない。それは何よりも、不浄や我執などの心の中の悪と戦うための利剣なのである。仏道に入門する心得を書いた『麓草分』には、もっとすさまじいことが書かれている。

「いずれのところより来る怨敵《おんてき》ぞや。明らかに知るべし、身を思ふ一念なり。この念より起つて三悪四趣となり、分かれて八万四千の煩悩となる。みなこれ自己の怨敵なり。この心を除滅せんこと、捨身を守るにしくはなし。身に添ふ敵防ぎがたし。信力堅固を大将軍と定めて、捨身の軍兵を先とし、勇猛精進の武士を頭と定め、幻化無常の剣を用ひて、自己の本源に向けて、十二時中、切に急に責め入るべし。ややもすれば色身はすなはち煩悩の城郭となり、この心は悪業無明の主人となりて、己を滅するなり。我等が敵はこの心なり。……ひとへにこの心身を愛すべからず。」

ここまできたら、正三の言う「心の鬼」とか「己の怨敵」とかというのは、自分の心身だけを思い、特別に愛することだ、ということが読み取れるだろう。

それでは、なぜ正三は自分の心身を特に愛することをこんなに目の敵にするかと言えば、それが自分個人にとっても、また社会全体にとっても、悪の根源になるからだ。

私たちは自分の心身をひとよりも愛するがゆえに、それが他人のそれよりもすぐれたもののように思いたがり、無理にでも自分を納得させて、他人を見下して軽蔑しようとするが、それが高じれば傲慢になり、増長して鼻持ちならなくなる。

自分の心身を愛することはまた、他人よりも美味しいものを食べ、優美なブランド品を着て、高級マンションに住み、高級車を乗りまわすなどして自分の優越を誇示しようとするが、そうした欲望を満足させるためには、他人よりも多くの金銭や権力を持たなければならない。もし他人よりも優れた頭脳に恵まれていたら、競争に勝ち抜いて身分や地位の階梯を登っていき、必要な資金を手に入れることもできるかもしれないが、人間の欲望にはきりがないから、そんなことがいつまでも続けられるわけがない。投資などで失敗したら、詐欺とか脅しとか帳簿の改竄とかの卑劣な手段も使わねばならなくなる。

もしこれが個人の場合であったら本人の悲劇だけですむが、多数の自我が集合した藩とか国家であったら、欲望にかかる圧力は幾何級数的に強くなるから、それらの集団は他の集団から資源でも、金銭や債権でも、技術や人材でも、目ぼしいものは軍事力を動員しても奪い取ろうとする。こうして戦争が勃発するのだ。

正三が十分に承知していたように、自分の心身を愛するという悪の本源は、斬っても斬っても斬り滅ぼすことはできないが、たとえそうであっても彼は斬り続けなければならないと言う。そして、このように意識して斬ることこそが、正三にとっては「自由」というものなのである。

我執を切る自由

ここで、正三が「自由」というものをどのように捉えていたか、すこし掘り下げてみよう。『盲安杖』のなかで彼は、「我才覚をあらはして、人にまさらんことを思ひ、理非を知りても分明ならず。好むかたへはひかれ、嫌うかたへは疎《うと》ましくして、和らぐ心すくなし」と言ったあとでこう続ける。「あきらかにこの理を知りて、そこそこを離れて立ちあがり、自由なる身となるべし。片時もとどまる事なかれ。」

『驢鞍橋』ではずばりこう言い切っている。――「我執さえ切れば、万念に勝ちて自在なり。」（彼は自由と自在と大自在を同じような意味で使っている。）

正三はまた、「一切を放下して」とか「万念を放下して」とかと口癖のように言い、「自由自在に捨てる」とも「我を捨て習ふ」ともぽんぽん言い放っている。もちろん、この「放下」したり「捨てたりするのは「自分の心身を特別に愛する」ことであるから、それは「自由」の別の表現である。こうして自己への執着を切り捨てた人こそが、「金剛正体とも堅固法身とも言ひ、この人万念に碍《さえぎ》られず、万事を使ひ得て大自在なり。」

正三にとっては、自己に拘泥し、執着する自己を意識して、その自己を否定することこそが「自由」というものなのである。

それでは、正三が悪ないし罪と考えるのは、どのようなことであろうか。

正三は『盲安杖』のなかで、「身を思ふ心の中に悪業の鬼あり」と言っているが、彼が書き遺した手紙やメモの言葉を集めた『反故集《ほご》』ではもっと厳しく、端的に言っている。「総じて多欲の人は、人の善を嫉みて、我が足らざるを恨むものなり。……まことにこの心より造り出す処の罪、無界無尽なり。」

正三は自分の心を直視して、そのなかから我執という悪の元素を剔抉《てっけつ》したあと、それが現実の世界で罪に繋がっていく有様を科学者のように突き放して観察している。そして、その悪と罪から、それを意識しながら脱出しようとするのを「自由」だと断定するのである。鈴木正三にとって自由とは、自由放任の対極にあるものなのだ。

人間の悪と自由とをこれほどつきつめて考え抜いた人は、日本はむろんのこと、世界でもそんなに見当たらないではないか。

悪と自由についての考察

ここで、人間の悪と自由について、いささか駄弁を弄するのを許していただきたい。

世界の宗教も思想も道徳も、それに常識さえも、こぞって悪を見ようとしないし、悪の気配を感じたらすぐそれに覆いを被せてしまう。

善にして全能なる神が創造した世界では、もともと悪など存在のしようがない。もし悪のようなものがあったとしたら、それは善がたまたま「欠け」ていたか、何かの気まぐれで一時的に善から逸脱しただけであるから、神が一声かけるか一睨みしさえすれば、すぐさま善に戻ってしまう。

ギリシアの宗教にも思想にも、地中海の陽光で善なるイデアやロゴスがあまりにもまぶしく輝いているので、その陰になっている部分にうずくまっている悪などは、よほど目を凝らさないかぎり見えてこない。

慈悲が遍満していて浄土の光に包まれた世界には、地獄というものもあるらしいが、そこへ転落しそうになったら南無阿弥陀仏と念仏を称えるだけで救い取ってもらえるから、悪などは無きも同然であろう。

聖人が続出した中国にも悪はあるようにも見えるが、それは聖人の教えの学習をさぼった結果にほかならず、もう一度心を入れ替えて勉強し直せば悪などどこかへ消えてしまう。

常識とやらになると、人間というものはあなたが言うようにそんなに悪いものじゃない、まともな人だっていくらでもいますよ、ということにあいなる。

いま述べたことがそのまま自由というものに影響する。

まずキリスト教については、その代表としてルターに語ってもらおう。――「キリスト者は信仰によって自分を越えて神へと昇り、神のところから愛によって再び自分のもとに下り、しかも常に神と神の愛のうちにとどまる。これが真の、霊的なキリスト者の自由であって、心をあらゆる罪と律法の戒めから自由にする。(15)」

なんだか空中でシーソーしているみたいだが、こうした神の愛にすっぽり抱かれていたら、人間は神に働きかけるのはもとより、神から背くなどという自由はあるのだろうか。それでも、人間は神にもまがう自由によって、なにをしても神のように正しく、どんなことも不可能ではなくなるのであろう。

人類最初の民主主義と自由の国であったギリシアは、国民全体が民会でしゃべり合っているうちに国中が大喧嘩になり、マケドニアとローマに征服されて、国民は奴隷かそれに近い境遇に落されてしまった。声高に自由を称揚していた知識人も、ローマへ出て家庭教師などで糊口を凌がねばならなくなった。

仏教一般についていえば、生老病死の生理的必然からはどう足掻いても逃れる術はないし、因縁の絡み合いからはなんとか抜け出せたとしても、いつまでもしつこくついてまわるから、幻想のしがらみのなかでしか自由になれない。浄土真宗にいたっては、親鸞一族の他力本願にすがりつく以外に自由があるだろうか。

こうしたなかで最もまともな自由は、やはり、政治的権力の拘束からの解放を求める近代ヨーロッパの自由であるが、それは十八世紀以来勝利を続けて、いまやその余光は地球の隅々まで及んでいる。誰でも参加できる自由な競争によって、生産や消費の拡張や技術の革新はどこまで進むか予測もできないが、そうしたなかで欲望が満足される以上に欲求不満が膨脹して、人間が飽食したおまけに自由そのものにも飽いてしまったら、ほんのささいな諍いから地球と人類全体を巻き込む大爆発が起こらないともかぎらない。

自己反省による自由そのものの規制を内包している正三の自由は、こうして全体を展望してみると、それだけ貴重なものに見えてこないだろうか。

職業における倫理

それでも、正三の説く自由は主観のなかだけのものだから、それを現実に適用することができるだろうかという疑問に対しては、正三は「仏法すなわち世法なり」と答える。

これは「仏法は世間の法に入り、仏法と世法とは互いに離れることはない」という『華厳経』

から学んだと言われるが、正三は『万民徳用』を書いて、それを現実に照らして検証しようとした。

当時の士農工商の身分社会において、最もひどく搾取されていたのが農民であることは誰の目にも明白であるが、正三は「農業すなはち仏行なり」として「極寒、極熱の辛苦の業をなし、鋤《すき》・鍬《くわ》・鎌を用ひて、煩悩の叢茂《くさむら》きこの心身を敵となし、すき返し、刈り取り、心をつけてひた責めに責めて耕作すべし」と書いたあと、こう続けた。「それ農人と生を受けたることは天より授けたまはる世界養育の役人なり。さればこの身を一筋に天道に任せたてまつり、かりにも身のためを思はずして、天道の奉公に農業をなし、五穀を作り出して仏陀神明を祭り、万民の命を助け、虫類等に至るまで施すべしと大誓願をなして、一鍬一鍬に南無阿弥陀仏、なむあみだぶつと唱え、一鎌一鎌に住して、他念なく農業をなさんには、田畑も清浄の地となり、五穀も清浄食となりて、食する人、煩悩を消滅するの薬となるべし。」

これは「職業仏行説」と呼ばれるようになったものであるが、いくら「世界養育の役人」などと持ち上げられても、農民たちの労働の苦しさや、収穫の半分前後を年貢として取り上げられる現実には変わりはない。そうではあっても、心を込めて鋤や鍬を打ち込めば、それだけ質のよい米が多く採れて、万民の心身を潤すのも事実ではないか。

いたずらに米を食べていたことを苦にしていたであろう正三は、『驢鞍橋』では次のように告白している。――「婆婆に出ては、なにとぞ婆婆を費やしたるほど責めて、婆婆に功徳を返へしていきたきものなり。時に長老の曰く、三分が一も返へすものあるべからず。師曰く、いや職人のなかにはあるべし。ことに百姓は婆婆を養ふて、結句、婆婆に負はせて帰る者多かるべし。我も百姓になりて返へしたし。」

「一日、食事のとき、愕然として曰く。さても食するもいやなことかな。一粒に百手の功当たると云ふが、考へてみるにそのはずなり。我らがようの者が、無駄と食ふはずではなし。」

過重な年貢が農民たちを苦しめていることを彼は認めていたが、それをすぐにも変えることはいま固まったばかりの土地制度に激震を与えずにはすまないから、そんなに簡単にできるはずはない。それでも、治者の側に立つ正三がこのように語るのは、それなりに勇気のいることではないか。

次に「商人日用」では、「売買せん人は、まずは得利の益すべき心づかひを修行すべし」としながらも、それに反するようなことも書く。――「私欲の念を捨て、この売買の作業は、国中の自由をなさしむべき役人に、天道より与へたまふ所なりと思ひ定めて、この身は天道に任せて得利を思ふ念を休め、正直の旨を守りて商ひせんには、天の福相応して、万事心にかなふべし。」

商人が品々を国々に流通させるのは国民の生活を自由にするためであると正三は主張している。つまり、商人は自由のために自由を行使しているのだから、それだけその自由は重要なのである。

「この身を世界に抛《なげう》て、一筋に国土のため万民のためと思ひ入れて、自国の物を他国に移し、他国の物をわが国に持ち来て、国々をめぐることは業障を尽くすべき修行なり。」

彼は「大福長者をいやしみて、無碍大自在の人となれ」と商人を叱咤しているが、これはいささか理想的すぎるとしても、彼に影響を受けた近江商人のなかには、それを心がける者もいたのである。

ひとり農民といわず織物や鍛冶に携わる手工業者も、誠心誠意、精魂込めて良質の製品を多く作り、それが商人による買占めや投機で滞留せずに全国に流通すれば、人々の暮らしは豊かで便利になり、自由の余裕も生まれてくるではないか。そして、こうした自由の衝撃波がいずれ身分制度の壁にぶち当たるのも避けられないだろう。

幻化の世界の身分

正三の「仏法即世法」というのは、ただのキャッチフレーズなどではなかった。仏教の説く慈悲と平等を、日本の現実のなかにいくらかでも取り入れることができたらと、彼は本気で考えていたふしがある。

公刊など予想もしなかった『反故集』のなかには、「農人に示す」として驚くべきことが書かれている。――「たとひその身下賤なりといふとも、一心に正直の理を守らば、公家殿上人にも勝るべし。また、高位高官の人たりと云ふとも、その心直《すなお》ならざるときんは、鬼畜に替りあるべからず。この義によるが故に、上下共に、人倫として、ただ善心を起し、善根を修するのほかなし。」

こんな文章を幕府のしかるべき地位にある人が読んだら卒倒したかもしれないし、あるいは、読んでいても読まないふりをしていたかもしれない。

しかし、これだけで驚くのはまだ早すぎる。このすこし後には、もっとすごいことが書かれているからである。

「大名高家と云ふも、夢の中の夢なれば、羨むべくにあらず。貧賤孤独もまた夢なれば、苦しむべき道理なし。……何国より来り、何国に去るや、みなこれ夢の中の戯れなり。……たとひ大国の主たりと云ふとも、小分の事なり。いはんや小国の中において、人我を争ふといふとも、いくばくならんや。」

大名として一国に君臨するのも、貧窮の中に身をやつすのも、しばらくの間の夢の中の戯れにすぎない。

「実有の夢醒めざるの間は、苦楽の境界、休む事なし。いつまでも人間に還《かへり》て苦患を受くべし。一度、身心ともに幻化なることを悟らずんば、出離すること有るべからず。この故に知るべし、善といふも幻、悪といふも幻、苦といふも幻、楽といふも幻、高位といふも幻、下劣といふも幻、名といふも幻、利といふも幻、総じて有為の転変、皆これ幻にして、さらに実有なることなし。」

世に存在するものはすべて幻であるから、身分の高下といっても、いつどのようにも転変するかも分からないではないか。

「されば、幻化の世界に幻身を留めて、是非を思ふ事、きはめて錯《あやまり》にあらずや。仏祖の出世も、ただこの実有の夢を醒めしめんがためなり。」

もし夢から覚めたとき、すべてが逆転していたらどうなるか？　正三はそこまでは考えていなかったかもしれないが、不変不動のごとき身分制度がいつか流動的になることは予感していたであろうし、あるいは、少なくともそれがもっと融通のきくものになることは期待していたであろう。

これはまだ革命思想ではないとしても、そのような危険を孕んではいる。

正三はフランスの啓蒙思想よりも百年以上も早く、このような地点に到達していたのだ。

彼の語った自由は、観念的でも抽象的でもない。その自由の射程は、近代、いな現代にまで及んでいるのである。

煩悩のままに動く自由

正三はヨーロッパ伝来のキリスト教とも、思わざることから邂逅した。

一六三七年に天草と島原にキリシタンの大規模な反乱が起こったが、彼の弟で鈴木家を継いでいた重成は、そのとき大坂の代官の地位にあって、松平信綱率いる鎮圧軍の火器隊長として従軍した。一揆軍が立て籠もった原城を凄惨な戦いで陥落させた後も、重成は現地にとどまり、幕府の直轄地になった天草の初代代官に任じられた。もともと貧しかったうえに戦乱で荒廃しつくした天草を立て直そうと、孤軍奮闘していた重成を支援するために、すでに六十四歳になっていた正三は、錫《しゃく》を取って九州の果てまでを渡ったのである。

代官所でキリシタンの尋問に立ち会ったり、集められたキリシタン関係の文書を読んだりして、正三は天草で一揆が立ち上がるまでの事情を知ろうとしたであろうが、そうした現地での見聞をもとに、彼は『破吉利支丹』を書いた。山本七平は『日本資本主義の精神』のなかで、日本人としては珍しく神学的な反論をしているとこの書を評したが、ヨーロッパとキリスト教に対決した正三が、そこから何を感じ取ったかに私は興味を持つ。

開口一番、「キリシタンの教えに、でうす（神）と申す大仏、天地の主にして、万《よろず》自由の一仏有り」と言った正三は、「まさしくこのでうすはたはけ仏なり」ときめつける。なんとならば、もし何でも自由にできる神であるなら、天地を造ったときに日本をキリシタンの国にしておけばよかったものを、どうして今ごろになってのこのこと日本にまで出かけてきたのだ、というわけだ。

正三は続けて追及する。——「破して曰く、畜類と人間の霊を作り分けたまふならば、なんとして人間の霊に悪心を作り添えて、地獄に落としたまふや。然らば、人間を地獄へ落したまふこ

ないか。

そんな出来ぞこないを造った神は全能ではなく、意地悪でわざと造ったら「全善」ではないでは

とは偏《ひとえ》にでうすの業なり。」

これもまたキリスト教の急所を衝いている。もし神が地獄へ落すような悪人を造ったとしたら、

正三はさらに、「無常の理を知らずして、この世に執着する」などキリスト教による顚倒を列挙していくが、そのきわめつきはこれである。

「十悪八苦の躰を受け、煩悩のきずなにつながれながら、自由の身と思ふ心なり。」

ここに正三らしい「自由」が出てきたが、それはもちろん顚倒した自由である。自分本位の我執という「煩悩」から抜け出すのが自由であるのに、キリスト教徒はその煩悩にどっぷり浸かったまま、自分には「よろず自由」の神がついているから、どんなことも自由にやってのけられるのだと錯覚しているからだ。これがキリスト教に対する正三の根本的な批判であるのは言を俟たないが、それは同時にヨーロッパ文明への告発でもある。煩悩が煩悩であることを知らずに、煩悩のままに自由奔放に動きまわることに文明の混乱は淵源するのではないか。

このあとで、正三は謎めいた言葉を遺している。――「彼らに随ふ者ども、この科胸《とが》に満てり。然る間、幾千万人と云ふ数をしらず亡びぬ。これ魔法の致す所なり。」

メキシコを征服したスペインの軍人や商人が、フィリピンのマニラ経由で九州へやってきて、文明以前の土人たちを皆殺しにしてやったなどという自慢話をしたとしたら、この謎は解ける。また、鎖国が発動される前に「ルソン」に渡ったことのある商人も正三が滞在していたころの天草にはかなりいたであろう。

正三が「魔法」と言っているのは、スペイン人が持ち込んだ銃や大砲などの近代兵器と、それ以上に威力を発揮したキリスト教のことではないか。

あのラス・カサスの論難もさることながら、虐殺や奴隷労働や伝染病の蔓延で、中南米の先住民は「幾千万という数をしらず亡んで」しまった。コロンブスが一四九二年に上陸してから一世紀の間に、その当時生存していた人類のおよそ二十パーセントが死に絶えたのである。これこそ「魔法の致す所」でなくて何であろうか。

正三は足かけ三年で天草を去ったが、代官の重成の苦闘はなおも続く。農地はおおむね元通りに改修されたが、農民たちの苦しみは変わらない。それは前の大名が農地を過大に見積もりすぎたためで、年貢が重くかかりすぎたからである。測量をやり直させた重成は、その結果をもって江戸へ乗り込み、天草への遠征隊長で老中になっていた松平信綱に年貢の半減を直訴したが、一つでも例外を認めれば全国に波及しかねないとして、却下されてしまった。

鈴木重成は幕府の最高責任者に暗黙の抗議を示すべく自刃して果てたが、その三年後に、正三の実子で重成の養子になっていた重辰《しげとき》に、やっと年貢半減は許されたのだ。

法然は我執を尽くす念仏

武士出身の故か、正三は同じように武士の血を引いた法然に親近感を覚えていたようである。

「さる者、法然上人に後生の願い様を問ふ。法然答へて曰く、後生を願ふと云ふは、ただいま頸を切らるる者の心になりて、念仏を申すべしとなり。これよき教へなり。誠にこの如く念仏せずんば、我執尽くべからずと。」

一口に念仏と言っても、法然も正三もその念仏には殺気がこもっているではないか。親鸞の一向宗に対しては、正三は頭から批判的であった。彼は石山本願寺の断末魔はとくと聞いたであろうし、一向宗の坊さんのだらしなさを嫌っていたようである。

「もし日本一州、皆一向宗になりたらば、神社は皆断ゆべし。それ日本は神国なり。神を断じて何にと国を保たんや。」

親鸞と一向宗の体質に、正三は、キリスト教に通ずる一神教のような独善を感じていたのではないか。

正三自身は禅宗徒を標榜しながらどの教派にも属さなかったが、晩年になると「仁王禅」というかにも正三らしい禅を唱えるようになった。

すこし大きな寺の門の両側には、ものすごい形相をして睨みつける仁王像が置かれているが、その像を思い浮かべながら座禅して、心の中でうごめく煩悩をねじ伏せようというのが、正三の言う「仁王禅」である。本尊である釈迦如来や阿弥陀如来の前で心静かに冥想する前に、この仁王禅によって煩悩を鎮めよというのだろう。

この仁王禅についても、正三は「眼をすえ、拳を握り、背骨を引立て、臍の下より勇猛の心湧き出るほどに修すべし」とか、「歯ぎしりして、きっと張り懸けよ」とか言っている。

まだ荒々しい気風が残っていた江戸時代の初期には、正三の呼びかけに応じて仁王禅を修する道場も各地にでき、座禅する姿を石に彫った像も江戸の街のあちこちに置かれていたという。

しかし、江戸時代が爛熟して華美で安楽な生活に人々が憧れるようになると、仁王禅の道場も石像もしだいに消えていき、ヨーロッパから浮き浮きした自由の風が吹いてきて明治になるころには、仁王禅ばかりか鈴木正三の名前すらほとんど忘れられてしまった。

彼の存在が甦ってきたのは、第二次大戦後に日本経済が高度成長をとげたとき、その奇蹟をもたらした原動力を探っていた欧米の学者が、カルヴァンの職業倫理説に通ずる正三の「職分仏行説」を発見したことによる。それには国際的な仏教学者、中村元の英文の著書の果たした役割が大きいが、それによって研究者を中心にちょっとした正三ブームが起こったものの、日本経済が沈滞するにつれて、それも下火なってしまった。

しかし、そうした状況であるからこそ、正三の思想を全体としてじっくり検討して、これまで評価されてこなかった部分にも、光をあてる必要があるように私には思われる。

尊徳のすゝめ　——分限と推譲

二宮尊徳もまた、現代の日本人から忘れられ、無視されている一人であろう。

「柴刈り、縄ない」という小学唱歌を覚えているのは私の世代が最後であろうし、敗戦直後にはまだ小学校の校庭に置かれていた彼の銅像もあらかた消えてしまった。しかし、そうしたものが彼の存在を矮小化していたことを考えれば、これからが二宮尊徳の思想や業績を見直す時期なのかもしれない。

二宮尊徳、幼名金次郎が人となったのは一七八七年で、鈴木正三よりも二世紀余り遅く、目を西に転ずればフランス革命の二年前であった。一方、政治が安定した江戸の世は、百姓一揆などで矛盾を露呈しながらも着実に豊かになり、すでに世界の先頭を独歩していたヨーロッパでは、政治とともに経済が一段と飛躍するための大爆発が迫っていた。

小田原近くの中農の家に生まれながらも、度重なる水害に富士山の噴火が追い打ちをかけて、先祖から遺された田畑が土砂に埋まったうえに、若くして両親に先立たれた金次郎は、書を読むための灯油も買えないような貧窮ものともせず、自らの才覚と血のにじむというより、血を吐くような努力によって、他人に流れた土地を取り戻すことができた。

学校へは通えず、師にもつかず、独りで勉学に励んだ彼は、それによって得た知識で経験に磨きをかけ、農業指導者となって荒蕪地の生産回復に貢献したことで、小田原藩から武士として取りあげられた。このような道徳教本に載せられているような話については、多くを語るまい。

それでも、尊徳の考えるところは、自然のように淀みなく流れながらも、自然のように深い。これからは、主として彼が若い弟子の福住正兄《まさえ》に語った「夜話」に耳を傾けることにしよう。

尊徳は人道について、「欲を押え、情を制し、勤め勤めてなるものだ」としたあと、こう述べる。

――「人道の勤めるべきは、己《おのれ》に克つという教えである。己というのは私欲である。……己に克つというのは、我が心の田畑に生ずる草をけずり取り、取り捨てて、我が心の米麦を繁茂させる勤めのことである。」どこか正三に似た語り口であるが、自らの経験に裏打ちされているために、ずっと自然に聞こえる。彼はまたこうも言っている。――「人の道は天理に従って種を蒔き、天理に逆らって草を取り、欲に従って家業に励み、欲を制して義務を思うべきである。(16)」

尊徳は人間の欲望を肯定し、それを伸ばすように勧告しながら、それを規制せよともいう。それは天理に従いながらも、「己に克つ」ということでもあるのだろう。

尊徳は「分限」という言葉をよく使った。このうち「分」とは、それぞれの人たちに天から与えられたものであり、具体的には体力とか知力とか忍耐力、それに身分や財産も含まれているであろう。人間はその「分」をわきまえて精いっぱい働けば、米や麦の収穫が上がるのはもちろん、尊徳のように身分を変えることも不可能ではない。しかし、調子に乗りすぎて分際を越えると、個人的にも社会的にも問題が起こるから、「己に克つ」ことによってその分を限ることが「分限」なのである。

もし百石の者が五十石、千石の者が五百石で生活を立てれば、生産物の半分が余ることになるが、それを積極的に何かに譲るのを、尊徳は「推譲」であると言う。これは分限と並ぶ尊徳の重要な概念であるが、それでは、その余剰を何に対して譲るのかというと、自分の将来のためとか、親類、朋友、郷土のためとか色々あるが、国家のために譲るのが「至誠の推譲」であると尊徳は断言して憚らない。彼はこうした「推譲の道」を「人道の最高道徳」とまで言っている。

この余剰をひねり出すには、生産を増やすか消費を切り詰めるかしなければならないが、尊徳はけちけちすることだけにこだわってはいない。――「私が倹約を尊ぶのは、用いるところがあるからである。住居を簡素にし、衣服を悪くし、飲食を粗末にするのは、資本を作り、国家を富裕にし、万人を救済するためである。[17]」

それにしても、資本を蓄積するために倹約するというのは、マックス・ウェーバーが推奨する「プロテスタントの倫理」にも通ずるのではないか。

江戸も後期になると、米の売上げが集中する大坂では、その金を元手に何かの事業に投資する者も出てきた。山片蟠桃《やまがたばんとう》などは、「いま天下にかしこきものは米相場にしくはなし。争うものはただ利のみなり」と嘯いている。[18] こうした風潮を苦々しく思っていた尊徳はもう一人の高弟である富田高慶《たかよし》に次のように語っている。――「(大磯宿の商人某)は家財に富めるを以ていよいよ救助の心なく、高価に粟《ぞく》をひさぎて独り利をもっぱらにし、ますます富をなせり。天これを悪《にく》み、鬼神これを捨てん。[19]」

尊徳はただ倹約による資本の蓄積をよしとするのではなく、それを推譲と一体化すべしだとしているのである。

荒地は荒地の力によって開拓できるとする尊徳は、年貢のかからない荒地からの収益など農民が刻苦して稼いだ金を「報徳善種金」として積み立て、生活に困窮したり、農地をさらに改良・拡大しようとする農民たちに無利子で貸付けた。

「年々繰返し貸付け、撫育取計らい申し候はば、有欲有欲にあらず、無欲無欲にあらず」と尊徳は書いている。[20]

天道とは異なる人道

尊徳は仏教者ではなかったが、人間はいかにあるべきかを彼なりに考えていた。

彼は「天地の経文に誠の道は明らかなり」とも、「およそ天地の間に生成する物は、皆天の分身と云うべし」とも語っているが、彼の言う「天」は、儒教の説く規範としての天でありながら、彼独自のものでもある。

天の恵みは限りないように見えても、その恵みは人間の働きかけに応じて与えられるのである。もし土地を自然のまま放っておいたら、それは雑草に覆われて、米の一粒、麦の一穂も恵んではくれない。人間が雑草を抜き取ったり水を導いたりすれば、天は惜しみなく恵みを注いでくれるが、そうしながらも、人間がその分限を守り、天の恵みを怠りなく推譲しているかどうかを、無言のうちに監視している。もし人間が天との約束を反故にして勝手に振舞ったりしたら、天は気候不順や災害で「天罰」を下すのだ。

豊作か不作かは、すべて人間の天への対応にかかっている。尊徳も言っているように、「至誠は神の如し」ではないか。

尊徳は仏教のうちの一宗一派に打ち込んだこともなく、古来からの神道と儒教と仏教のうちのどれかに頼り切ったこともない。彼はこんなことを言っているくらいだ。――「自分は神儒仏の三道の正味のみを取った。正味とは人間界に大事なことを取って、大事でないことを捨て、人間界無上の教えを立てた。これを報徳教という。戯れに名づけて、神儒仏正味一粒丸という。」

それでも、彼は仏教のうち浄土真宗にはあまり好意を持っていなかったようだ。親鸞について彼はこう語っているのである。――「仏法が流伝するところは、肉食妻帯しないところにある。それを肉食妻帯をゆるして法を伝えようとするのは、水路を潰して稲を植えようとするものだ。……男女の道は天理自然であるが、法水を流すために、男女の欲を潰して堰路としたのである。」

この「堰《せき》」というのは、川の中に木の枠を打ち込んで石や土砂を積み、水の流れを一時的にそこに溜めて調節しながら田畑に注ぐものであるが、親鸞のように性の本能の堰を潰してしまったら、欲望があふれて洪水になってしまう。

尊徳は仏教にまつわるすべてを嫌悪していたのではない。彼は不動尊について、その像が背中を猛火に焼かれながらも、その痛みを唇をぐっと結んで耐えているのはなかなかのものだ、とも言っている。これは正三が仁王像に惹き込まれたのと一脈相通ずるところがあるのではないか。

しかし、尊徳の本領は、やはり既成の宗教とは異なる彼独自の人道を説くところにある。

その人道について、彼は自信をもってこう語っている。――「人道は天道とは異なったもので、譲道から成り立っている。そもそも天道には譲道はないのである。」とはいっても、人道には警戒を怠ってはならないことがある。――「人道は人の便宜を計って立てたものであるから、ややもすれば人から奪おうとする心が生じるのだ。[21]」人に譲ろうとするのではなく、人から奪おうとするところから、人道は覇道になっていく。

人道は己に克ち、私欲を制してこそ人道になるのであり、天然自然の人道などというものはない。私はこのような二宮尊徳の教えを「人道教」と呼んでみたい。

ところで、この「人道教」を眺めていると、どことなくライプニッツやアダム・スミスが持ち出した「予定調和」と似ているようなところもあるが、両者はやはり似て非なるものである。というのも、ヨーロッパ製の「予定調和」説には、その背後に全智全能の神が控えていて、その神が調和を保証しているのに、尊徳の「予定調和」には神の影すらないからである。人間と自然ばかりでなく、政治や経済や文化が調和するようになるのは、これすべて己に克つという人間の意志によるのではないか。尊徳が天保三年十二月の日記に書いているように、「ことごとくつとめ、残るところは天道次第である。[22]」まさに、人事を尽くして天命を待つほかはないのだ。

「四季に春と秋があり、一日に昼と夜があるように、現在の政治が悪いのはちょうど夜だからであり、このときには自分を修養して明日を待つよりほかに方法がない。明日といっても、そう遠くはない。[23]」（文政三年書簡）尊徳は夜明けが間近に迫っていることを直観していたが、長かった封建の夜が明けて明治の世になってみると、日本人は私欲の覇道にまっしぐらに突っ走っていってしまったのである。

病をおしながら、彼独自の農業振興策である「仕法」を指導し、その実施状況を検分するために関東各地の田畑を飛びまわっていた尊徳が没したのは、日本に来航したペリーと日米和親条約が結ばれてから二年後であった。

浄土真宗が日本最大の宗教になったせいか、日本人の心に他力本願の習性がしみついてしまったが、正三も尊徳も、それぞれに実践を通して他力への奔流を自力にもどそうとした。この二人のもとには、一時はかなりの数の門弟が集まったものの、二人とも教派や党派を作って大衆や世論に売り込まなかったために、思想史の流れのなかで、ついに本流にも正流にもなれずに、傍流に終わってしまった。

ブレーキを内包する思想

この二人に共通しているのは、人間の本性に対する鋭い認識から導き出された方向感覚とブレーキを、その思想に内包していることである。明治以後の政治家も軍人も、思想家もジャーナリストも、近代化を急ぐあまり欧米先進国の後を追ってアクセルをふかしっぱなしにしたが、ブレーキは故障したままであった。

日中戦争が泥沼にはまって抜き差しならなくなった昭和十年ごろから、柴を背負いながら本に読み耽る「二宮金次郎」の銅像が全国に据えられたが、それは戦意を高揚させるというよりも、ひたすらに倹約や臥薪嘗胆を国民に強いるためであった。そんな彼の銅像も、戦局が傾いて銅が不足してくると少しずつ鋳つぶされていって、敵を倒すための銃弾や砲丸にされてしまった。

二宮金次郎が背負っていたのは、近代の日本の悲劇であったのだ。

鈴木神社（天草市本渡）

報徳二宮神社（小田原市）

著者撮影

〈三〉絶対善の恐怖 ——悪魔と魔女に憑かれて

現実にいる悪魔

ユダヤ教の神ヤハウェは、全智全能にして絶対的な善であるから、この世界に悪が存在する余地はまったくない。しかし、千里眼でなくても、すこしあたりを眺めたら悪はいやというほど目に入るから、なぜこんなに悪がのさばっているのか、もっともらしい説明ができなければ、その全能が疑われかねない。

神は人間によく似て羽根の生えた天使を無数に造り、それらに天地を巡回させて、いちばん物騒な人間を見張る「主の目」の代行をするようおおせつけた。しかし、そうしているうちに秘密警察役が嫌になって神に反逆したり、人間の女の色香に惑わされて天と地の合いの子を作るような、けしからぬ者もでてきた。こうして地上に墜落した天使が、サタンとか悪魔とか言われるようになったのである。世界に悪をもたらしたのは、このような堕天使＝悪魔だとすれば、神は一応の言い逃れはできようが、それでも監督不行き届きという責任は免れまい。

こうしたいかがわしい者のほかにも、ユダヤ人と隣接していて抗争を続けている部族の神々や、バビロニアやフェニキアなどの大民族の神々たちも、皆ひっくるめて邪神＝悪魔にされてしまった。これらに悪霊やら龍やら蛇やら蠍《さそり》やらが加わって、この地上には暗黒の種族が満ち満ちてしまったのである。

ユダヤ人たちはそれらのものをとっかえひっかえ、適当なものを選んでは敵対する者に投げつけることができた。

しかし、旧約から新約の時代になると、こんな神話的で場当たり的なサタンなどよりも、もっと現実的で手強い悪魔が出てきた。

事実上のキリスト教の生みの親であるパウロは、「あなた方が学んだ教えに背いて分裂を引き起こし、つまずきを与える人々を警戒し、遠ざけるがよい。平和の神は、サタンをすみやかにあなたがたの足の下に踏み砕くだろう」と言っていたではないか。(24) パウロにとって、彼の考えや指導方針に従わず、教会の結束を乱すような者は、みなサタンないし悪魔の眷属なのである。

それでも、まだこの段階では、教会の組織もパウロの権力もそれほど大きくはなかったから、彼から悪魔呼ばわりされて制裁を加えられても、教会への立ち入りを禁止されるぐらいですんでいた。

はびこりだした異端

しかし、キリスト教がテオドシウス大帝によってローマの国教になると、教会や指導者の逆鱗に触れて破門されたりしたら、ミサから締め出されるのはむろんのこと、帝国からの政治的な保障も得られなくなるから、生存することすらおぼつかない。

この百年足らずの間に、教会の教義も複雑になったうえに権威が加えられていたから、公会議などで異論を唱えて議論に負けたり、多数派工作に失敗したりしたら、直ちに異端として追放されてしまう。しかも、その教義とはいっても、三位一体とかマリアの処女懐胎とか理性では容易に決められないものが多かったから、ほんのささいなきっかけや感情のもつれから教会をあげての紛糾にもなりかねない。

カトリック（普遍的な）と呼ばれるようになった教会は、ローマの弱体化とともに帝国以上の権力を持つようになったため、保身をはかる貴族などから土地を寄進されて大地主になったばかりか、全帝国の農民から十分の一税が流れ込んできて、総本山のバチカンの金庫には金貨や財宝があふれるようになった。そのうえ、僧侶ヒエラルヒーのトップに立つ司教などは、実入りのいい聖職を売買することによって、個人としての実入りも肥やすこともできたのである。

このカトリック教会には各地に修道院がぶら下がっていて、ここにも税金逃れなどで土地が寄進され、そこでの収穫物の売上や地代などの現金が積み上がっていた。しかも、修道院は高い塀に囲まれていて、外部からはその事情がうかがい知れないから、その所有地で小作をしている農民たちは、坊さんたちはあの中で何をしているのかと好奇心をかき立てられる。

十字軍遠征に出かけたり、ゴシック教会の建設ブームが起こったりするなど、ヨーロッパが豊かになると、僧侶階級の贅沢や腐敗は覆い隠しようもなくなった。そんなところにローマ教会は農民の無知につけ込むかのように、免罪符の大量販売に乗り出したりしたから、不満や怒りはいやでも高まらざるをえない。

教会からの監視や摘発が厳しかったため、こうした反カトリックの動きはあまり目立たなかったが、その中心になったのは、各地を渡り歩いて情報を蓄積した商人や職人、それに主流からはずれた知識人たちであった。

彼らの教会批判は、教義などの形式的なものを問題にするのではなく、教会や僧侶階級のあり方そのものを俎上に載せる、ずっと直接的で根本的なものであった。

こんな悪魔にそそのかされたような「異端」がはびこってきたからには、教会側としては、どのような手段を弄しようと徹底的に叩き潰さなければならない。

カタリ派の脅威

「異端」と聞くと、うつむきかげんに歩きながら、ときどき鋭い目をぎょろつかせる、何か含むところのありそうな陰気な人物を想像しがちだが、「カタリ派」と呼ばれるようになった異端者は、それとはまったく異なっていた。彼らは質素で清潔そうな服を着て、謙虚に振舞い、隣人たちには親切であった。彼らは脂ぎった身体を黒い僧服に包み、何かおいしそうな獲物はないかと目をギラつかせているような、カトリックの僧とは好対照であったから、それだけ人目につきやすかったであろう。

地中海に近くて太陽に恵まれ、農産物が豊かで、ローマ文化が濃厚に浸み込んでいた南フランスの人たちは、ゲルマンの暗い森から出てきたフランク人に牛耳られていた北の王国の中心部とは一線を画していた。自由の気風になじんで、カトリックの強圧的な支配に肌の合わなかった南仏の人たちは、いつの間にか独自の礼拝組織をつくり、ひっそりと集まって話し合ったり儀式を行ったりしていたという。

この外部から「カタリ派」と呼ばれるようになった人たちは、カトリックとは別の教義を持っていたらしいが、例によって湮滅されてしまったのではっきり分からない。異端審問所での供述などによると、マニ教のように信者は完徳者（パルフェ）と帰依者（クロワイヤン）に分かれていて、完徳者は自らに厳しい禁欲を課すとともに、貧しい農民よりも質素な生活をしながら、悩める民衆の慰め手になっていたという。また、彼らカタリ派は善ばかりでなく悪の存在も認めていて、物質からの影響を抑えるなど、その悪とどのように共存するかに心を砕いていたという。

ここで注意しなければならないのは、マニ教やカタリ派は二元論だから異端だとするのは、キリスト教側からの一方的な言い草だということである。すべてを神の絶対的な善に一元化したうえで、悪の存在を誤魔化したり、隠蔽したり、棚上げしたりしているキリスト教の正統派こそ「異端」ではないかと、私などは言いたくもなる。

ともかく、カタリ派の人たちは「旧約に述べられている神は真の善の神ではなく、悪魔そのものである」とさえ言ったということだ[25]。

南フランスのなかでも、トゥールーズを中心とするラングドック地方は、カトリック教会はどこでも評判が最低で、それが多くの人たちをカタリ派に呼び込んだのであろう。そればかりか、十二世紀になるとトゥールーズ伯などの有力な貴族もカタリ派を支持するようになり、トゥールーズをはじめカルカソンヌ、アルビではカタリ派が最大勢力にのし上がった。それには、パリの王朝に対抗して、あわよくば南仏だけで独立した国家にしようという大貴族たちの思惑もからんでいたかもしれない。

「ラングドックなどでは、カタリ派は地下から地上へ出て自由に活動できるようになった。「カタリ派はいたるところに、どの地方にもどの町にも、どこを見ても存在し、カトリックに挑みかかろうと待ち構えている[26]」とさえ書かれるようになったのだ。

アルビジョワ十字軍の惨劇

カタリ派の反カトリック運動がここまで盛り上がってくると、ローマ教皇側も手をこまねいて見ているわけにはいかない。フランス王フィリップ二世と協議を重ねた結果、一二〇九年にはついに「アルビジョワ十字軍」なるものの結成に踏み切った。

ローマ教皇のお声がかりでヨーロッパ各地から集められた軍隊は、長蛇の列を連ねてカタリ派が拠点としている都市や山間の寒村に向かった。決死の覚悟のカタリ派側もねばり強く抵抗したが、多勢に無勢で、その拠点が一つひとつ陥落されるごとに、火刑の炎が天を指して昇っていった。そして、その年の夏、シトー派の修道院長は、カタリ派が立て籠もるベジェ攻略の先頭に立っていた。——「十字軍の戦士たちは、異端に混じってカトリック信者が少なからずいるのを知っていたので、どう見分けたらいいか院長に問うた。『彼らを殺せ！　神は自らの者を知るであろう！』」(27)

かくして、神のための無差別殺人が始まったのである。

それでも、圧倒的な兵力差にもかかわらず、カタリ派を支援する貴族たちは善戦奮闘して、敵に多大の損害を与えながら二十年間も戦い続けた。そして、ついに力尽きて、一二二九年にようやく和議を結んだのである。

トゥールーズ伯はフランス王に服従して、カトリックに復帰した。南仏は王の版図に完全に組み込まれた。これは赫々《かっかく》たる戦果であるが、十字軍に加わった騎士たちも、武力で獲得した土地や財産を自分の物にできたうえに、四十日間従軍しただけでいっさいの罪が赦免されるという、神からの特別の褒美までついた。その一方で、犠牲にされたカタリ派は、支援者も含めれば数十万から百万人にものぼったと言われている。

こうした政治的な決着の後にも、カタリ派はゲリラ的な抵抗を続け、百年近くたった一三三一年に最後の「完徳者」が火刑に処せられて、やっとこの世から姿を消した。カタリ派の残党は山中に逃れて、離散していったと言われている。

敗れたとはいえ、カタリ派はヨーロッパのキリスト教界に強烈きわまる印象を残した。スペインのある司教は、こんなことを書き遺している。――「異端者どもを見るがいい。彼らは真に敬虔な者に見えるではないか。偽りとはいえ、福音書の清貧と簡潔な生活の範例をもって、純朴な民の心をは把握しているではないか[28]。」

カタリ派の語源となったギリシア語のカタロスは「清貧なもの」を意味するが、彼らはその名を自らの心身をもって実践したのである。

「リヨンの貧者」ワルドによる改革

カタリ派とほぼ時を同じくして、フランスには「ワルド派」というもう一つの異端が活動していた。これはリヨンの富裕な商人であったピェール・ワルドが始めたもので、一一七三年ごろ吟遊詩人の歌を聞いて突然回心した彼は、高利貸で不正に得た利子を返還したあと、残りの財産をすべて売って、リヨンの街角で貧窮者たちに分かち与え、自らも「リヨンの貧者」と呼ばれるようになったという。

巡回説教師になったワルドは、何ものも所有せず、粗末な毛織の服に身を包み、裸足で各地を旅して、徳のない聖職者などは要らないと説いてまわった。彼の言動を知ったリヨンの司教にカトリックから破門されたあと、異端宣告された。そうしている間にも、ワルドを支持するグループの輪が拡がっていって、彼を中心に強い絆で結ばれた宗教組織ができあがっていった。彼の存在が世間から注目されるにつれて、カトリック教会からの迫害も激しくなったが、ワルドはそれを無視するかのように説教を続けた。

「主ワルドは、誤謬に対して説教する使命を果たすために、神によって選ばれた。聖職者たちが貪欲、聖職売買、傲慢、宴会におぼれて、その義務を果たしていないからである。[29]」教会からのいや増す非難に対して、ワルドの支援者たちは彼をこう弁護した。

迫害の嵐のなかで、ワルドとその仲間たちは、聖書をプロバンス語に翻訳する作業を進めた。それまでヨーロッパには俗語に訳された聖書は一つもなく、ラテン語の聖書にはこのように書かれていると僧侶に言われれば、信者には反論のしようもなかった。そうした文字の独占がカトリックの支配に力を与えていることを悟ったワルドは、聖書のプロバンス語訳を急がせたのである。それはルターが有名なドイツ語訳聖書を完成させる、三世紀以上も前のことであった。

ワルド派はカタリ派よりも穏健で、その組織もそれほど驚異的なものにならなかったためか、カトリックからの軍事的な弾圧は受けなかったようだ。そのため、その組織の末端は、細々とながらかなりの間存続したという。

現代では、ワルド派はプロテスタントや福音主義派の先駆けである、という評価もなされている。

異端に対する「節度正しい」迫害

南仏におけるカタリ派の拠点が壊滅された一二二九年には、また、カトリック教会の異端審問制度が発足した。それはカタリ派によって露呈した大衆の不満の拡がりが、教皇をはじめとするローマの首脳たちを震撼させたということでもある。

「カタリ派に対しては、聖俗にわたる全面的な権利の剥奪という屈辱を加えたうえ、追放したり、封土を没収したりした。密告が奨励され、俗人には一年に三回密告を行うよう義務づけた。それを怠ると、彼自身が異端の容疑を受けたのである。(30)」

アルビジョワ十字軍がカタリ派をたたきのめしたあと、教皇グレゴリウス九世は、地下にもぐったその残党を焙り出すために、異端潰しの鬼とも恐れられたドミニコ会士をラングドックに送り込んだ。いよいよ異端との戦いが本番を迎えたのである。

十字軍の戦いの最中に開かれた第四回ラテラノ公会議では、「人間は悪魔の示唆によって原罪を犯すに至った」と宣言された。ここに、異端との戦いは悪魔との戦いになったのだ。

人間ではなく悪魔が相手であったら、どんな忌まわしい手段も平気でやってのけられる。

すでに教皇が発した勅令によって大逆罪とされた異端には、財産を没収することが正当化され、拷問を加えることも合法化されていた。

つまり、カタリ派ばかりでなく、すべての異端は神とキリストの神聖と尊厳に対する「反逆罪」であり、それは同時にまた、教皇の至上権に対する「反逆罪」でもあるとされたのである。

神とキリスト教が絶対的な善であるとするなら、それに刃向かう異端は絶対的な悪でなければならない。そして、絶対的な善が絶対的な悪に対してなすことは、いかなることも善にして神の正義にかなっているのだ！……

『異端審問への指針』には、こんなことが堂々と書かれている。――「節度正しい拷問にも自供せぬ場合には、別の型の道具を見せて、これらすべてのものにかけられることになるのだ、と言い聞かせよ。[31]」

ニュールンベルク旧市庁舎の地下室と、アッシジの大聖堂からそれほど離れていないロッカ・マジョーレの要塞で、私は拷問の器具や道具の陳列を見たことがある。天井からは槍や鉄の首枷やロープが無造作にぶら下げられ、石の壁には刀や銛《もり》のようなものや鞭などが、これまたこともなげに懸けられている。大きな金属製の鉢や水槽のようなものもあった。上部が尖った鞍馬のようなものも置かれていたが、私を驚かせたのは騎士が身につける鉄製の鎧で、頭をすっぽりと覆う鉄の兜もつけている。

それには柄にも似合わず、「ニュールンベルクの乙女」という名がつけられていたが、あとから聞いた話によると、その内側には太い釘がびっしりと打ちつけられていて、異端者や魔女の容疑者をその中に閉じ込めると、それを馬車に乗せて、市中を引きまわしたのだという。石畳やでこぼこ道で車輪が跳ね上がるごとに、釘が全身に突き刺さってくる！……そう想像しただけで、ほとんどの人は問いつめられたとおりに自供してしまったという。

容疑者がどんなに悲鳴を上げようと、拷問する方は神の分身であるから、良心にはなんの痛みもなく、一方、責め苛まれるのは悪魔であるから、何の肉体的な苦痛も感じていないはずであった。

絶対的な善と悪、神と悪魔のせめぎ合いには、限度というものがないのだ。

魔女の大量生産

カタリ派との長い戦いがローマ教皇庁を恐怖に陥れたのは、異端を支持したり共鳴する者が予想だにしなかったほど多く、ヨーロッパ中に根深く広がっているということであった。また、ワルド派の清貧があれほどの人気になったのも、一般信徒の腐敗に対する怒りがただならぬものであるとを示している。しかし、絶対的な善にあぐらをかく教会首脳は、こうした大衆の怒りや批判を力で抑え込もうとして、それがうまくいかなければ彼らの存在そのものを抹殺しようとした。

なかでも、一番効果が上がりそうなのは、教会に逆らったらどうなるかを見せつけることで、そこから考え出されたのが女性を魔女に仕立てあげることであった。好奇心が強く、暗示にかかりやすくてエキセントリックな女性は、もう魔女と区別がつかないではないか。ここからもう一段考えが飛躍すると、魔女と悪魔との契約という観念が出てくる。ここからまた、魔女は悪魔と性交したとか、その結果できた嬰児を遺棄したとか、それを誤魔化すために魔術を行使したとか、と妄想はどんどん膨らんでいく。その先に現われてきたのが、あのいかがわしい「悪魔の印」というものなのだ。

悪魔との交接は魔女の身体に何らかの傷を遺すはずだ、というのがその発想のもとであるが、その物理的確認をえるために、魔女の身体をくまなく調べる教会公認の「刺し師」なる者が活躍したという。

アルビジョワ十字軍がカタリ派を鎮圧したあと、すでに世俗裁判所とは別に宗教裁判所を設置することが教皇から認められていた。この聖なる裁判所においてなら、魔女を見分けるためのどんな手段も許される。あの身の毛のよだつ拷問器具をはじめ、魔女を大量生産するための道具立てはすべて出揃っていたのだ。

もうこうなったら、魔女狩りはいくところまでいくほかはない。必要とあれば人間はどんなものでも考え出すが、このどさくさに紛れて、ヒヨスやベラドンナというなす科の植物を練り込んだ「魔女の軟膏」というあやしげなものも開発された。そして、この秘薬をネタにして、もっとあやしげな噂が拡がっていく。

どこから手に入れたか、あの軟膏を塗れば身体が軽くなるうえに、姿も見えにくくなるから、悪魔から呼び出しがあったらいつでも箒にまたがって、サバトの集会にでも何にでも出かけられる。そこでは浮かれはしゃいで悪魔とおおっぴらな交接もできるし、こっそりまぎれ込んできた男たちと乱交パーティも繰り広げることができる。もちろん、これは教会側の作り話であろうが、農村では月夜などに女性たちが野原に集まって、飲めや歌えの宴会を開いて踊り明かすこともよくあったから、そんなところに教会のまわし者が潜んでいて、有頂天になっているのを一網打尽にしてしまう。ただ化粧などの準備をしていたり、あそこでどんなことをしているか覗いてみたいと洩らしただけでも、召し取られてしまったという。

こうして裁判にかけられた魔女たちは、ほとんどが有罪にされて、火刑にされるか縛り首にされてしまうのだ。

善と悪の三位一体

ここで一歩下がって、どうしてこんな物騒な現象が起こったか、しばらく考えてみたい。

中世のヨーロッパには、神を中心として「父・子・精霊」の最高善の三位一体が不可侵のものになっていた。このうち「精霊」はカトリック教会がどのようにもできたから、それは「父・子・教会」の三位一体と言い換えてもいい。

これに対抗するかのように、いつの間にやら、悪魔を首領とする「悪魔・異端者・魔女」という絶対悪の三位一体もできあがっていた。かつて神の下働きとして秘密警察をしていた悪魔だけなら、首根っこでも尻尾でも簡単に押さえつけられるが、それが異端者と魔女と手を組んだとなると、ちょっと面倒なことになる。なかでも、異端者は性根が据わっているうえに智慧も知識も蓄え、情報網も組織力も備えている。あのカタリ派は十字軍でなんとか退治したが、異端連中が支持者や資金を集めてもう一度出直してきたら、不滅のカトリックといえども安閑としてはいられない！……

あの絶対悪の三位一体のうち、魔女は数ばかり多くても動揺しやすく、そのオーバーヒートが社会全体に感染してその動揺をまた激しくする。もしその揺さぶりに成功したら、異端派への予備軍の供給を遮断することができるから、まだ当分の間、我々は最高善の座を手放さずにすむ。なにはともあれ、魔女裁判を大がかりなショーに仕立てて、無蓋馬車に満載した魔女たちを刑場に運び込み、火あぶりの薪の山や絞首台を見せつけて、善良な住民たちを恐怖で震えあがらせなければならないのだ。

こうして神に捧げられた動物を意味するギリシア語のホロカラスタが「ホロコースト」になり、魔女たちの集団火刑に転用されるようになったのである。

「毎日多くの魔女がぶち込まれ、火刑に処せられている。……文書類の研究によれば、司教領バンベルクの犠牲者は九百人、同じく司教領のヴュルツブルクは千二百人以上と数えられている。(32)」

想像を絶する犠牲者

このようなむごたらしい魔女の迫害は、もっぱら腐敗の極にあったカトリック教会の仕業だと思われがちであるが、その腐敗を一掃したはずのプロテスタント、とりわけルターに率いられた宗教改革派は、カトリックさえ眉を顰めるような虐待を魔女たちに加えたという。迫害がクライマックスに入ったのは、カトリックとプロテスタントの宗教戦争がたけなわとなった十六世紀半ばということでは、歴史家たちの見方は一致しているようだ。

唯一であるはずの神が旧教と新教の二つに割れて戦っているようでは、どんなに神に祈っても救われようがないではないか。スイスのパーダーボルンという村では、二千人の全住民が悪魔に取り憑かれて、教会は「獣の鳴き声」のようなもので満たされたという。

一時は人間の手に負えそうもなかった魔女の迫害ブームも、十七世紀に入るとやや下火になったが、それが最後の大爆発を見せたのは、一六一八年に始まってヨーロッパ西部の大半を戦場にした三十年戦争の間であった。宗教対立による長期にわたる戦乱にまみれて、無数の魔女が巻き添えにされたのは言うまでもない。

それでは、中世から近代初期にかけての宗教的狂乱のなかで、いったいどれほどの人たちが犠牲になったかといえば、魔女とされた人は闇から闇に葬られてしまったし、証拠も湮滅されてしまったからいまさら数えようがないであろうが、後代の学者たちの推計によれば、五十万人から百万人の規模だったとも言われている。これにカタリ派をはじめとする異端への弾圧や、主として宗教的な抗争から起こったドイツの農民戦争やフランスのユグノー戦争やイギリスのピューリタン戦争、それにドイツを中心にヨーロッパ各地に拡がった三十年戦争などの犠牲者を加えれば、数百万人にはのぼるのではないか。

この膨大な数はなかなか想像しにくいが、広島に投下された原子爆弾による犠牲者の数十発分にも相当するのである。

十八世紀が近づいてきて、「啓蒙」という言葉が聞こえるようになると、あの天を赤く焦がした異端者や魔女を焼く篝火《かがりび》の炎も、ようやく鎮火に向かった。

それしても、煩悩のおもむくままに振舞うのを「自由」だと取り違えた顚倒が、新大陸を含めて幾千万もの人たちを滅ぼすと断じた鈴木正三の炯眼《けいがん》は、世界的に評価されてもいいのではないか。

〈四〉常識の復権 ――ヴォルテールとヒューム

文筆による闘い

十七世紀の後半になっても、旧教と新教に分かれたキリスト教界は、火刑の恐怖で信者の自由な思考を抑えつけてきたが、そうしたなかでも懐疑論者とか汎神論者とか理神論者、あるいは合理主義者やリベルタンなどの不穏な言動が無視できなくなってきた。これらの人たちは教会の専制に対する反抗からはじまって、キリスト教の教義への批判や神の存在そのものの否定、さらには神に代わる理性への信仰へ向かいつつあった。

不信と不安が垂れ込めたヨーロッパの夜空に、一六八〇年の十二月、彗星が明るい光を放ち始めた。これを待ってましたとばかりに、教会側は最後の審判の前兆であるとか、神が天から懲罰を下す前に悔い改めよとか、いつもながらの宣伝で信者を脅しにかかったが、これを苦々しく思っていたのがピェール・ベールであった。啓蒙主義者の先駆けとなった彼は、『彗星雑考』というパンフレットを書いて、教会の言いざまに反撃しようとしたのである。

彗星などは神の意志とは関係のないただの自然現象であると言っただけでは気がすまず、ベールは日ごろの鬱憤をはらすかのように、さらなる教会批判に踏み込んでいった。「真の宗教でも、それを告白する全員について、おのが情念と闘わせて有徳にするわけではない。なぜなら、大部分のものは悪徳に首まで浸かっているため、人間の法が秩序づけなければ、キリスト教の社会はたちまち崩壊してしまうからだ。」

教会の独善を嫌うベールは、それに従わない無神論者についてこう語っている。「有徳な生活をする無神論者などは奇妙なもので、自然の力を超えた怪物だと人は言うだろう。しかし、私はこう答える。無神論者が有徳な生活をするのは、キリスト教徒があらゆる罪悪に走るよりは奇妙ではない。」

これはまことに見事な太刀さばきではないか。背後から襲いかかろうとしても、ばっさりと返り討ちにあってしまいそうだ。「無神論は必ずしも道徳の頽廃へは導かない。」ベールは臆することなくこう言ってのけるのだ。もしベールの言うように無神論が有徳であるとするなら、神は悪徳だということにはならないか？……

ほんの数十年前なら無神論者はおろか、ただの異端でも縛り首になったのに、言論を取り巻く風景はこんなに変わってしまったのか。――「迫害、漕役船、絞首台など正しい宗教のためのあらゆる暴力は、神が決して祝福などしない罪深い激昂にすぎない。そうした法外な熱情に駆られる者には、『無分別な者よ、汝はおのが敬神に欺かれているのだ』と言ってやってもいい。[33]」

ベールがこれほどのことを断言できるようになるまでには、はかり知れぬ苦難があった。南フランスの牧師の子として生まれた彼は、自分の意志でカトリックに改宗したあと、色々と不都合があったらしく、またプロテスタントに復帰した。セダンという町で神学の教授になったが、そこからも追放されて、オランダのロッテルダムに亡命者として流れていき、そこで貧窮のうちに客死した。

そうして放浪しているうちに、冴えた知性と文筆の才に恵まれたピェール・ベールは、ペンの力によって身を立てる決意をかためた。当時はフランスやスイスなどでは有力な出版者や印刷業者が数多く現われ、これはと目星をつけた書き手には財政や宣伝で援助を与えていた。

ルネッサンス以降、ヨーロッパの人たちの関心は、自分たちが生活する狭い範囲から、国境を超え、海を渡り、世界へ、大自然へ、大宇宙へと拡がっていった。それにつれて人々の好奇心も強くなり、政治や社会問題から、世界情勢や自然科学まで諸事万般に及ぶようになった。ここに文筆家とでもいうべき人たちが活躍する場が開けてきたが、ベールはその草分けの一人になったのである。

彗星出現による人心の動揺に教会批判をからませた『彗星雑考』の好評に気をよくしたベールは、百科事典のようなものを一人で執筆し、編集するという大事業に乗り出した。それは人々の興味をそそりそうな問題を網羅的に並べたうえで、その一つ一つを彼独自の切り口で捌いていくというもので、トピカルな話題の紹介や批評や論考をも兼ねていた。この『歴史批評辞典』なるものは、大判でずっしりと重くて、読むことはもちろん、手に取るだけでもたいへんであったのに、それが何万冊も売れて、巻を重ねていったというのだから、知的熱気のすさまじさを想像することができよう。

この辞典の厖大な項目のなかに「マニ教徒」というのが掲げられているので、それを覗いてみることにする。

教会の監視の目を気にしてか、ベールはマニを異端者であるとしたうえで、「その恥ずべき宗派は三世紀に始まり、多くの地方に根づき、非常に長いこと続いた。しかし、その派が教えていることは、この世で最高に恐怖を与えるはずのものであった」としながらも、マニの説く善と悪の二元論は非常に古いもので、「いにしえの神学者や律法者から、詩人や哲学者のところまで降ってきて、人々の信仰と確信の内に深く刻み込まれており、消し去るすべも引き抜くすべもない」とその思想としての価値を認めているようでもある。というのも、「善が出てくる原理・原因と同じく、悪が出てくる原理・原因も自然になくてはならないからである」と二元論そのものを肯定しているかのようなのだ。

ベールはさらに、「これはとりわけ賢明な人たちの考えであり、意見である」として、「魔術師ゾロアスター」の名を挙げている。彼は「歴史とは正確に言って、人類の罪悪と不運の集録にすぎない」としたあと、「幸福や美徳が悲惨や悪徳と混ざり合っているからこそ、二元論の仮説が必要になるのであって、ゾロアスター一派の強みもまさにそこにある」とあたかもゾロアスターとマニの肩を持っているように書いたが、つまるところは「この間違った体系を論破するのがいかに困難であるかを見ていただき、そこから、これを倒すには啓示の光に頼るべきだ」と神の懐にするりと逃げ込んでしまった。

なんだか肩透かしを食ったみたいだが、最後は形どおり「あの破廉恥で有害な異端に陥っていると分かった者を、誰でも裁判所に突き出す義務を良心に負っている。皆が団結して同じ熱意、同じ警戒心を発揮してこの共同の敵に当たらなければならない[34]」ということになってしまった。それでも、ベールの真意が奈辺にあるかは、心ある者には容易に見通せたであろう。

ベールの死から十年ほどしてあの太陽王ルイ十四世が没すると、フランスの宗教界や思想界は様変わりとなり、彼はフランス啓蒙主義の一番星として歴史の前面に押し出されることになった。

「常識の帝王」ヴォルテール

十八世紀のフランスに、啓蒙の申し子とも、常識の帝王とも言うべき一人の快男子が現われた。その名をヴォルテールという。

その筆致は軽妙にして辛辣で、読者を喜ばせたかと思うとぐさりと肺腑をえぐり、その知識はとりとめもなく広くて、その鋭敏な知性が縦横に駆けめぐる。軟弱そうに見えながらもその芯は強靭で、どのような権威にも容易に膝を屈しない。

その才は目立ちすぎるほど秀でていて、若くして宮廷の寵児となり、その口や筆のいきすぎでよく物議をかもした。時には投獄されることもあったが、それもうまく切り抜けた。

一七二六年、三十二歳になったヴォルテールは、ある貴族との口論から決闘騒ぎとなり、あの悪名高いバスティーユに保護監禁されたあと、フランスからの亡命を条件に出獄を許された。そこで、彼は喜び勇んでイギリスへと出かけていったのである。

ヨーロッパでの戦争でも新大陸での植民地獲得戦争でも、フランスを破って世界一の強国になっていたイギリスは、民主政治でも外国貿易でも国内産業でも、あるいは文化や科学技術でも、フランスよりずっと先を進んでいた。愛国心はありながらもさほど偏見にとらわれなかったヴォルテールは、イギリスの要人とも交際しながら、その優れた実情をつぶさに観察したうえで、『哲学書簡』という形で次々に公表していった。

とりわけ彼が注目したのは、イギリスにおける政治と国民の自由のあり方であった。

下院での演説を傍聴したヴォルテールは、あの大ローマとイギリスの政治を比較しながら、迷わずにイギリスに軍配を上げた。――「ローマでの内乱の成果は圧政であったが、（ピューリタン革命という）イギリスでの紛争の成果は自由であった。イギリスの国民は、国王と抗争し続けて国王の権力を抑制することに成功し、また、努力を重ねてあの賢明な政治を確立した地上で唯一の国民である。」

イギリスにおける自由がどのようなものであるかを知りたいなら、ぜひ一度ロンドンの株式取引所に足を運べとヴォルテールは言う。

「その取引所では、ユダヤ教徒、マホメット教徒、キリスト教徒が同一の宗教に属する人間であるかのように、互いに取引を行い、異教徒という名前は、破産した連中にしか与えられない。そこでは、長老派は再洗礼派を信用し、国教徒はクゥエーカー教徒の約束手形を受取る。こうして平穏で自由な会合から出て、ある者はユダヤ教会堂へ行き、ある者は一杯飲みに出かける。」

ちなみに、この株式取引所の近くにある通りには、「無神論者の小路」という名がつけられていた。神はいてもいなくても、取引は成り立つというのだろうか。

ヴォルテールはさらに続ける。――「もしイギリスに宗派がただ一つしかなかったら、その専制は恐るべきものになるだろう。もし宗派が二つならば、互いに喉を切り合うだろう。しかし、イギリスには宗派が三十もあるので、みんな仲良く幸福に暮らしている[35]。」

ヴォルテールは、取引と商業の自由をまのあたりにしながら、宗教の自由に思いを馳せているのである。

啓蒙宣言

これまで見てきた『哲学書簡』は、折にふれて鋭い閃きを見せるが、まだ偶感的なものであった。それが二十年後に書かれた『哲学辞典』になると、百以上の項目をアルファベット順に並べたものであっても、それなりにまとまりが出てきて、ヴォルテールの考察は円熟味と深みを増している。

まずAでは「神父」(abbé)がやり玉にあげられているが、それにはこんな説明がつけられている。

「神父さん方よ、貴方たちの言い分はもっともだ。土地を奪うがよい。それは強き者や巧みな者の奪い得である。貴方たちは無知と迷信と狂乱の時代を利用して、我々の遺産を奪い、我々を足下に踏みにじり、不幸な人たちの糧で私腹を肥やしてきた。だが、理性の日の到来に脅えたまえ。」

これはヴォルテールによる「啓蒙宣言」と言ってもいいだろう。同じAの「無神論者《アテ》」にはこう書かれている。――「無神論者の社会が不可能に見えるのはなぜか。それは人々がこう考えるからである。束縛を持たない人間は共同生活ができないし、法律は隠れた犯罪には無力であるから、人類の正義から踏みはずれた悪人どもを、現世か来世において罰する復讐の神が必要である、のだと」

こうしたキリスト教側の言い分に対して、ヴォルテールは、支那の政府の宗教は無神論であったし、「ローマの元老院は、カエサルやキケロの時代は無神論者の集まりであった」という歴史的な例を挙げ、支那もローマもいまのフランスより秩序があったと反論している。また、ベールを引用しながら「悪い意見を持つよりは、何の意見もない方がすぐれている」と皮肉交じりに言っている。

Eに移ると「平等《エガリテ》」が取りあげられるが、ここではすこし薬味がききすぎたようだ。――「二人の説教師あるいは神学教授が互いに嫉み合わずにはいられないように、人間たちは平等ではありえない。……平等は最も自然的であると同時に、最も空想的なものである。」それでも、不平等が極端になるのは悪政が行われているからだ、と釘を刺すのは忘れない。

Fの「狂信《ファナティズム》」になると、彼の筆はますます冴えてくる。――「自己の空想を予告と信じる人は熱狂者である。自己の狂気を殺戮によって推し進める人は狂信者である。」

こう言いながらも、ヴォルテールは、ただの狂信よりもずっと先を見据えている。――「冷静な狂信者も存在する。それは、自分たちと同じ意見を持たないという罪だけで、人々を死刑にする裁判官である。……彼らは理性に耳を傾けるかと見えるだけに、いっそう罪が深く、いっそう人類の憎悪に値する。」

人間にとって一番始末に負えないのは、このような「冷静な狂信者」であり、最も大きな災厄をもたらすのは、冷然と最後まで計算しつくす醒めた狂気である。ここまでくると、もはや「辞典」ではなくて「哲学」になっている。

彼はさらに、「狂信に汚されなかった宗教は世界でただ一つ、支那の文人たちの宗教である」

とつけ加えている。

「正と不正」の項目になると、ますます哲学らしくなる。――「我々を啓蒙するのは誰であろうか。それは冷静なときの我々自身である。」そうだ、私たちは自分の心を見つめながら、自分の心の中の「蒙」を啓いていくほかはないのだ。「神はキリスト教に先立つあらゆる時代に、正と不正の知識を与えてくれた。神はそれを決して変更しなかったし、変更することもできない。我々の魂の根源、我々の理性と道徳の原理は永久に同一であろう。神学の教義に基づく迫害は、善徳にとって何の役に立つであろうか。これらすべての野蛮な作為に驚愕し、かつ猛然と反発する自然が、あらゆる人間に呼びかけるのだ。『公正であれ。排他的詭弁家になるな』と。[36]」

寛容を憎むキリスト教

ここで、この辞典のなかで最も深く書き込まれた論考である「寛容《トレランス》」を見ていくことにしよう。辞典という体裁を取りながら、ヴォルテールがいちばん心を込めて訴えたかったのは、「寛容」であるからだ。

彼はまずこういって口火を切る。――「寛容とは何であるか。それは人類の持ち分である。我々はすべて弱さと過ちからつくりあげられているのだ。我々の愚行を互いに許し合おう、これが自然の第一の掟である。」

私たちは誰しも、弱点もあれば欠点もある。どんなに善人ぶろうと、虚勢を張ろうと、それには変わりはない。私はここで、「人間は天使でもなければ、獣でもない」と言ったパスカルの言葉を思い出す。しかし、「無理に天使になろうとすると獣になる」とも彼はつけ加えた。

ところが、自分たちは特に選ばれて神から善を授けられたと称するキリスト教徒は、「地上のすべて人々はキリスト教徒であるべきだと考えた。だから、キリスト教徒には、地上のあらゆる人々が改宗するまでは必然的に彼らの敵であったのだ。」

キリスト教徒は自分たちの間でも、あらゆる論争点で敵対してきた。異教徒など問題にしないと言いながら、けっこう問題にしてきた。

「自分の兄弟である人間を、その人が自分と同じ意見でないという理由で迫害する者は、怪物である。……おそらくキリスト教徒こそ、あらゆる宗教のなかで最も寛容を鼓吹すべきであるのに、今日までのキリスト教徒は、あらゆる人間のうちで最も不寛容であった。」

キリスト教徒の心は善がいっぱい詰まっていたので、寛容を入れる余裕がなくなり、不寛容にならざるをえなかったのだろう。彼らは分裂と対立の最良の治療薬である寛容を見放したか、見放されてしまったのか？……

「それは彼らの利害が彼らの神であり、彼らは自分たちの崇拝するこの怪物のために、いっさいを犠牲にするからである。……彼らはみな貧乏人からの略奪物で富み、その血で肥え、その愚かさを笑う。彼らはすべて、民衆の犠牲によって金持になった徒輩が会計監査を怖れるように、また暴君が自由という言葉を怖れるように、寛容を憎んだ。」

不寛容を問いつめてゆくヴォルテールの筆には、いささかの緩みもない。

「我々はみな脆弱で無定見であり、不安定と誤謬に陥りやすい。泥の中で風に倒された葦が、逆の方向に倒れている葦に言うであろうか。[37]『怪しからん奴だ、俺みたいに這え。さもなきゃ、おまえを引き抜いて焼くように訴えてやるぞ。』」

最後はいくらか詩的であるものの、常識的な結論になった。それでもこの常識に辿り着くために、ヴォルテールは幾多の事実を集め、現場を検証し、厳しい思索を重ねてきたのである。それは「天使博士たち」の精妙な論証よりも、また、哲学者たちの衒学を繋ぎ合わせた命題よりも、ずっと深遠で、偉大な常識ではないか。

なお、ヴォルテールには独立した著作として『寛容論』がある。

『カンディド』に秘められた哲学

多彩で多筆のヴォルテールは、二十篇以上のロマンやコントを書いたが、よほど哲学という言葉が気にいっていたらしく、そのなかには「哲学的小説」と銘打たれたものもある。その代表作はやはり『カンディド』であろう。

数十年前に初めて読んだときには、テンポのよい痛快な筋運びや、宗教戦争をめぐる諷刺や、文壇への当てこすりなどを楽しむことができたが、なぜこれが「哲学的」なのかはよく分からなかった。改めて読み直してみて、この小説の哲学的由縁が納得できた。

多種多様な登場人物のうちで、特に私の興味をひいたのは、思想と宗教にかかわりのある三人である。

その第一は楽天家のパングロスで、「この世界はあらゆる可能性の中でも最善である」というライプニッツの教えを信奉しているが、そんな彼に最善どころか最悪の事態がこれでもかこれでもかと襲いかかってくる。家庭教師をしていた貴族の館から放り出されて乞食をしているうちに、小間使いからもらった梅毒が悪化して片方の目と耳を失い、リスボンでは異端審問所で縛り首になりながら綱が緩んで一命をとりとめたものの、解剖医に腹を十字に切られた。何とか生きのびてトルコへ行くと、今度は鞭打たれながらガレー船を漕ぐ身に……こんなに悪の「充足理由」をたっぷり身に浴びせられながら、パングロス先生はなおも「最善の世界」を信じている。

もう一人は再洗礼派のジャックで、オランダでペルシア布を織る仕事していて、かなりの実入りがある。カトリックから見れば異端である彼は、無類のお人好しで、苦しんでいる人を見るとすぐ救いの手を差しのべる。もったいないことに、商用でリスボンに行く航海中に時化に襲われて、この再洗礼派のジャックは海底の藻屑となってしまった。

最後の一人がマニ教徒のマルチン。「貧乏な学者で、アムステルダムの本屋で十年も働いたという男を拾ってやった。」というのも、南米の理想郷エルドラドで運びきれないほどの黄金やダイヤモンドを手に入れた主人公のカンディドが、フランスへ戻る船の仲間として高給で雇ったからである。このマルチンの言うには、「苦悩というものは、表に現われない方が痛々しい。私は色々なものを見て、色々な目にあったおかげで、マニ教徒になったのです。」

このマニ教徒のマルチンにとって、世界には善はあっても、また悪に満ち満ちているから、どんなしたたかな悪とぶつかっても、泰然としてこれに堪えることができる。悪というものは、それを毛嫌いすればするほど苦しめられるが、その悪と共存する覚悟さえ固めれば、どんな悪ともそんなにいがみ合わずにつき合っていけるものなのだ。「この世には、徳だの幸せだのというものはほとんどない。エルドラドだけは別だろうが、そこへは誰も行けぬのだから仕方がない。」マルチンはこう言いながら、悪との共存を楽しんでいるかのようであった。

善と悪の両陣営を代表するパングロスとマルチンが、ことごとく対立するのはいたし方ないとしても、パングロスが善の要塞から崩れ落ちる岩やコンクリートの破片をシジフォスのように支えているのを横目で見ながら、マルチンは悠然たるものである。

ヴォルテールの同情がマルチンにあるのは一目瞭然であろう。それにしても、マニ教といえばカタリ派と並ぶ異端の代名詞のようなもので、ヨーロッパに流れ込んだ文献はひどく歪曲されているか、あって無きがごとしのようなものだったから、ヴォルテールはよくぞマニ教をここまで押し出したものである。

このような善と悪の対決は、哲学ならともかく、小説では薄っぺらな図式になりやすいが、それを救ったのはウエストファリアの貴族の娘、キュネゴンドを見舞った苛酷な運命であった。ブルガリア軍に館を占領されて、荒くれの兵士たちにもてあそばれた彼女は、その美貌のゆえに数知れぬ男たちに身をまかせて世を渡るはめとなった。ときには宮廷御用の金融業者のユダヤ人に、豪華な別荘に囲われたりもしたが、そんな彼女に異端審問所の腕利きの僧侶が言い寄ってきて、ユダヤ人に火刑で脅しをかけた結果、二人で共有するという協定ができた。つまり、週のうち月曜と水曜と安息日はユダヤ人、その他の日は僧侶のものになったが、こんなことを強いられているうちに急速に容色が衰えていって、女中などでこき使われるまでに落ちぶれた。

地球を一周してようやくカンディドが見つけ出したかつての恋人はこんな有様であったが、この若さも美貌も失ったキュネゴンドとカンディドは結婚して、マルマラ海の近くで農地を買い、そこの別荘でマルチンやパングロスと一緒に暮らした。

「だが、庭を耕さなければならない。」[38]——どんな境遇にも動じない楽天家のカンディドのこの締めの言葉は、まことに健全にして偉大な常識ではないか。

「気まぐれな悪魔」としての神

ヴォルテールより二十年近く遅れて、英仏海峡の向こうにもう一人の偉大な常識人が生まれた。その名はデヴィット・ヒュームという。この常識人は、経験主義哲学でも社会契約論でも貿易や金融の理論でも、数々の先駆的な業績をあげながら、この常識のためにそれらをかなり割引かれてしまった。

その常識とは、ほかでもないキリスト教に疑問を抱いたことであるが、それによって彼自身がいちばん直接に減点されてしまった。というのも、ヒュームはエディンバラ大学とグラスゴウ大学で教授の有力候補に推されながら、この常識のために二度とも落選してしまったからである。それどころか、彼はスコットランド教会から破門されそうになって、イギリスでの平穏な生活すら脅かされたのだ。

それでは、このヒュームという天才的な常識人は、キリスト教に対してどのような考えを持っていたのか、持っているとみなされたのか？……それには彼の書いたものを見るにしくはない。生前についに出版できなかった『自然宗教に関する対話』で、ヒュームは何の気兼ねもなく大胆なことを言っている。——「迷信は神を人類の状態のはるか下まで押し下げ、神を一種の気まぐれな悪魔にしてしまったのだ。つまり、その悪魔は理性もなく人間味もなしに、自分の力を行使するというわけだ。」

ここで「迷信」と言われているのは、明らかにキリスト教を指している。この迷信を人間に押しつける神は、「一種の気まぐれな悪魔」だとは、なんと思い切ったことを言ったものか。「至高存在の完全な純一性を主張するのは、申し分のない神秘主義者だ。完全に純一でまったく不易である一者とは、思惟も理性も意志も情操も、愛も憎しみも持たないただの一つの精神だ。つまり、まったく精神ではない[39]。」

あの唯一の神が「精神ではない」などとは、並みの精神で言えることではない。生前に公表した『魂の不死』という論文でも、ヒュームは痛烈なことを言っている。

「処罰というのは、我々の概念によれば、背反と何らかの比例を保つべきである。とすれば、人間のような脆弱な被造物の一時的な背反に対して、なぜ堕罪のような永遠の処罰がありうるのか。アレクサンドロスは、ある国民がその愛惜する馬ブケハロスを強奪したというので、その国民全体を皆殺しにしようと謀ったが、誰がこのアレクサンドロスの憤怒を認めることができようか。」

あのヤハウェの怒りというものは、このアレクサンドロスの超人的な怒りよりも、もっと神がかった理不尽なものではないか。

「人間性とかけ離れた是認や非難を想定することは、いっさいを混乱させる。道徳的判別というものが存在することを、我々は我々自身の感情以外のどこから知ることができようか[40]。」こんなことを書いたり考えたりしながら、ヒュームはどうして破門されずにすんだのかと、私たちがはらはらするくらいである。

国民を偉大にする多神教

キリスト教社会で育ったヒュームが、それへの批判や嫌悪に傾いていったのは、多神教ないし多神論に親近感を持つようになったからだと言われている。

ここで一言注意しなければならないのは、多神教などという宗教はどこにも存在しないことである。それは一神教の偏見や戦略によって作り出されたものであり、ユダヤ＝キリスト教以外の神々や宗教を一括して捨て去ろうというものである。

人間が人間以上のものを感じるのは、人それぞれによって千差万別である。すこし特徴のある樹木や川の流れや岩石や滝などを見ると、私たちは何か神聖なものを感じるし、鬱蒼《うっそう》たる森林や峨々《がが》たる山岳や轟音を立てる飛瀑や澄み切った湖などの前に立つと、自分たちをはるかに超えた崇高なもののなかに浸ることができる。また、自分に繋がる先祖や地域の偉人や英雄を記念する物を前にすれば、私たちは自然と頭を下げる。

こうしたことが宗教と言えるか、また、祈りや感謝の対象が神々であるかどうかは分からないが、人間にはこのような心の傾向や習慣は、有史以前から脈々と続いているではないか。

つい余計なこと言ってしまったが、またヒュームに戻ろう。彼は『宗教の自然史』のなかでこう書いている。――「宗教の起源に関する論究で我々の好奇心を満足させたいと思うなら、我々は無教育な人類の原初的な宗教、すなわち多神教に思惟の目を向けなければならない。」

多神教を無教育な原始人の宗教ととらえるあたりは、ヒュームといえどもまだキリスト教の見方から完全に解放されてはいないが、それでも、彼なりに誠実にそのような宗教と向き合おうとしている。

「多神教はきわめて社交的なので、たまにそれと反対の宗教のなかで極端な苛烈さや反対と出会っても、それがために嫌悪の念を抱いたり、疎遠な気持ちを持ったりすることはめったにない。」

宗教というものはもともと独立自尊のものであるから、他の宗教や神々にはあまり関心を払わない。つまり、ヒュームの言うように「社交的」ではないが、それだけ差し出がましい干渉も加えない。それらに苛烈に反対するのは、一神教ぐらいのものではないか。

「神々が人間よりほんのわずかばかり優れ、それらの神々の多くが低い身分から昇進させられてきたものと考えられる場合、我々は神々への対応に際してははるかに気楽となり、瀆神の恐れもなく、ときには神々との優劣の競争を志すこともあろう。こうしたことから活発さ、精気、勇気、寛大、自由愛その他すべての一国民を偉大化する美徳が生じる。(41)」

ヒュームがここで書いているのは、自然宗教のなかでも高度に発達した、ギリシアの「多神教」であるが、この人間からあまりかけ離れていない神々の自由闊達さがギリシア人にあの燦然たる文明をもたらしたのは事実であるとしても、それは「自然宗教」の自然とはそうとう隔たっている。

十八世紀の開化した教養人であるから、ヒュームが文明に引き込まれるのは当然としても、彼はもともとの自然を忘れるようなことはなかった。それは次の文章がよく証明している。

「髪の毛一本、蠅一匹、昆虫一匹でさえ、この偉大な存在を破壊することは可能である。それらもまた、重要な生命を持つからだ。」

全能の神が創造したとしても、これらのけちな存在にも生命があり、これらが何をして何を考えているかなどにいちいち気を配ってはいられないから、絶滅しようがどうなろうがかまってはいられない。だが、このような創造者の傲慢と不注意が人間とあらゆる動物に及んだら、この地球はどうなってしまうのか？……こうした疑問が持ち上がっただけで、あの偉大な存在は破壊されてしまう、とヒュームは考えているのである。

「動物は人間よりも不完全な仕方ではあるが、疑いもなく感じ、思い、愛し、憎み、意志を持ち、推論さえもするであろう。だとすれば、彼らの霊魂もまた非物質で、不滅なのである。[42]」

こうしてヒュームは、自然宗教の根源にまでたどり着いたのだ。

古代の火の祭典

ここで私が思い出すのが、トーマス・ハーディの小説『帰郷』である。[43]

作品の舞台となったのは、イングランド南西部のドーチェスター州で、作品が書かれた十九世紀の終わりごろになっても、古いままの自然が濃厚に残っていた。そこには皺の寄った褐色の衣をまとったような丘が連なっていて、そのところどころに古代ケルト人が築いた丸みをおびた塚がぼこりぼこりと盛り上がっていた。

丘をとり巻くエグドンの荒野にはヒースベル（釣鐘草）が咲き乱れ、ヘザーという野草が生い茂って、そのなかに野生の子馬もいた。そして、ケルトの昔に太陽崇拝の儀式を行った「ドルイドの石」も遺されていた。このドルイドというのは、太古からケルト人がずっと信じてきた宗教で、森林を拓いた聖所で太陽や月に祈っていた。その儀式を行うのがドルイドと呼ばれる僧で、未来を見る予言者にして神の言葉を伝える預言者、それに占い師や魔術師でもあった。――そんな故郷に、パリから主人公の青年が帰ってきて、ほぼ時を同じくしてヒロインの「夜の女王」も戻ってきたのである。

おりしも、村では祭りが行われていて、若い男女がジプシー踊りに熱中していた。

「こうした辺鄙な村における衝動も、やはり異教的である。自然の崇拝や自己崇拝、気違いじみたお祭り騒ぎ、もう名前さえ忘れてしまった神々へのチュートン民族の儀式のかけらなどが、どうにかこうにか、中世のキリスト教の教義よりも長生きしているように思われる。」

帰郷した二人を歓迎するかのように、丘の上のいちばん大きな塚にはハリエニシダの枯枝がピラミッドのように積み上げられ、夜の帳が下りてそれに火がつけられると、勢いよくぱちぱち爆ぜる音とともに、真紅の炎が満天の星空に向かって立ち昇っていった。下界の村の広場や民家の庭でも、大小さまざまの枯枝の山にいっせいに火がつけられ、丘を中心に村全体が赤い歓喜に包まれた。

この華やかな火の饗宴に、オーデンやトールなどの異教の神々も、久しぶりに帰ってきたかのようであった。

このような光景を眺めていると、キリスト教こそが「異教」ではないかと思えてきはしないか。

共感による合意

ヒュームの自然への共感は、人間性への信頼につながっている。

若いころのヒュームは大著の『人間本性論』の完成に全力を傾注したが、その第三巻「道徳について」は、独創的な社会哲学になっている。

人間はその本性によって誰よりも何よりも自分自身を愛するが、その「自己愛が抑制なしに働くときは、我々が正直な行為をなすように向けるどころか、あらゆる不正義と無法の源となることは確実であり、この自己愛という欲求の自然の動きを矯正し、抑制することなくして、悪徳を矯正することはできない。」

もし自然本性のおもむくままに人間がその自己愛を野放しにすれば、各人は勝手なことをして、社会が混乱するのは必至である。こうした現実に直面した人間は、それへの反省から正義と不正義の感覚を育てていって、それが人間に対して合意や一致を促すのである。「合意ないし一致とは、すなわち利益の感覚が全員に共通すると考えられたものであり、この感覚のあるところでは、個々人の行いのすべてが他の人が同様のことを実行するのをあてにして実行する。」

このような各人に共通する利益の感覚から発生するのが「共感」であり、その共感がまた各人の合意への動きを強めるのである。

「それぞれの個人が、仲間全員が同じように利益の感覚を持つのを見るとき、各人は他の人々もそれぞれなすべきことを怠らないと確信するから、どんな契約についても、自分がその契約においてなすべきことを実行する。」

共感によってこうした契約が国家全体に拡がっていけば「社会契約」になるが、この合意に基づく社会契約によって「統治体」なるものが成立するのである。

「統治体は、あらゆる弱点を持った人々から構成されているが、人間の考案物のうち想像できるかぎり最も手の込んだものの一つであるこの統治の仕組みによって、ある程度これらすべての弱点を免れた構成体になるのである。」

自己愛と共感から、このような見事な民主政治の設計図ができあがったのだ。

こうした観点からヒュームの宗教への対応を振り返ってみると、神の独善性が人々の合意や協調を動揺させたり混乱させたりして、政治構成体が弱体化することを恐れて、彼はキリスト教を批判したのではないかと思えないだろうか。

ヒュームは神に対しても厳しい視線を向けている。――「正しいことと不正なこととの不変の基準は、被造物の人間だけでなく、神自身にも責務を課す[44]。」

一七七六年にヒュームが六十五歳で死去してから二年後に、アダム・スミスは彼を偲びながら手紙の形でこう書いた。――「この友人の哲学的見解に関して、人々はおそらく各人がそれを是認したり、あるいは弾劾したり、それらの意見がたまたま自分の見地に適合するか、一致しないかに応じて、各人各様に判断するだろう。しかし、この友の性格と行為に関しては、ほとんど意見の相違はありえないだろう。確かに、彼の気質は私がかつて知っている他の誰の気質よりも、おそらくより幸福に均衡がとれているように思われる[45]。」

ヒュームが死去した年に『国富論』を出版したアダム・スミスは、生年順ではヒュームの一二年後輩であり、グラスゴウ大学の教授職ではヒュームの先を越し、また友人にしてライバルでもあった。そのアダム・スミスは、このヒュームをいささか常識外れの常識人だと思っていたことだろう。

第六章　激突への道

〈一〉地球制覇の野望――膨張する大英帝国

限界のないキリスト教帝国

世界の歴史を見渡してみると、帝国というものはそれほど珍しいものではない。古くはエジプト帝国やアッシリア帝国、ペルシア帝国、ローマ帝国、中世になるとアッバース帝国やモンゴル帝国やオスマン帝国などいくつも出てくる。

これらの帝国というものは、ある民族の軍事力や経済力が充実したあまり、もともとの民族の境界から溢れ出して他の民族の生活領域に侵入し、その住民を征服して権力者の意の下に慴伏《しょうふく》させるものである。帝国にはこのような侵略や支配はつきものであるが、それにも限度がないというわけではない。

ローマ帝国を例にとれば、力のおもむくままに周囲の民族に攻め込んだように見えるが、その内実は主として防衛的なものである。ドナウ河とライン河を天然の防衛ラインとして、ときにはゲルマンやスラヴを北へ東へと深追いすることもあるが、おおむねその内側に兵力をとどめて、彼らの不意の乱入に備えていたのである。

いまあげた帝国とは距離を隔てて孤立していた中華帝国は、秦が万里の長城を築いてからはもっぱら専守防衛に徹して、最も強力な北方蛮族の越境を食い止めた。それから二千年以上、中華帝国の支配地域は多少の伸縮はあるものの、大きく見ればほとんど変わっていない。

しかし、第四章に見たキリスト教帝国は、もろもろの世俗的な帝国とはいささか性質を異にする。唯一神を奉じてその普遍的な支配をこの地上に実現しようとするからには、その帝国に境界や限度などがあるはずがない。とはいうものの、まわりの障壁を打ち破って異教徒を頭から改宗させるには、実力が足らなかったから、異端者をいびって留飲を下げるよりなかった。功にはやって十字軍がはるばる遠征に出かけても、イスラム教徒に撃退されてしまった。

出鼻をくじかれたキリスト教勢は、ヨーロッパ大陸の西端におとなしく逼塞していたわけではない。ロシアから西へ向かったモンゴル軍から火薬や銃砲の扱いを覚え、一四五三年にビザンチン帝国がオスマン・トルコに滅ぼされると、コンスタンチノープルから逃げてきた学者たちからギリシアの古典や科学や技術を学び取った。こうして地球が丸いこと知ったコロンブスは、大西洋を西へ航海して新大陸を発見し、一方、アフリカの西海岸の探検を続けていたポルトガル人は、その南端をまわってアジアへ進出する勢いを見せていた。

スペインとポルトガルというイベリア半島のカトリック国が、いずれどこかで衝突するのは必至だと見てとったローマ教皇アレクサンデル六世は、地球を真二つにしたうえで、その東と西の半分ずつの所有権を気前よく両国に与えてしまった。この一四九四年に結ばれたトルデシリャス条約は、まるで理念的というより空想的なものであったが、そもそもこのような突拍子もない発想自体、この地球は神から丸ごとキリスト教徒に授けられたものだとでも考えないかぎり、出てくるものではない。

新大陸とアジアから予想もつかなかったほどの富が、続々とヨーロッパへ運ばれてくると、あの誇大妄想的な空想は、これまた予想もつかなかったほどの速さで現実化していったのである。

インドを支配する会社

ヨーロッパの新興勢力のなかから頭角を現わしてきたのは、言うまでもなくイギリスであった。新大陸進出に出遅れたイギリスは、自分で金や銀を開発する代わりに、海軍と海賊まがいの冒険的な軍人を鍛えあげた。そして、金や銀を満載したスペイン船が現われるのをカリブ海や大西洋で待ち伏せして、電光石火の襲撃でさして労することなく宝の山を掠め取ってしまった。

このような海賊行為によってイギリスにもたらされた金と銀は、一五〇〇万ポンドにものぼり、そのスポンサーであったエリザベス女王は、この濡れ手でつかんだ豊富な資金を地中海貿易を行う特許会社に投資したうえに、その会社が稼いだ利潤によって、今度はイギリス帝国主義のシンボル的な存在になる東インド会社を設立したのである。

大経済学者のケインズも言っているように、新大陸でスペイン人が略奪した金銀こそが、「イギリスの海外投資の源泉になった」のだ(1)。

もともと貿易のために作られた東インド会社の最大の取引国は、その名の示すようにインドであったが、そのインドは、キャラコという薄くて柔らかくて染色しやすい綿織物の世界的な供給地であった。インドにはまた、色鮮やかな熱帯特有の産物ばかりか、東南アジアの島々からは香辛料が、中国からは絹や茶がもたらされ、イギリス人には喉から手が出そうなものがふんだにあった。その一方、イギリスからの輸出品はといえば毛織物ぐらいのもので、暑いインドではさっぱり売れなかった。イギリスの期待を担って船出した東インド会社も、貿易赤字が膨らむばかりでは、本国から苦情も聞かれるようになった。

アクバル大帝から三百年近くインド亜大陸を支配していたムガール帝国は、そのころ小王国に分裂して、藩王から小役人までが住民から絞り取った金で私腹を肥やすなど、腐敗と乱脈のきわみにあった。そうした小王国から税金の徴収を請け負った東インド会社は、行政や司法や警察や学校にまでサービスの範囲を拡げていって、独自の軍隊も抱えるようになった。北インドやネパールから精悍にして勇敢な兵士を高給で雇い、イギリス式の訓練でたたきあげた軍隊は、その数も二五万人に膨らんで、ヨーロッパの強国にもひけをとらなくなった。

貿易よりも税金を主な収益源にするようになった東インド会社は、株主に配当する経済組織でありながら、世界の人口の六分の一の人たちを事実上支配する、押しも押されぬ植民地帝国の観を呈してきたのだ。

世界を植民地に

いまやインドではどんなこともできるようになった会社は、ベンガル地方を中心にアヘンを大量に栽培して、官憲を買収したうえでそれを隣の中国に密輸すると、中毒患者が恐ろしい勢いで増えていった。これでは国民の肉体ばかりか魂も腐ってしまうとあわてふためいた清国は、林則徐に全権を与えて、貿易の窓口である広東に集められたアヘンを燃やしてしまった。

これで戦争の口実ができたとほくそ笑むイギリスの首脳は、自慢の大英艦隊を南支那海から珠江の河口に集結させて、手はじめに強力な大砲で清がにわか造りした砲台を撃破したあと、珠江を遡って陸戦隊を広東に上陸させた。なすすべもなく広東が占領されると、その歴然たる力の差を見せつけられて、中国人は唖然とするばかりであった。

沿岸の制海権を保持していた大英艦隊は、一八四一年には香港島を占領し、本国とインドから援軍が到着すると戦場を長江の下流に移して、その長江と大運河が交わる鎮江を抑えて首都北京への食糧輸送を脅かしたあと、第二の都市南京へ迫った。ここで、さしもの中華帝国も白旗を掲げたのである。

一八四二年に調印された南京条約では、香港島を割譲させられたうえに多額の賠償金を課され、上海をはじめとする五港を開港するなど、惨憺たるものであった。

十九世紀も後半になると、地球上の目ぼしい植民地はイギリスやフランスやオランダによって分割されてしまい、残ったのは魅力に乏しいアフリカだけとなった。ところが、一八七〇年代に大陸の最南端でダイアモンドと金が発見されるや、そこはイギリスとすでに入植していたオランダとの争奪戦となり、ボーア戦争に勝ったイギリスは北上してエジプトのカイロを目指す勢いとなった。金鉱山の開発やダイアモンドの独占で、一躍大英帝国の寵児になったセシル・ローズは、傲然とこう言い放った。——「わが国民に開放された地球の表面を、一インチたりとも取らなければならぬ。(2)」

こうしたイギリスのやりざまを他のヨーロッパ諸国が指をくわえて見ているはずはなく、フランスやベルギーが割り込んできたばかりか、ようやく統一なったドイツが国家の面子をかけて殴り込みをかけてきた。この結果、十九世紀のわずか二十年の間に、アフリカ大陸の九割以上が、ヨーロッパの列強によって分割支配されてしまったのである。

セシル・ローズの野望はいくらか値切られたものの、南アフリカから掘り出された大量の黄金が、ロンドンを根城とするロスチャイルドなどの銀行組織に流れ込んで、イギリスは金本位制の世界を絞めあげる金融帝国になっていった。

「イギリスはかつて五十の植民地を持っていたが、いまや一つしか持っていない。それは世界そのもの（the universe）である」[3]と言ったのは、自由貿易派のバスチアであった。

拡張を自己目的にする帝国

十九世紀末から二十世紀にかけて、帝国と帝国主義は前代未聞と言ってもいいほどの変貌をとげたが、なぜ、どのように、そんなに変わったのか、異色の経済学者シュンペーターの『帝国主義と社会階級』を手がかりにして見ていくことにしよう。

「帝国主義という言葉には、成功すればするほど攻撃的になるような、すなわち、『覇権』とか『世界支配』とかという言葉によって反映されるように、攻撃そのものを目的とするような態度が含意されている。……それは具体的な目的と理由からまったく独立したところの、永続的な性向であり、一つの機会をとらえてまた次の機会に飛びついていくようなものである。」

帝国主義なるものは、それがいったん出現した以上、絶えず他を攻撃して拡張していかなければ、自らの存立そのものが脅かされるのである。「そのような拡張は、ある意味においてはそれ自身が『目的』なのであり、拡張それ自身以外には適当な目的を持たないのである。……そのような拡張は、具体的な利益によって説明されないと同様に、具体的な獲得によってはその目的を達しえない。だから、それは自分自身の力を消耗し尽してしまう以外には、いかなる際限も持たず、限度も持っていない。」

それにしても、この拡張そのものを自己目的として、無限に拡張し続けなければならないという宿命を背負っている帝国主義のエネルギー源とは、いったいいかなるものであるのか。

シュンペーターはそれについて明言していないが、どうやら人間に内在する「非合理的なもの」のようである。

「非合理的なもの――それは戦闘心、憎悪、なにがしかの初歩的な理想主義、最も素朴な（したがって最も放縦な）自負心などから成立つ――が、どこからも締め出しを食って、ナショナリズムの下に逃避するのだ。[4]」

このような「非合理的なもの」がナショナリズムのなかに流れ込んで、それが各国の帝国主義と合体すれば、帝国主義国家間の対立や反目や抗争が際限もなく刺戟されて、それぞれの拡張への欲求や強迫観念も際限のないものになる。とするなら、拡張への衝動による各国の帝国主義が激突して解体するまでは、拡張は止まらないのであろうか。

帝国主義の特質や起源について、これほど説得力のある文章は見たことがないし、私ごときものが碩学に異議を唱えるのはおこがましいが、それでもただ一つだけつけ加えておきたいことがある。それは帝国主義の推進力となったのは、シュンペーターのあげた「非合理的なもの」もさることながら、それよりも「合理的なもの」の方がより強力ではなかったか、ということである。

釈迦に説法を承知して言えば、誰かがある論理なり技法なりを思いついたら、それは合理的であるからどこまでも進んでいくし、繋がっていくし、その繋がりは速くなるし、緻密になるし、各方面に分岐していくし、簡単に検証できるようになる。それは論理の合理性だけでも自動的に進んでいくが、それに特許を取って利益を独り占めしたいとか、金儲けランキングで名誉を得たいとか、ライバルを出し抜いて鼻を明かしてやりたいとかという「非合理的なもの」が加わると、論理の展開は加速化するし、到達点も気が遠くなるほど遠くなる。

これはまだ個人の段階であるが、そこに会社企業のような組織体が乗り出してくると、論理の展開は爆発的になるが、それこそがシュンペーターの言う「イノヴェーション」ではないか。そして、国家間の政治や軍事の競争がそこへ圧力をかけてくれば、論理の爆発的な進行はもう抜き差しならない帝国主義に踏み込んでいる。

ここで注意しなければならないのは、論理の展開にどのような圧力が加わろうと、その展開を支えるのは論理の合理性だということである。世の中には利益や名誉は二の次にして、純粋に論理の展開だけに興味を持つ人たちがいるが、論理の予想だにしなかった飛躍や連結を発見するのは、そのような人が多い。彼らは利用目的などさして考えずに、論理の展開それ自体を目的にしているが、ひとたび彼らのブレークスルーが大組織体に取り入れられると、それはスケールも深度も波及力も段違いに大きなイノヴェーションをもたらすのだ。

帝国主義とは、このように合理的なものと非合理的なものが複雑に絡まり合い、重なり合って進展していくものではないか。

合理的なものと非合理的なものとが合体した帝国主義は、いったん動き出すとその惰性によって突っ走りやすく、とりわけ、帝国主義の頂点に立った覇権国はそうである。

「好戦本能や戦争向きの構造的な要素、組織形態などは、すぐには除去できないとしても、やがて政治的に克服されるだろう。そして、それらの要因が死滅するとともに、帝国主義もまた衰滅していく」と、シュンペーターは書いているが、[5] このような見方は少し甘すぎるように思える。というのは、好戦本能のような非合理的ものは政治的なものによってある程度は抑制できるが(ときには煽ることもある！)、技術や金融のような合理的なものは、人間が束になってかかっても容易なことではその惰性が止められないからである。

帝国主義が国民に課したストレス

近代的な帝国主義の初の覇者となったイギリスは、いち早く産業革命をなしとげて、合理的なものを生産体制に浸透させたあと、金融力でそれをバックアップした。その一方で、数万人の東インド会社職員が数億人のインド人を支配するなど肝っ玉もめっぽう太くて、外交的な駆け引きも巧みであった。不穏な動きをする植民地には、世界に冠たる海軍が出動して大砲で威嚇するなど、非合理的な力でも他の帝国主義国を圧していた。

このように合理的なものでも非合理的ものでも傑出していた大英帝国は、十八世紀から二十世紀にかけて、「ヘゲモニーの盟主」の座を維持することができたのである。

イギリスの帝国主義は、世界の植民地から収奪した富によって国民の生活を潤沢にしたものの、もちろん、すべての国民が同じようにその分け前にあずかったのではない。それはいたしかたなかったにしても、帝国主義の対外的・対内的な緊張がもたらしたストレスや、精神や環境への負荷は、すべての国民に同じようにのしかかってきた。

このような帝国主義の裏面を克明に描き出したのは、十九世紀イギリスを代表する作家、チャールズ・ディケンズであった。

"Hard Times"という小説では、産業革命のさなかにあるマンチェスターをモデルにした「コークタウン」を舞台にして、その住民の様々な生きざまに照明をあてる。

学校の所有者から国会議員になった地方名士は、システムに則った教育で家族を理性一点張りの人間にしようとするが、子供たちがそれにどんなに抵抗しようと意に介さない。なにしろ、「人間を定規で線を引くように正確に作りあげる」のが彼の理想であったから、子供たちにはどのような逸脱も許さないのである。

たたきあげの工場経営者から銀行のオーナーにのし上がった男は、人間をただ「働き手」としか見ない。「神は彼らを手だけの生物に、あるいは海岸の下等な生物のように、手と胃だけを持ったものとして創造した」と言って憚らないのだ。

あわれなのは、このような経営者に使われるコークタウンの労働者たちである。「彼らはみな同じ仕事をするために、同じ時刻に、同じ舗道に、同じ音をたてて出かけ、そして帰ってきた。また彼らにとってどの日も、前の日、次の日とまったく同じであり、どの年も、前の年、次の年とそっくり同じであった。」システムもここまで徹底されれば、労働者たちにはどこにも逃げ場はない。

「コークタウンは、工場の煙突から出る灰を自分の頭だけではなく、周囲の頭にも降らせていた。この点それは、自分自身の罪を贖うために、他人にも懺悔服を着せるような信心家に似通っていた。」(6)

多作のディケンズがすぐ続いて書いた大長編の『リトル・ドリット』には、カフカの『城』に影響を与えた官僚社会の化物のようなCircumlocution Officeも出てくるが、彼はこの作品のなかで、帝国主義がイギリス人の心を荒廃させた有様を、ぞっとするほどリアルに浮かび上がらせている。

二十年ぶりに中国からロンドンに帰ったばかりのクレナムは、コーヒー・ハウスの窓から暗くくすんだ街路を見ながら、教会の打ち鳴らす鐘の音を聴いていた。——「礼拝開始の時刻が迫るにつれて、鐘の調べが変わってきてますます癇にさわってきた。十五分前になると気味がわるいほど元気を出して、図々しくやかましい声で、『教会に来なさい、来なさい』と人々にせっつく。」

この小説が書かれていた間に、中国ではアヘン戦争に続くアロー号事件が起こっていたから、その中国で貿易商をしていたクレナムは、きっとアヘンの輸出にもかかわっていて、それを売り込むイギリス人の強欲さと偽善ぶりをいやというほど見てきたに違いない。

教会の鐘の音が「癇にさわる」についてはもうひとつ、もっと深いわけがあった。クレナムは父親の「罪の子」であったが、血の繋がっていない母親は、夫に復讐するかのように彼につらく当たった。そして、その復讐の武器にしたのが、プロテスタントの信仰であったのだ。——「この酷薄無情な女が求めていた神秘な宗教とは、暗黒と陰鬱のヴェールにくるまり、呪いと報復と破壊の稲妻が暗雲を貫き通すようなものであった。……主よ、我に罪を犯すものを叩きつぶしたまえ、滅ぼしたまえ、粉砕したまえ。」

クレナム夫人の苛烈な怒りを書いているうちに、ディケンズは、つい自分の内心を吐露してしまった。——「土塊《つちくれ》から造られたはずの人間が、自分の邪悪な本性から自分に似た人形を作り、これに神の心が宿っていると僭越にも信じるほどの、不遜で恐ろしい偶像崇拝を見た人がいるだろうか。」

この小説の大詰め近く、過去の秘密を暴いて大金をゆすり取ろうとする悪党が、クレナム夫人をこう罵った。――「おまえがこんなことをやってきたのは、おまえが軽蔑と憎悪と偏狭の塊の意地悪女だったからだ。そう思わないで、自分は神の下僕で代理人でその使命を果たしていたのだ、と自分を偽っていたのだ。それはペテンだよ。(7)」

ディケンズが言わんとしたのは、プロテスタントの信仰こそが、一人の女性の心をこんなにも捻じ曲げ、痩せ細らせ、干涸びさせてしまったということであろう。

帝国主義に突き進むイギリス人を叱咤激励したのはプロテスタンティズムであり、彼らにあのような「偉業」をなさしめたのもプロテスタンティズムであった。それがまた、イギリス人の内面を削り取って空洞化したことを、ディケンズは見逃さなかったのである。

ヨーロッパに資本主義をもたらしたと称賛されているプロテスタンティズムは。また、帝国主義のパトロンでもあったのだ。

おおらかな中華帝国

イギリス帝国主義は攻撃的であり、侵略的である。拡張のために拡張するから限度というものがない。貪欲であらから、取れるものなら何でも取ろうとする。そして、勝利した相手には、自分より劣等な者だとして嘲笑する。

これと対照的なのが中華帝国である。中国人も周囲の民族の領土に侵入することもあるし、時の勢いで深入りすることもあるが、相手の跳ね上がりを懲らしめるという目的を達したら撤収する。敵対者であっても生存権は認めているから、生活基盤まで破壊するようなことはまずない。たとえ一時的にせよ圧倒した相手に対し、イギリス人は正当に評価しようとしない。功利主義者で東インド会社の書記もしていたジェームズ・ミルは、こんなことを書いている。

「道徳性において、インドと中国は極めて似ている。両国民は不誠実、偽り、裏切り、不真面目という悪徳においてほぼ同等であり、その程度は通常の無教養社会のそれをはるかに越えている。(8)」

ここには、キリスト教的な思い上がりが透けて見えている。蔑視が客観的な認識を妨げているのである。

イギリス人でも帝国主義に批判的であったブラントは、一九〇〇年の日記にこう書いている。

――「ヨーロッパのすべての国々は、中国を地獄と化し、占拠した町において、中世と見まがうばかりの殺戮、略奪、暴行を繰り広げている。(9)」

これはヨーロッパのキリスト教徒に反旗を翻した義和団に対する鎮圧に言及しているのであろうが、それは心あるイギリス人にも衝撃的であったようだ。

このような歴史上の事実を見せつけられると、私には中国文明のおおらかさが貴重なもののように思えてくる。ヨーロッパの諸国が大砲の破壊力を強めようと躍起になっているときに、まっ先に火薬を発明した中国人は、爆竹や打上げ花火で楽しんでいたではないか。東洋史研究者の加藤祐三氏は、こんなことを書いている。――「もともと中国では、『戦』や『力』の発動による支配よりも、道徳的な服従を尊重する『文人支配』の伝統が根強い。儒教の原理では、鉄砲などは不要であり、それを用いるのは下策とされた。(10)」

ここで思い出されるのは、明の永楽帝の時代、一四〇五年から七回にわたって実施された鄭和の南海大遠征である。

鄭和が率いた艦隊は、六十余隻の大型船を中心に総勢二百隻以上の艦船で構成され、兵士も含めて二万七千人前後が乗船していて、なかでも「宝船《ほうせん》」と呼ばれた巨船は、最大のものは長さが一五〇メートル以上、積載重量は二五〇〇トンもあって、千人以上が乗組んでいたという。

一世紀近くも後のコロンブスの航海は三隻の船で、旗艦のサンタマリア号も二〇〇トンほどにすぎなかったから、その並外れた大きさが想像できよう。

この大艦隊は羅針盤を利用して進路を定め、星の高度の観測によって緯度を確かめるなど、その航海技術はかなりのレベルに達していたという。そして、インド西岸のカリカットからペルシア湾のホルムズ海峡、最後の七回目の航海ではアフリカの東海岸にまで至ったのである。

ところで、この鄭和艦隊は何を目論んで派遣されたかということだが、「戦闘を主目的とする軍事的性格の艦隊ではなく、多分に儀礼的・外交的な目的を備えた、交易を主目的とする艦隊であった」ということになる(11)。

それは中国皇帝の徳の偉大さを見せつけて朝貢を促そうというものであったが、相手側から貢物を求めるといっても、常にその何倍かに相当する贈物をしていて、中国側にとっては貿易赤字以外の何ものでもない。皇帝が喜んで受け取ったのは、キリンやライオンや象などの獣をはじめ、その国々の珍器奇物であった。

満載された兵士たちは、戦いを仕掛けられたら応戦もしたが、ジャワの胡椒やセイロンの宝石やインドの綿織物などの特産物を力ずくで略奪することはなく、アフリカの黒人たちを奴隷として連れ帰ることもなかった。マラッカで航海のための中継地を作ったほかには、ほんの寸土も領土に加えなかった。そして、七回目の航海を終わると遠征をきっぱり止めて、万里の長城の建設に全力を傾注した。つまり、専守防衛に戻ったのだ。

中華帝国は、徳による節度ある帝国であったのである。

落日の大英帝国

中華帝国の残像が消えないうちに、次の文章を読んでいただきたい。

「地球は、その仕事を最もよく遂行する人種、すなわち『最高の社会的効率』を有する人種によってできるだけ多く住まわれ、統治され、開発されることが好ましい。これらの人種は、より低い社会的効率を持つ人種を征服し、駆逐し、隷属させ、または絶滅させることによって、自己の権利を主張しなければならない(12)。」

これは優生学を掲げたイギリス人、ドモーランが書いたものである。

しかし、あの限界のないはずの大英帝国にも、十九世紀も末になると、いや応なく限界が目につくようになってきた。その限界の第一は、地球を独り占めするにはイギリスの人口が少なすぎたことである。しかも、そのイギリス人自体が、プロテスタントの道徳の課す厳しさや、多人種を支配する煩わしさに堪えられずに、疲弊して惰弱に流れるようになったのだ。そのうえ、ドイツやアメリカなどの新興の帝国主義国に追いあげられて、技術や社会制度の先行優位が急速に失われていったのである。とりわけ、化学や電気製品という高成長部門で、イギリスの弱体ぶりが目立った。

それでも、大英帝国にはその最盛期に海外に投資した厖大な金融資産があり、世界的な銀行ネットワークも支配していたから、資本収支の黒字が貿易収支の赤字を補って余りあった。いまやイギリスは、「世界の工場」から「世界の金利生活者」になったのだ。

二十世紀に入ると基礎収支までが赤字に転落して、黄金にも等しかったポンドが流出し始めた。そんなところへドイツがここを先途とばかりに貿易競争でも植民地争奪でも攻勢を強めてきたので、ついに一九一四年に第一次大戦に突入してしまったのである。

この史上初の総力戦で、イギリスは苦戦に陥ったものの、暖簾《のれん》分けしたアメリカに助けられて、なんとか戦勝国にとどまることができた。それでも、長期間の戦闘で国力を消耗したばかりか、戦費を調達するためにアメリカから借金をあおいだため、この大戦中にイギリスの海外資産は全体の四分の一にあたる十億ポンドも減少したおまけに、戦費を調達するために債務まで背負い込むことになったのだ。

イギリス人の地球制覇の野望は、その完成を目前にして潰えてしまった。

アメリカに先を越されて

イギリス人にとって中国はあまりにも奥が深すぎたし、中国人の人口はあまりにも多すぎた。それに、清朝の統治はインドのムガール帝国のようには腐りきってはいなかった。だから、イギリスは沿岸の開港都市のいくつかは抑えたものの、全土の植民地化などは及びもつかなかった。

アヘン戦争で清朝を屈服させたあと、一八五六年にイギリス船のアロー号が中国の官憲に検問されたことから、また戦争が始まったが、これにはフランスも相乗りして再度勝つことができた。一八五八年には天津条約が結ばれたが、参戦したロシアやアメリカまで加わって、ヨーロッパ帝国主義国の分捕り合戦のようになった。イギリスとフランスはさらに清朝に詰め寄って、その二年後に北京条約を結ぶよう強制して、各国公使の北京駐在やキリスト教の布教を認めさせてしまった。

イギリスにとって、こうしたことは成果といえば成果であったが、中国全体から見ればまだ部分的なものにとどまっていた。しかも、戦争やら条約やらで中国にかかりきりになっているうちに、帝国主義勢力にとって残された最後の宝庫、「黄金のジパング」が目の前にぶら下がっているのに、イギリスはついに手を出すことができなかった。

もたついているイギリスの先を越したのは、アメリカであった。日米修好通商条約が締結されたのは、天津条約と同じ一八五八年、北京条約の二年前であった。

〈二〉太平洋を超えたフロンティア――驀進する大米帝国

植民地としての北米大陸

地球の表面積の何分の一かを支配したイギリスに比べると、アメリカにはこれといった植民地はない、だから、アメリカはヨーロッパの列強とは異なって、帝国主義的ではなかった大国である、と言われることがよくある。しかし、これほどはなはだしい見当違いはないと私は言って憚らない。

それではアメリカ合衆国の植民地はどこにあるかといえば、まず第一にアメリカ本土である。それはもともとアメリカ人のものではなかったかと反論されるかもしれないが、もともとそれは「インディアン」と貶称《へんしょう》されるようになった先住民たちのものである。大陸の北の辺地に上陸したイギリスからの移住者は、先住民を脅したり騙したりしたのはもちろん、友好を確かめ合う祝宴で強い酒を飲ませたあと草ぶきの集落を焼き討ちしたり、鉄砲や大砲を打ち込んだりして、彼らの土地を奪い取ったのである。これを植民地化といわずにどう言ったらいいのか。

大西洋の細長いベルト地帯に根拠地を作ったアングロ・サクソン人からなる移住者は、インディアンとバッファローの大群を追って、西へ西へと進んでいったが、人数が限られているうえ移動の手段は馬ぐらいしかなかったために、百年以上かかってミシシッピ河まで辿り着くのがやっとであった。それでも、彼らが通り抜けていった跡には、先住民の集落からは何本もの煙が立ち上り、バッファローの死骸の山が築かれた。

対先住民戦で名を馳せたシャーマン将軍の報告には、こう書かれていた。――「インディアンには徹底的報復措置をとらなければならない。男も女も子供も容赦すべきではない。殲滅することもいとわない。……この国にバッファローがいるかぎり、インディアンは集まってくる。イギリスからも国内からも、スポーツハンターを呼び込んで大会を開くのも面白かろう。(13)」

先住民を殺すのも、バッファローを狙い撃ちにするのも「スポーツ」だったのだ。

植民者たちの目にはミシシッピ河を越えた荒漠たる大地ばかりでなく、流れに沿って南下してニューオーリンズも視野に入るようになった。そして、ヨーロッパでの革命戦争で資金不足になったナポレオンとうまく話をつけて、これまで彼らが獲得した領土にほぼ匹敵する広さのルイジアナと呼ばれる地域を、一五〇〇万ドルで労せずして手に入れることができたのだ。

この超特大のぼた餅を味わう暇もなく、血気にはやる野心家たちは、一八三〇年にはさらに南のメキシコとの国境をはみ出して、当時まだメキシコ領であったテキサス地域にまで侵入していった。

時のジャクソン大統領はメキシコ政府にテキサスの買収を申し出たが、すげなく拒否されてしまった。そうこうしているうちに、すでにテキサスに入植している白人たちが武装蜂起して、一八三六年にテキサスは一方的にメキシコからの独立を宣言してしまったのである。

これらのアメリカ南部からの越境者たちは、当然のことながら、大勢の黒人奴隷を引き連れていたから、それは奴隷州のテキサスへの輸出でもあった。一八四〇年から五〇年代にかけて、この奴隷制をめぐって南部と北部の対立が厳しくなっていた折から、このテキサスという新しい「奴隷州」の出現は、北部の産業家の非難の矢面に立っていた南部の奴隷所有者にとっては、願ってもない「朗報」であったにちがいない。

「合衆国は、奴隷制の拡大を含んだ爆発的な膨脹への道を選んだ。膨脹こそがすべての問題を解決するという、十九世紀前半の合衆国の政治と社会を貫く最も基礎にあった潮流が、国内の南北間の対立や矛盾をあたかもかき消すかのように、奔流のように噴き出していったのである。(14)」

シュンペーターが言ったように、「拡張そのものを自己目的にする」のが帝国主義であるとするなら、拡張に次ぐ拡張を追ったアメリカ合衆国は、民主主義国にして奴隷制国にして、なおかつ堂々たる帝国主義国家であったのである。そして、南北戦争中の一八六三年に奴隷解放が宣言されてからは、それに足をすくわれることもなく、まっしぐらに帝国主義路線を進んでいくことができたのだ。

米墨戦争の戦果

少し筆が先走ってしまったので、一八四六年のアメリカの対メキシコ戦争の開始まで時計の針を戻すことにする。

その前年にテキサスは州として合衆国に正式に併合されていたが、このいわゆる米墨《べいぼく》戦争が始まるや、合衆国軍はメキシコ領深く進撃して、まずカリフォルニアを攻め落とした。

「カリフォルニアを獲得するのは朝飯前だった。植民地統治が機能する政府が存在するのでもなく、力の空白になっていたカリフォルニアには、小規模な軍隊を使っても勝つ。スペインとメキシコは現地を支配していなかった。彼らはこの世界の肥沃な土地に、種を蒔くことすらしていなかった(15)。」

この戦争以前に大統領のジェームズ・ポークは、カリフォルニアの買収をメキシコに申し入れていたが、戦勝の結果、ニューメキシコからカリフォルニアに至る気の遠くなるような広大な空間を、わずかな金額で合衆国が買収することを認めさせてしまった。

建国以来進められてきた西漸運動は、半世紀以上たって、ようやく太平洋にまで達することができたのである。

そもそもアメリカ大陸は「神から与えられた土地」であり、それを西に向かって文明化していくのは神から授けられた「明白な使命《マニフェスト・ディスティニー》」であるという言葉(ディスティニーは宿命や神意と訳されることもある）は、一八三〇年代から囁かれるようになったが、カリフォルニアやオレゴン州を獲得することによって、大統領や新聞がことあるごとにそれを胸を張って語るようになり、アメリカ人の領土拡張はキリスト教的使命感と結びつけられていったのである。

それにまた、アメリカ人の太平洋沿岸への到着を神が祝福するかのように、一八四八年にカリフォルニアで金鉱が発見されて、すさまじいゴールド・ラッシュが起こった。それから二、三十年の間に、たった二千人がまばらに散らばっていたカリフォルニアの人口は、十万人ほどに膨れ上がってしまった。

いまではすっかり忘れられてしまった米墨戦争について、現代アメリカの歴史家ブルース・カミングスは三つの意義をあげているが、その三番目とは次のようなものである。――「それはアメリカの戦争のやり方を示す最初の例であり、そのやり方とは、相対的に弱い相手を選ぶこと、それに国民を動員できる事件が起きるのを待つこと、あとは挑発すること」である。(16) これはなかなか意味深長な指摘であり、軍部などの日本の支配者がその戦法に気づかなかったことから、あとで見るように、日本は惨めな敗戦へと引きずり込まれていくのである。

それはともかく、すでに一八二〇年代から中国の広東に向かうアメリカの商船は年に三〇隻から四〇隻に増えており、ニューヨークやボストンの貿易関係者は、太平洋に面する良港としてつとにカリフォルニアに注目していた。そして、そのアジア貿易を支援するために、アメリカ海軍の艦船は太平洋を航行するようになり、一八三〇年代後半になると、中国から日本の近海にまで出没するようになったのだ。

このような気運のなかで、密かにではあるが着実に、あのペリー提督が率いる黒船艦隊が、日本を目指して近づきつつあった。このペリーの日本開国要求は、あのメキシコ戦争勝利の大きな余波であったのである。

「ペリーは、単に商業利益を代弁していたわけではなかった。ロンドンにある『不道徳な政府』の手の及んでいない世界の重要地に足を踏み入れて、『非キリスト教徒に神の福音』をもたらそうとしていたのである。(17)」

もちろん、そのようなペリーに託された「明白な使命」などは、当時の日本人には少しも明白ではなかった。

太平洋岸へのラッシュ

ゴールド・ラッシュが鎮静化するいとまもなく、鉄道ラッシュがやってきた。一八六九年にユニオンとセントラル・パシフィック鉄道が連結して、大陸横断鉄道が開通したのである。これによって大西洋と太平洋とは、近代的な力強いパイプによって結ばれることができた。しかも、それから一五年の間に、五本の平行路線が次々と競い合うように開通したのだ。いまやアメリカのどこからでも、思い立ったら太平洋岸に出かけられる。

しかし、このように太平洋が近づいたことは、かえってアメリカ人の閉塞感を強めることになった。というのも、これまでアメリカ人の前には無限のフロンティアが拡がっていて、ほやほやの移民でも競争の落後者でも、西へ西へと進んでいけば誰にも新しい土地を得て、自立した豊かな生活を営めるチャンスがあったのに、その神からの賜物であったフロンティアが行き止まりになってしまったからだ。波濤が押し寄せる太平洋岸は、そのようなアメリカ人には絶望の崖っぷちでもあった。

その一方で、アメリカ合衆国にとっては、大西洋のみならず太平洋にも足場を固めることができたのは、世界的な強国に踏み出すフロンティアが拓けたことでもあった。

海のフロンティアへ

一八九〇年の国勢調査が、「フロンティア・ラインが消滅した」と報告したとき、来るべきものが来たと思いながらも、アメリカ国内をパニックが襲ったと言われる。誰もが自由で、大きな夢を描いて、好きなだけ稼げる黄金の日々は終わってしまったのか。

しかし、このパニックはあくまでも心理的なものであり、一過性のものであった。というのも、十九世紀後半のアメリカは世界最強の工業国になっていて、これまでの農業のフロンティアに代わって、産業のフロンティアが大きく拡がっていたからである。この人工的な新しいフロンティアは夢も大きかったが、競争も激しかった。それでも、ビジネスの世界に飛び込んで自分の会社を設立したり、大企業の経営者になることもできたし、それもかなわなければ、地道に昇進や昇給を重ねていくこともそれほどむずかしくはなかった。

しかし、帝国主義的な志向を持っている人には、こんなことで満足できるはずがない。陸上でのフロンティアが消滅したら、その延長として、海上のフロンティアを開拓すればいいではないか、海にはまだ無限に拡張できる可能性が残されている、と彼らは主張した。

この「海のフロンティア」路線の最初の示威運動が向けられたのは、アメリカの内海のようなカリブ海の小国、キューバに対してであった。そのころキューバでは、独立を目指すゲリラ軍がスペイン政府軍と戦っていたが、そのゲリラ軍を支援するハースト系の新聞のキャンペーンに乗った形で、一八九八年に海兵隊がキューバに上陸した。ほとんど戦闘らしい戦闘もなくごく短期間に勝利したが、これは老植民地帝国スペインに対する宣戦布告でもあり、戦場は太平洋に移って、グアムなどスペイン領諸島を難なく占領した。しかし、フィリピンではゲリラ化した住民の抵抗に思いのほか手こずり、完全に制圧するまで三年もかかった。この戦闘では二万人ものフィリピン人の「暴徒」が殺され、二〇万人にのぼる市民が破壊や飢えや病気から犠牲になったと言われている。これはどんなに弁解しようとも、帝国主義戦争以外の何ものでもない。

この一連の米西戦争の勝利で、アメリカ合衆国は植民地を持たない「きれいな帝国」から、本物の帝国に進化したのである。そして、この戦争のドサクサに紛れて、かねてから狙っていたハワイを一八九八年に正式に併合し、そこに恒久的な海軍基地を作ったのだ。

このハワイこそが、これからアメリカが日本と激突する焦点になっていくのである。

帝国主義国家アメリカ

米西戦争の最中の一八九八年の七月、アメリカの駐英大使ジョン・ヘイは、中国の市場はそこに交易を求めるすべての国に等しく開放されるべきだという主張を、米英共同声明として発表することを提案した。それが「門戸開放ノート」と呼ばれるものである。そして、翌九九年の九月に、英・独・仏・露・日の五か国にその門戸開放の通牒を交付して、中国市場への進出を牽制しようとした。

いまや名実共に帝国主義国家となったアメリカの上院議員ベヴァリッチは、一九〇〇年にこう述べた。――「フィリピンの向こうには無限の可能性を持つ支那市場が待っている。我々は東洋に広がるこの絶好の機会を逃してはならない。我が人種は、世界の啓蒙を神から託されているのではないか。(18)」

「神の手」を振りかざす抹香臭さにもかかわらず、中国の奥深さを十分に承知していたアメリカは、短兵急に軍事行動は起こさずに、まず通商貿易に伴う進出によって古い壁をじっくりと突き崩していこうとした。それよりもずっと焦眉の急なのは、太平洋に勢力を伸ばしてきた日本にどう対処するかということであった。

十九世紀末、とりわけ日本が日清戦争に勝利した一八九五年以後に、明治政府が後押ししたこともあって、日本からの移民がハワイ島に続々と押し寄せていた。これに対して当時のハワイ政府が移民を制限したので、これはかねてから併合を狙っているアメリカの差し金によるものだとして日米関係が悪化したことから、日本側は移民を保護すると称して巡洋艦をハワイ沖に派遣した。このような動きがまた、アメリカのハワイ併合運動を活気づけたのである。

事実、アメリカが警戒を強めるほどハワイに住む日本人は増えていた。一八九六年に二万四千人であった日本からの移民は、四年後の一九〇〇年は六万人を越えて、ハワイの人口総数の四割近くを占めるまでになっていた。しかも、二十世紀になってからも増加の勢いは止まらなかったので、このままではいずれハワイは日本に乗っ取られてしまうという声が出てきても不思議ではなかった。それればかりか、アメリカがハワイを併合したあとで海軍基地を作ったものの、それもいずれ日本の根拠地にすり替えられてしまうと危惧する者も、政府や軍部のなかから出てきた。

太平洋はアメリカの西へのフロンティアであったばかりでなく、開国した日本の東へ向かうフロンティアでもあったのである。

日本人はそのハワイすら乗り越えて、アメリカの西海岸にも殺到していた。カリフォルニアでは日本人の排斥運動が起こり、一九一三年には排日土地法まで制定されて、日米関係が険悪な状況になるとともに、ハースト系の新聞が日本との開戦もやむなしと書きたてて、危機感を煽り立てた。

東西の焦点になったハワイ

このように日米間の緊張が高まるなかで、海軍軍人で海上戦の理論家でもある、アルフレド・マハンの著書や発言が、アメリカばかりでなく日本でも注目されるようになった。

このマハンをして一海軍士官から一躍世界的に有名にしたのは、一八九〇年に刊行された『海上権力《シー・パワー》の歴史に及ぼした影響』であった。これは海上権力の歴史やその構成要素を分析して、その目的は一国の制海権の確保と通商の支配にあると論じたもので、それほどセンセーショナルなものではない。

そのなかで特に私の気にかかるのは、次のような文章であった。──「防衛が一番弱い太平洋岸は、最も危険な仮想敵国から遠く隔たっているから、『わが小天地』に閉じ籠り、自らの資源だけでいつまでも暮らしていける。しかし、一朝この『小天地』が、中米地峡を貫く新通商路（パナマ運河）を通じて外敵の侵略をこうむるならば、アメリカ人もその迷夢から荒々しく目覚めさせられるであろう。」

この「最も危険な仮想敵国」とは、ドイツなどのヨーロッパの国か、それとも中国なのか日本なのか、この段階ではまだはっきりしていない。

その三年後に書いた『ハワイと我が海上権力の将来』になると、マハンの筆致はぐっと具体的になり、その焦点はハワイに定められている。――「ハワイ諸島はユニークな重要性を持つが、それは単に天与の貿易上の利点だけでなくて、海上支配の軍事的管制に有利な位置を占めているからである。」

なぜこれほど彼がハワイに注目したかといえば、一八九三年の一月に、ハワイをアメリカに併合しようとする白人勢力がハワイ王朝を倒して臨時政権を樹立したことで、ハワイの併合が現実的な問題になってきたからである。「海のフロンティアという海岸線の攻撃や守備にこれほど重要な要因が、ハワイのような一地点に集中しているのは珍しい。そして、もしわが国が正当に同地点を獲得しうるのであれば、それを獲得する必要性と重要性は、刻下の情勢によって倍加されるのである。」

ここでマハンが「刻下の情勢」と言っているのは、前にも述べたように日本からのハワイへの移民が急増していることを指している。

「ハワイの併合は、わが国がその国運の発展につれて、これまで満足してきた活動の範囲を越えて、海外に自らの勢力を拡張する必要性を感じるに至った最初の成果、象徴となるであろう。」

ここに帝国主義者の相貌を顕わにしたマハンは、「比較宗教学の教えるところによれば」と書いたあとで、きっぱりとこう述べる。――「我々は利己主義が正当な動機であることを認めようではないか。わが国の政策を偏狭な自己利益の追求に限定しようと望む人士がいるが、我々はそれに対抗して、度量の大きな自己利益を堂々と主張しようではないか。」(19)

かくのごとく、マハンは利己主義を動機とする「度量の大きな」帝国主義者であることを、自ら堂々と宣言したのである。

西洋と東洋の対決

一八九七年に発表された『二十世紀への展望』になると、タイトルからもうかがえるようにスケールが大きくなったばかりでなく、これまでの海上戦略論のなかから宗教論的・文明論的な色彩が濃厚ににじみ出てくる。

「東西二大文明の相違は、ロシアとイギリスのように共通の源泉から派生しているが発展段階が違っている、といった類のものではない。東西の両文明は根本的に異なった起源から発し、これまでのところ全然違った道を歩いている。」だから、「改宗が要求されるのだ」と軍人らしく率直に言ったあと、それでも「短期間のうちに宗教上の教理や実践がまったく一変するということは、ありそうもない」と断定する。

このように大上段にかまえたあと、マハンの目はすぐ現実に戻る。——「東洋は、西洋勢力による侵略の対象という受動的な存在ではなく、それ自体の活動力を持つものになった。……なかんずく、日本の驚くべき発展は、このことを最も明らかに示す証拠である。」

マハンは、日本についてはこれ以上多くは語らず、すぐ視線を中国に向ける。「(日清戦争における)中国の惨敗は、その人的資源の動員の仕方が拙劣をきわめたというだけのことであって、その潜在力は最上級のものであるという事実、つまり、中国の人口は巨大で同質的で、しかも急速に増加しているという事実を変えるものではない。」

彼の中国への評価は予想外に高いのである。「中国を長い間、一国として統合してきた諸要因が、将来においても堅固な国民的団結を保障するであろうと予想される。そして、この挙国一致の感情は、巨大な人口とあいまって、中国全体の運動に恐るべき重要性を賦与するであろう。」

二十一世紀に入った中国から鑑みるとき、これはなかなか先見性のある洞察ではないか。

二十世紀を目前にしたマハンにとって、「東洋文明と西洋文明のどちらが地球全体を支配して、その将来をコントロールすることになるのか、という重大問題を決定的に解決すべき時期が到来したのである。」

このような重大問題をどのように解決するか、というマハンが立てた設問に対する彼自身の答えは、至極明快であった。「キリスト教世界に課せられた偉大な任務とは、それを取り囲んでいる圧倒的に人口の大きな古代文明、とりわけ、中国、インド、日本の文明を懐柔し、それらをキリスト教文明の理想にまで高めることである。」

つまるところ、世界の人間をひっくるめてキリスト教の信仰のなかに丸め込み、地球全体をキリスト教で塗りつぶそうというのであろう。これはまた、なんという壮大な「宇宙的帝国主義」の夢だろうか。

しかし、マハンは宗教家でも思想家でもなく、海軍軍人であり、戦略の理論家であった。だから、彼の落ち着く先は軍事的なものにならざるをえない。

「思想の次元を異にし、共通の規範のない二大文明間のバランスが乱される危険に備えて、武力行使の用意がなければならない。……西洋文明の礎石をなす精神的信念が喪失に向かっているのであれば、軍備の必要はなおさらである。」やはり、最後に頼りになるのは、軍事的な力《パワー》なのだ。

そこで、よくよく世界を見渡せば、「太平洋こそが、アメリカの大陸帝国が西漸の進路に沿って伸長し、再び東洋と際会する舞台なのである。[20]」

まさしく、太平洋こそは、東洋と西洋が正面からぶつかり合う決戦の舞台になるのだ。キリスト教徒なら、「ハルマゲドン」と言うだろう。

「白い艦隊」の日本への来航

海外への膨脹を掲げて二十世紀最初の大統領になったマッキンレーが一九〇一年に暗殺されると、海軍次官を辞任したあと「ラフ・ライダーズ」という義勇騎兵隊を率いてキューバ上陸作戦を指揮した、シオドア・ローズベルトが新しい大統領となった。彼はかねがねマハンの戦略理論に心酔していたから、その海上戦力論も晴れてホワイトハウス入りすることになった。

一九〇六年にアメリカ海軍は日本を仮想敵とする「オレンジ作戦」に着手したが、それは日本の主力艦隊を決戦で撃滅して、西太平洋の制海権を握り、日本を国内に封じ込めるというマハンの考えをベースにしたものになった。

シオドア・ローズベルトは、一九〇八年にこう語っている。――「自分ほど日本との戦争を心配している者は他にいないだろう。……戦いを恐れない冷酷なまでの強い意志を彼らに示すこと、こうしたことが絶対に必要なのだ。だからこそ、白い艦隊を太平洋に派遣して、横浜に寄港させることにしたのだ。[21]」

この「白い艦隊」というのは、アメリカ海軍が誇る一六隻の主力艦によって編成したもので、一九〇七年十二月に大西洋ノーフォーク沖に集結したあと、サンフランシスコ、ホノルル、マニラを回航して、一九〇八年十月に横浜に入港した。その最大の狙いは、鳴物入りで大拡張している米海軍の実力を日本人に見せつけることで、ローズベルトが売物にしている「棍棒外交」を海で行くものであった。しかし、日本政府もさるもの、横浜では大々的な歓迎ぶりを演出したため、移民問題で緊張していた日米関係は一時的に好転したとも言われている。

ところが、この日本とアメリカの虚々実々の駆け引きを冷静な目で見ていた人物がいた。それはホーマー・リーというアメリカのジャーナリストで、一九〇九年に出した『無知の勇気』という著書のなかで、こんなことを言っているのである。

「今日の米国の海軍力は、戦争の際、太平洋に移動することすら能わざるなり。現に最近一六隻の米国軍艦が世界周航の途に上るにあたり、二九艘の外国運送船を雇い入れたるが如きはその一例なり。[22]」

著者のホーマー・リーは、生まれはマハンより三十年以上遅く、その短い文筆活動をしたのはマハンの晩年にあたっているが、先輩のように学者臭がなく、よりリアルに日米関係の行き着く先を見ようとしている。

そこで、これからリーのこの著書に依拠して、緊迫する日米関係の展開を追っていくことにしよう。

日米海軍戦わば……

リーの現状認識によると、アメリカ人が未来のためにエネルギッシュに開拓に励んだ時代は終わり、いまやそれによって得た富を商業や金融に流用して、その富をさらに増やそうとしているが、国民こぞって安逸に走るあまり、国家を護ることすらおろそかにしている。——「国民が富み、傲慢となり、同時にその富を保存し、その倨傲心を支持すべき軍備を有せざる時は、真に危険なる地位に陥るなり。」

このようなアメリカ人の放漫ぶりにリーは警鐘を鳴らす一方で、太平洋の向こう側の日本に鋭い目を向ける。——「日本という島国全体の収入は、米国の一市の収入にも及ばず、全帝国の耕地は、イリノイ州の一半にも達せざりき。しかも、彼らは勃然として立ちぬ。その貧力を揮いて、この十年以内に地球上における二個の最も虚栄にして広大な帝国の臓腑を剔抉《てっけつ》せり。」これは日清と日露の戦争に日本が勝利したことを言っているのだろう。

それでは、日本とアメリカとのこのような差はどこから出てくるのだろうか。——「国民の理想において、日本の倫理的・人文的理想と、米国のそれとの如くまったく相反するものはあらず。日本には家父長的軍国主義なるもの行われ、個人はまず国家の用に供せんがために物を所有す。然るに米国に行われるものは個人の商業主義にして、個人はただ販売の目的を以て凡ての物を所有するなり。」

リーはこのように日本の家父長的な集団主義と、アメリカの民主主義的な商業主義を対比したあとで、日米の軍事的な対決が日本に有利な方へ傾いているという診断を下す。「露国に対して勝利を得たる以来、日本は無限の栄誉を負える活動を以て自任せり。即ち、太平洋を網羅して人類の大半を支配する所の将軍を以て自任せり。」

日米両国の現状をこのように概観したあとで、リーは切迫しつつある戦争に思いを馳せる。——「将来の戦争の原因は、日本が太平洋上に主権を握らんと予定せる希望を有するにあり。戦争に対する日本の進歩は、秩序的にしてその準備もまたすこぶる整然たり。」

かつての大陸国家アメリカは、米西戦争以来太平洋へ進出して、そのいくつもの要所を植民地にしているが、もし日本がそのアメリカ帝国に襲いかかってくるとしたら、どこに狙いを定めてくだろうか？——第五章の「日米海軍戦わば」あたりから、リーの叙述はますます具体性を強めてくる。

「米国が太平洋に有する領土の日本に対する価値いかんは、太平洋岸における日本の主権を決定するものなり。すなわちその領土とは、太平洋のアラスカ、中央のハワイ、南部のサモア、東部のフィリピン諸島これなり。」

それでは、もっと具体的に、日米海軍が死闘を演ずるのはどこなのか？——「その戦闘区域は、フィリピン諸島、ハワイ、アラスカ、ワシントン、オレゴン、カリフォルニアの各州ならん。」

日本は来たるべきアメリカとの決戦に備えて、綿密に作戦を練りあげ、訓練も重ねているから、「開戦に際して日本が米国の領地に出兵するの機敏なるは、恐らく本書に吾人が指摘するよりも以上なるべし。」さらに、「現今ハワイ諸島に日本軍の兵役義務を終えたる者は、米国の全野戦軍隊を超過せり。されば、宣戦後の二四時間において、この島を守護する米国の一大隊は直ちに全滅に帰せん。(23)」

それにしても、この最後のくだりは、日米開戦となった真珠湾奇襲攻撃の記録映画のフィルムを巻き戻して見ているようなものではないか。

ここで注意しなくてはならないのは、私たちが追ってきたホーマー・リーの著作は秘密出版ではなく、日本とアメリカの政治家や軍の幹部や参謀が、目を凝らして読んでいたということである。事実、カミングスによると、アメリカ軍の参謀本部は、リーのこの著書を真剣に検討していたということだ。とするならば、リーはアメリカ軍の体制や地政学的な弱点をわざと誇張して書いて、それに対して早急に備えるよう政府や軍の首脳に促す一方、日本にはその弱点で幻惑して先制攻撃に誘き寄せようとしたのではないか？……

その後の両国の対応ぶりを見ていると、私にはそのように思えてならない。

この著作を発表してから三年後の一九一二年に、ホーマー・リーは三十六歳の若さで亡くなり、日米両国の決戦の行く先を見届けることはできなかった。

シオドア・ローズベルトが退陣してからも、アメリカの大統領はタフト、ウイルソンと帝国主義路線を受け継ぎ、一九一四年に第一次大戦が勃発してヨーロッパが戦乱の巷と化すと、ウイルソンがその幕引き役を買って出て、戦後はアメリカがついに世界の頂点に立ってしまった。

そのアメリカも、一九三〇年代は長期の不況で痛めつけられて、かえって張り詰めすぎた生産力に余裕ができることになった。その間にも、太平洋の向こう側の日本では、予想にたがわず帝国の縄張りを拡げていたが、同じように海軍次官を務めてその名も同じフランクリン・ローズベルトが、中国市場での機会均等の要求や鉄や揮発油など輸出禁止で揺さぶりをかけながら、その日本を叩きのめす秘策を練りあげていた。

そして、この二人目のローズベルトに日本攻略のヒントを与えたのが、このアルフレッド・マハンとホーマー・リーであるように私には思える。

そんなことを知ってか知らずか、日本もまた、アメリカに激烈な一撃を見舞ったあと、巨体が立ち直る余裕を与えずに、本土深くまで攻め込む秘策を発動しようとしていた。

〈三〉なりふり構わぬ追撃――もう一つの「明白な使命」

短期間での近代化

アメリカからの脅迫的な要請によって日本が開国したとき、日本には近代国家の条件がほぼ整っていた。制度的にも感情的にも、国民は一つに結ばれていたのである。

身分はあっても隔絶したものではなく、能力や野心があれば百姓に生まれても、養子や入り婿で武士になることができたし、才覚のある商人は財の力で武士を跪かせることもできた。幕末の動乱期には、下級武士が家老などをさしおいて藩を指導した。

このように能力主義が働いていたから、国民はそこはかとない平等の意識を持つことができたし、身分を問わずに教育が重んじられていた。それは前近代社会では異常に高い識字率に現われている。

為政者の大名は、参勤交代で生涯の半分は江戸で暮らしたから、若いころから他の大名たちと交際が繁くて、支配者としての一体感を抱いていた。藩というのは分裂ではなくて、分割であり、明治維新には大名たちはこぞって為政者の地位から身を退いたから、廃藩置県もさほど波瀾なく実現できた。

開国によって近代化という明確な目標を与えられると、それには国家の存亡がかかっていたこともあって、国民はそれぞれの立場で欧米に追いつけ、追い越せと競い合ったのである。富国強兵とか殖産興業とかは、政府が与えたスローガンではなく、国民が努力すべき心得のようなものであったから、日本人自身が驚くほど容易に達成できた。明治十五年から二十年になると、軍事力でも経済力でも、まだ植民地か半植民地の状態にあえいでいるアジアの国々から飛び抜けて、欧米の先進国すら油断できない水準にまで達していた。

日本がこのようにやすやすと短期間に近代化に成功できた秘訣は、近代化そのものの中に隠されていた。というのは、近代化を生み出し推進してきたのは数理物理学的な論理と、機械を組立てて動かす技術であるが、それらは普遍的なものであるから、基礎的な知識と訓練を受ければ、誰でもそれなりに習得することも模倣することもできるものなのである。

そのためには持続的な忍耐がいるが、そうした根性は、日本人は長い封建時代にいやというほど鍛えられてきた。

それに、論理や技術の展開には広い範囲にわたって少しのむらがあってはならず、緻密な一様性が不可欠であるが、日本人はそのためのきめ細かい作業や集中力や連携プレイには、高度な適応力に恵まれていた。

欧米の先進国が数百年もかけてなしとげたことを、日本人はたとえそれに学んだとはいえ、わずか数十年でやってのけてしまったのである。

これは客観的には奇蹟に近いことであったかもしれないが、当の日本人にとっては、ごく当たり前のことを当たり前にしただけのように思えたであろう。

進歩の思想家　福沢諭吉

日本の近代化の指導者といえば、理論でも実践でも、福沢諭吉であることには衆目が一致するだろう。若くしてオランダ語と英語を習得した彼は、開国前にアメリカに二回、ヨーロッパに一回幕府から派遣されて、その実情をじっくりと観察してきた。

諭吉は啓蒙家であり、自由主義や民主主義の唱道者であり、教育家であり、自ら『時事新報』を設立して健筆を揮うジャーナリストでもあった。彼は近代化を急ぎすぎたあまり、無意識のうちにその思考パターンが西洋人より西洋的になったようにも見える。

このような傾向は、明治八年に諭吉が刊行した主著の『文明論之概略』にはっきり出ている。「モラル」＝徳を退けて「インテレクト」＝智を採った彼は、「徳義は一人の心の内にあるものにして、他に示すために働くにあらず」とする。その一方で、「智恵は外物に接してその利害得失を考え、……一度び便利となりたるものも、さらに便利なるものあればこれを取らざるべからず」と言ったあとで、「一度び物理を発明してこれを人に告げれば、たちまち一国の人心を動かし、その発明の大なるものに至りては、一人の力、とく全世界を一変することあり」と書いて、ワットの蒸気機関の発明をその例にあげている。

確かに智恵の働きはスピーディで、その及ぶ範囲も広い。それに比べて、「徳義のことは古より定まりて動かず。」キリスト教の十戒は二千年たっても十のままであり、儒教の五倫も何千年たっても五から増えも減りもしない。だから、「智恵を以て論ずれば、古代の聖賢もいまの三歳の童子に等しきものなり」ということになってしまう。

確かに、徳義はのろくて不効率で、ちっとも進歩しない。時代のしんがりに取り残されるのは当然であるが、そのおかげで全体をゆっくりと見渡すことができるし、自分の心を内省することもできる。それによって感じ取ったものを他人や社会や時代の動きのなかに置いてみれば、それがまずまず健全なのか、なにか変な方へ向かっていないか、行く手にとんでもない落し穴が待ち伏せていないか、などをぼんやりとながら推測することができるではないか。そして、危険な信号を察知したときには、多くの人がその証拠を持ち寄って討議を重ねたら、それを回避する「智慧」も出てこないとはかぎらない。

しかし、諭吉が書いているように、「今の世の文明、その進歩の途中に在れば、政治もまた途中に在ることは明らかなり。ただ各国互いに数年の前後あるのみ」(24)という情勢であったら、ぐずぐずもたついていれば、ずるずる引き離されていくばかりである。確かに、諭吉がこの文章を書いていた明治の初期では、「徳義」だ「内省」だなどと悠長なことは言っていられなかったかもしれないが、そうしたメンタリティが日本人の習性となり、惰性となってしまうと、危険の兆候がいつの間にか本物の危機になってしまうのである。

「政府は賢にして人民は愚なり」

『学問のすゝめ』とこの『文明論之概略』で一躍オピニオン・リーダーになった福沢諭吉は、明治十年から続々と多岐にわたる論説をパンフレットとして発表する。その中の『民情一新』はこの『概略』をさらに具体化したものである。

「蒸気船車、電信、郵便、印刷の発明工夫は、あたかも人間社会を転覆するの一挙動と云うべし。

……人間社会の運動力は、蒸気に在りと云うも可なり。」

文明のテンポアップにつれて、諭吉の思考もテンポアップしていく。――「今日に在りて文明を語るものは、万歳も謀らず、千歳を問わず、ただわずかに十数年の見込みあれば、熱心にこれに従事せざるを得ず。」

近代文明にとっては、まさに十年が一日の如しなりだ。――「わが日本は開国二十年の間に二百年のことを成したるにあらずや。皆これ近時文明の力を利用して然るものなり。」

しかし、これも文明開化に刺戟されたのか、世間では自由民権や国会開設を政府に求める運動が強まってくる。技術や経済の近代化とは違って、それが諭吉の不安をかき立てるのだ。

「政府と人民とはとうてい両立すべからざるものにして、文明の進歩するに従ってますます官民の衝撞《しょうどう》を増し、双方相互にその一方を殲滅するにあらざれば、その収局を見るべからざるが如し。(25)」

最後の一言は、民主主義のイデオローグとされる諭吉にはふさわしからざる言葉であるが、それが彼の本音であることはこれからおいおい明らかになってくるだろう。

明治二十一年に発表した『通俗民権論』には、テーマがテーマだけに、そうした彼の考えが露骨に出てくる。――「政府は智にして人民は愚なりと言わざるを得ず。愚者が智者に圧倒されるのは自然の勢いにして、結局政府と人民とその智力相互に拮抗するまで、民権を伸ばすの日のあるべからず。」

これは百年河清を俟つようなもので、そんな日がやってくるのはいつの日やら分からない。

「今にわかに有志者の集会を開いて国の政事を議するは、首府の地に二箇所の政府を立てるに異ならず。即ち今の政府の政権を分かちてその力を殺《そ》がんとすることとなれば、その趣はあたかも白刃を上段に構えて政府の正面に立ち向うが如し。」

ともかく、国民の代表が国会であれこれ議論して、それを政府にぶつけたりしたら、せっかく快調に動き出した文明のスピードがダウンすると言いたかったのだろう。国会の早期開設に、諭吉はあくまでも反対なのである。

この『民権論』と対をなす『通俗国権論』になると、諭吉の言いざまはもっと凄味が出てくる。——「（国際社会という）今の禽獣世界に処して最後に訴うべき道は、必死の獣力あるのみ。語に云く、道二つ、殺すと殺さるるのみと。」

これはいささかオーバーすぎて、さしてドスが利かない。「彼より我に対するに虚喝を用いれば、我より彼に対して実戦の覚悟を持ってすべきなり。」(26)

そういえば、この論説で彼は「虚喝」のほかにも、「虚威」や「虚号」という虚のつく言葉を多用しているが、欧米の帝国主義勢力がどんなに脅しをかけてきても、そんなものにはビクともしないぞという「虚勢」を張っているのであろう。このころには、帝国主義の直接的な脅威はそれほどでもなくなっていたからだ。

武力をもって隣国の進歩を助ける

明治十四年に発表された『時事小言』にはこんなことが書かれている。——「東西相互に相憐れむの友誼なし。然らば、即ち力を以て相抗敵するほか手段あるべからず。」

日本はもはや欧米の帝国主義勢力から脅かされるような存在ではなくなり、逆に脅かすような存在になっていた。とりわけアジアの国々に対して。

「東洋諸国……すみやかに我が例に倣いて、近時の文明に入らしめざるべからず。或いは、やむを得ざる場合においては、力を以てその進歩を脅迫するも可なり。」

この「力を以て進歩を脅迫する」とは、いかなることなのか？――それは翌年に創刊したばかりの『時事新報』に載せた『朝鮮の交際を論ず』という論説で明らかにされる。

「かの国、人心の穏やかならざる時に当たりて、わが武威を示してその人心を圧倒し、わが日本の国力を以て隣国の文明を助け進めるは、両国交際の行き掛かりにして、今日に在りては、あたかもわが日本の責任と云うべきものなり。……ついに武力を用いてもその進歩を助けんとまで切論するものは、ただ従前、交際の行き掛かりに従い、勢いにおいてやむを得ざるのみに出たるにあらず。今後世界の形勢を察して、わが日本のためにやむを得ざるものあればなり。」

この文章の、とりわけ傍点を付した部分をよくよく注意して読んでいただきたい。どこかで聞いたような憶えはないだろうか。アジアなどの後進国の文明化を促進するために、武力によって指導するのだというのは、あの「明白な使命《マニフェスト・ディスティニー》」の日本版ではないのか。

「この時に当たりてアジア州中、協力同心、以て西洋の侵凌《しんりょう》を防がんとして、いずれの国かよくその魁《さきがけ》を為して盟主たるべきや。」

アジア諸国の文明化に協力すると言いながら、その「盟主」としてそれらの国々を支配しようとしているのではないか。

その年の十二月に『時事新報』に載せた論説『東洋の政略果たして如何せん』になると、彼の野望はますますあからさまになる。

「兵器軍艦、銭を投じてこれを得べしとは、まさに今日において通用すべき言にして、わが輩は今より銭を投じて武備を拡張せんと欲するものなり。」まさしく「軍備の拡張は、一日も猶予すべからず」ということになる。「圧制をわが身に受ければ悪《にく》むべしといえども、我より他を圧制するは、甚だ愉快なりと言うも可なり。」

ついに彼の帝国主義者としての本性が剝き出しになったのだ。

「いずれの時か一度は日本の国威を耀かして、印度、支那の土人等を御すること英人に倣うのみならず、その英人をも窘《くるし》めて東洋の権柄をわが一手に握らんものと、壮年血気の時節、ひそかに心に約していまなお忘るること能わず。」

「日章の国旗以て東洋の全面を掩《おお》うて、その旗風は遠く西洋諸国にまでも吹き及ぼすが如きは、また愉快ならざるや。」

「アジアの東辺に一大新英国の出現する、決して難きにあらず。」

ここまできたら、私などがとやかく言う筋合いはない。

この論説の三年後の明治十八年に、あの有名な『脱亜論』が書かれた。

「国中朝野の別なく一切万事、西洋近時の文明を採り、独り日本の旧套を脱したるのみならず、アジア全州の中に在りて新たに一機軸を出し、主義とする所はただ脱亜の二字に在るのみ。」

ここに福沢諭吉は、意気揚々と脱亜主義を宣言したのである。

「わが国は隣国の開明を待ちて共にアジアを興すの猶予あるべからず。むしろその伍を脱して、西洋の文明国と進退を共にして、その支那、朝鮮に接するの法も、隣国なるが故にと特別の会釈に及ばず、まさに西洋人がこれに接するの風に従いて処分すべきのみ。[27]」

どこから見ても、西洋人・福沢諭吉の面目躍如たるものではないか。ついに日本人は「アジアの西洋人」になり、「黄色いヤンキー」になったのだ。

「北京まで攻め込め！」

諭吉の論調に後押しされるかのように、日本政府は軍備を拡充していったが、明治二十七年（一八九四年）の五月、待ちに待った好機が訪れた。朝鮮半島に東学党の乱という農民一揆が起こり、それを鎮圧できなかった朝鮮政府は、宗主国の清国に援助を求めたのである。それに応えて清国が朝鮮に出兵すると、日本人を保護するという名目で二日後に日本軍も出兵し、実力にものを言わせて保守派の大院君を政権につけてしまったから、日本と清国の対立は抜き差しならなくなって、八月一日に宣戦が布告された。

その三日前の七月二十九日、諭吉は戦争は事実上もう始まったとして『時事新報』にこう書いた。――「戦争の根源を尋ぬれば、文明開化の進歩を謀るものとその進歩を妨げんとするものとの戦いにして、決して両国の争いにあらず。……一種の宗教争いと見るべきなり。世界の文明進歩のためにその妨害物を排除せんとするには、多少の殺風景を演ずるはとうてい免れざる。」

この日清戦争というのはただの植民地獲得戦争ではなく、文明の進歩のための戦争なのである。福沢諭吉はあくまでも、日本の「明白な使命」にこだわっているのだ。

朝鮮半島での戦闘は、連戦連勝の勢いを示したから、新聞紙上での諭吉の筆も飛び跳ねる。――「(中国の）四億の人民をして日新の余光を仰がしめんとせば、是非とも長駆して北京の首府を衝き、その喉を扼して一も二も彼らをして文明の軍門に降伏せしめるの決断なかるべからず。」

開戦して十日後の八月十一日の論説では、「とりあえず満洲の三省を略すべし」と題して、次のように述べる。――「明春雪解くるの節を待ちて直ちに北京を陥れ、さらに進んで四百余州を蹂躙し、大いに日本の兵威を輝かすべし。」

戦勝報道に沸く『時事新報』は読者に戦費の醵金を呼びかけ、社主の福沢諭吉自身、署名入りで金一万円を醵金するとともに、紙面ではこう書いた。――「いかなる困難あるも、全国四千万の人種《ひとだね》の尽きるまでは一歩も退りぞかずして、是非とも勝たねばならぬなり。」半世紀後に、日本人がこのような危地に追い込まれることを、この時、彼は予感していたであろうか。

戦局は予想をはるかに上回るほど有利に展開して、開戦一月半後の九月十三日には北の平譲を陥れ、十月になると朝鮮半島から逃げ出した清軍を追って遼東半島へと進撃し、大連と旅順を占領した。こうした戦局を横目で見ながら、諭吉もつい筆が滑ってしまった。「その国土に生々する何億もの人民は、とりもなおさず何億もの動物たちと認め……」

あの『学問のすゝめ』の冒頭にある「天は人の上に人を造らず、人の下に人を造らず」という言葉を、彼は忘れてしまったのか。それとも、中国人は「人ではなく動物」であるとするなら、筋は通らなくもないが。私はフィリピン人を猿に見立てて虐殺した、アメリカ人を思い起こさずにはいられない。

中国が降伏を申し出たのに対し、諭吉はすげなくこう書いた。――「あくまで追窮していよいよ北京城に攻め入り、事実上彼の皇帝を擒《とりこ》にして、大臣親王以下を捕獲して、軍門に服せしむるの外なきのみ。(28)」

日清戦争は明治二十八年二月の北洋艦隊の降伏によって事実上終わり、下関条約が結ばれたが、その後の三国干渉などは周知のことなのでここには書かない。

「たといこの戦争に勝ちたる後とても、決して油断することなく、ますます兵士を養成し、ますます軍艦を製造し、日本国をして東洋はおろか世界においても屈指の軍国たらしむるの覚悟なかるべからず。[29]」

思想史的に見れば、自由主義者福沢諭吉の帝国主義者的な体質をあますところなく暴き出したのも、日清戦争の戦果の一つではあろう。

鉄血クリスチャン　内村鑑三

日清戦争に熱狂したのは、ひとり福沢諭吉だけではなかった。敬虔なクリスチャンの内村鑑三もまた、その例に漏れなかった。

宣戦布告の一日あとの『国民之友』に、彼は「日清戦争の義」と題する一文を寄せてこう書いている。――「吾人は信ず、日清戦争は吾人にとりて実に義戦なりと。……キリスト教国がその迷信と同時に忘却せし熱心は、吾人の未だ棄てざるところなり。」

内村鑑三はこの時まだ三十三歳で、血気に逸っていたのであろう。

「支那は社交律の破壊者なり。人情の害敵なり。野蛮主義の保護者なり。支那は正罰を免がるる能わず。」

ここにも野蛮を打ち砕く正義という「明白な使命」の臭いが残っているが、彼の場合はキリスト者らしくそれに「ヤハウェの怒り」が加わっている。鑑三にとっては、「孔子を世界に供せし支那」は、野蛮そのものであったのだ。

「文明国のこの不実不信の国民に対する道は、ただ一途あるのみ。鉄血の道なり、鉄血をもって正義を求むるの途なり。」

「鉄血宰相」という言葉は聞いたことがあるが、「鉄血クリスチャン」というのは私には初耳である。もっとも、キリスト教徒にはヤハウェの鉄血が流れていると思えば、それも言い立てるほどのものではないかもしれない。

十年後の日露戦争に、内村鑑三はもう一度大きな衝撃を受けた。――「キリスト教信者の最大多数が戦争の謳歌者であったことを見まして、私はいっそう深く今のキリスト教界なるものの、わが活動の区域でないことを覚りました。(30)」彼は『新希望』という雑誌にこう告白しているが、信仰そのものは揺るがなかったようである。

「東洋のことは東洋だけでやる」　勝海舟

日清戦争に勝利したことで、すべての日本人が躍り上がって喜んだのではない。その代表的な一人は、開戦以前から日本と清国との戦争に反対していた勝海舟である。

明治への平和的な政権交代の隠れもない功労者であった海舟は、明治八年に海軍卿も元老院議官も辞職して天下の隠居人になったが、それでも時の政府首脳にはずけずけと物を申した。明治十九年には伊藤博文首相に意見書を出してこう言っている。――「支那は隣国、殊にわが国の制度、文物ことごとく彼のものより伝来せし国柄ゆえ、今さら仇敵のように御覧なされず、信義を以て厚く御交際これあり度し。左候て国辱と申す義はこれ無き候。(31)」

開国後、思いのほか経済開発が順調に進んだことを鼻にかけ、イギリスの半植民地になっている清国を軽く見て、何かにかこつけて事を起こそうとする風潮が高まっていることに警告を発したのである。

『氷川清話』のなかで、海舟はこう語っている。――「日清戦争におれは大反対だったよ。……いったい支那五億の民衆は日本にとっては最大の顧客さ。また支那は昔時から日本の師ではないか。それで東洋のことは東洋だけでやるに限るよ。」

威海衛《いかいえ》海戦で日本が勝利したあと、敗戦の責任を取って自害した丁汝昌の業績を称えて、次のような彼の言葉を伝えた。――「わが国は貴国に比べると万事について進歩は鈍いが、その代り一度動き始めると決して退歩はしない。」

敗軍の敵将をこのように見るには、よほど度量が大きかったにちがいない。海舟は、諭吉のように中国人を蔑んだりはしなかった。「支那は機根の強い人が多いから、ズット前《さき》を見通して、何が起こったってギットしているよ。これはこういう筋道を行って終《しま》いはこうなるくらいの事は、チャント心得てやってるんだよ。」

中国との長期的な関係をどのようにしたらいいか、考えあぐねていた海舟は、たった一度の戦勝で上下をあげてはしゃいでいる「屑々《せつせつ》たる小人たち」を、苦々しく眺めていただろう。戦争の最中に彼はこんなことを語っているのだ。――「自分ばかりが正しい、強いと言うのは、日本のみだ。世界はそうは言わぬ。(32)」

このような日本人の独善と浅慮のなかに、海舟は近い将来における日本の転落を見通していたのではなかろうか。

渡良瀬川の鉱毒問題で古河鉱業や政府と身を挺して闘っていた田中正造も、日清戦争に反対していた一人であった。それでも、戦争が始まるといったん鉱毒問題の追及を中止したが、戦争騒ぎの陰で、政府が被害地を買収して金で解決しようと画策していることを知ると、また反対闘争を再開した。正造にとって、これは「政府を相手とする戦争」であったのである。

「日清戦争前後、足尾の東西南北山林盗伐し、大洪水、鉱毒地を拵《こしら》えたり。今回また利根郡山林乱伐中なり。この戦争後、またまた大洪水旧に数倍せん。これを停止するに勤めよ。」

彼は町村役場の職員たちにこのような書簡を送った。

「兵の強きは決して国民を代表すべきにあらず。兵は精なれども、国民は腐敗たり。一般の人民を言うにあらず、腐れたりとは、政治海の官民一般を言うのみ。(33)」――正造は友人にもこう書き送った。

勝海舟もまた、この田中正造の奮闘を注意深く見守っていた。――「鉱毒問題は直ちに停止のほかない。今になってその処置法を講究するのは姑息だ。まず正論によって撃ち破り、前政府の非を改め、その大綱を正し、しかして後にこそ、その処分法を議すべきである。……田中は大丈夫の男で、アレは善い奴じゃ。……文明というのは、よく理を考えて、民の害とならぬ事をするのではないか。それだから、文明流になさいと言うのだ。(34)」

日本は山林や田畑や河川ばかりではなく、人心をも荒廃させながら、戦勝の快い酔いを求めて、新たな戦争へと突き進んでいくのである。

メディアによって作られた共鳴装置

明治二十三年に国会が開設されて選挙が始まったころには、もう日本のマスメディアは満開状態で、『朝日新聞』を筆頭とする全国紙は、朝鮮半島やアジアへの進出機運を盛り上げていた。

そんなところに日清戦争の火が噴くと、各紙は従軍特派員を送り込んで生々しい報道合戦を演じたが、全体の三分の一近く四十人もの特派員で大攻勢をかけた朝日は、号外を連発して新聞界を制覇した。ちなみに『大阪朝日』の発行部数は、開戦直前の明治二十七年には七万部だったのが、戦勝後は一二万部以上になっていた。

実業界の指導者やインテリ層を読者とする福沢諭吉の『時事新報』も、それほどではなくても発行部数を増やして、彼の筆を活気づけた。明治三十年に諭吉は「戦勝の虚栄に誇るべからず」と題して、こんなことを書いている。——「我輩とても日清戦争の当時には、自ら狂せざりしにあらず。いな、他に率先して大いに狂したれども、戦争の終わりたる後に至りては、むしろ心配の種を増やしたりとて、大いに今後の前途を患《うれ》うるものなり。」

興奮が冷めて反省はしたものの、彼の本心はそれほど変わっていないようだ。——「わが国の軍備拡張は世界に知り渡りたる事実にして、騎虎の勢い、今さら躊躇は許すべからず。これがために借金も増税も辞する所にあらず、着々目的を達すべきのみ。(35)」

諭吉ばかりでなく、日本人の心にこんなに戦勝気分が漲ってしまっては、時折り新聞や雑誌に載せられる勝海舟の小気味よい政府批判も、ちょっとした雑音か一服の清涼剤ぐらいにしかならなかった。田中正造の足尾銅山との鉱毒闘争に至っては、あれほど大量の特派員を戦地に送った新聞社も、まったくと言っていいほど無視してしまったから、地元民以外にはほとんど知られなかった。

マスメディアから、このように大量かつ継続的に偏ったニュースを浴びせかけられることによって、日本人の頭脳の中には、一種の共鳴装置のようなものが埋め込まれてしまった。それによって日本人の心の波長はごく狭いゾーンに集約されていって、いつも大見出しつきで流される日本軍の強さとか、日本人の優秀さとか、アジア人の無能さとか、ロシア人の押しつけがましい図々しさとか、アメリカ人の思い上がった横柄ぶりとかといったようなもののほかには、反応できなくなってしまったのである。

こんな病弊が極端に昂進したのが軍部であった。その組織は盤石の堅牢さを誇り、幹部や上官の命令は絶対的で、統制された情報は末端まで瞬時に伝わるから、その共鳴装置の出力は強力無双にならざるをえない。しかも、憲法に規定された統帥権の独立によって、外部からの批判や干渉はいっさい封殺されていたから、その共鳴装置からは一つの声しか響かなかったのである。

ここからは、「鬼畜米英」や「討ちてしやまん」までは、ほんのわずかである。

〈四〉自らはまった罠——日本人が払った傲慢の代償

天祐頼みの日露開戦

開戦から半年あまり、眠りながらも「東洋の獅子」と重く見られていた清国を、日本はいともあっさりと打ち負かしてしまった。これには日本人が驚いた以上に世界が驚いた。ときの外務大臣陸奥宗光が『蹇蹇録《けんけんろく》』に書いているように、「日本はもはや極東における山水美麗の一大公園にあらずして、世界における一大勢力と認めらるるに至れり。[36]」

一時の狂喜から覚めてアジアを見渡してみると、北の帝国主義大国ロシアがシベリアから満洲、朝鮮半島へと勢力を伸ばしていた。一敗地にまみれた清国も、日本に対抗するためにロシアに接近し、遼東半島の旅順と大連の租借権や東清鉄道の敷設権をロシアに与えた。これによってロシアはシベリア鉄道を東清鉄道に繋いで、人員と物資を迅速かつ大量に満洲に送り込むことができるようになり、また、旅順に堅固な海の要塞を築くことができた。日本は日清戦争で得た果実をロシアにもぎ取られてしまったことになる。

一九〇〇年（明治三十三年）になるとロシア政府は、義和団鎮圧のために中国に投入した軍隊を満洲に転出させ、全満洲を占領しようとした。このようなロシアの動きにたまりかねた元老で陸軍首脳の山県有朋は、八月に意見書を出してこう述べた。──「朝鮮を以てわれの勢力区域に収めんと欲せば、まず露と戦いを開くの決心なかるべからず。ただこの決心あらば、以て北方経営の目的を全うするを得べし。」

日本はこのように北アジアの覇権をかけて、ロシアに決戦を挑む覚悟を固め、準備を進めていった。そして、参謀本部は日露両国の動員力や海軍力を比較したうえで、日本側に勝算ありという結論を出し、早期開戦を政府に求めた。

一九〇四年二月十日に日本はロシアに宣戦を布告したが、その二日前に連合艦隊は旅順港外に停泊していたロシアの太平洋艦隊を攻撃して制海権を確保していた。しかし、「日本の軍司令部は、最初の先制攻撃には周到な準備をしていたが、はじめから戦争全体の計画を立てていたわけではなかった。[37]」

なにせ戦争相手のロシアは、国土の広大さは言うに及ばず、人口は日本の三倍以上の大国であり、ヨーロッパの先進国からは遅れているとはいえ、軍隊はその装備も訓練も近代化されていて、なかでも陸軍は予備役も含めて二五〇万の兵力を誇り、世界で最大規模であった。

このような途方もない国を相手取って、国家の存亡を賭けた事を起こすにあたっては、その軍事力はもちろん、工業力や輸送力や資源量、それに政治体制や社会情勢について、情報を集めそれを綿密に分析したうえで、長期的な作戦計画を立てなければならない。それなのに、運を天にまかせて戦いに突入していくのは、一度や二度は天祐に助けられて成功することはあっても、それが何度も続くわけがない。そのうちいつか、猛烈なしっぺ返しを受けるにちがいない。

それでも、政府に情状酌量の余地がまったくなかったのでもない。日本も建前上は立憲国家であるからには、選挙結果に影響するマスメディアの動向を気にしなくてはならず、それが全紙あげて政府に早期開戦をせっついたのである。

なかでも最も激しく煽ったのは、露清密約をスクープした朝日と時事で、朝日のごときは、「大将にして総理大臣たる桂（太郎）氏の佩ぶるところのサーベル、果たして鉄なるか鉛なるか」などと政府を責め立て、速戦速決ムードを盛り上げていった(38)。

このころ「対外硬」という文字が新聞紙面によく現われるようになった。それは外国、特にロシアに対して強硬な主張をぶつグループを指したが、「対外硬同志会」や「全国同志記者同盟会」などができて、後者には当時のスター記者たちも名を連ねた。彼らの論調に圧せられて、日本の新聞読者層はこぞって「対外硬」になり、脳細胞がカチカチに凍結して、あの共鳴装置は「速戦速決」という一つの声にしか反応しなくなっていたのである。

「血の日曜日」による打撃

このように一つに収斂した声に煽られて日露戦争の火蓋が切られると、鴨緑江で対峙した緒戦で日本軍が防衛線を突破して、数に勝るロシア軍に目ざましい勝利を収めたために、ロシア軍の士気は急速にしぼんでしまったという。この敗戦のショックが尾をひいたのか、開戦から半年後の八月に遼陽の平原で激突した大会戦では、日本軍の倍近い二二万の兵力を擁しながら、ロシア軍は一週間ほどで総退却してしまったのである。

機動力がものをいう大会戦では、統率のとれた日本軍がロシア軍を圧倒したが、旅順港の高台に構築された要塞の攻略には苦戦を強いられた。この旅順港は日清戦争後に日本に与えられたものを、三国干渉でロシアに横取りされたとして、日本軍にとってはその復讐戦であり、士気を奮い立たせて何度も総攻撃を繰返したが、その都度重火器を浴びせられて撃退された。そして、六万人近い多大な犠牲を払い、半年もの時間をかけたうえで、一九〇五年一月にようやくロシア軍を降伏させることができた。

しかし、この旅順攻防戦の勝利はただの戦勝だけではなかった。というのも、ロシアの首都ペテルブルグでは、学生たちの反政府デモが盛り上がっていた最中に、この旅順陥落のニュースが伝えられたために、貴族指導者たちの無能や腐敗ぶりが暴露された形になり、ツァーリ独裁体制への不満が一気に高まったからである。一九〇五年一月二十二日の日曜日、そのツァーリに誓願するために、冬宮に向かってデモ隊が延々と行進していった。

警備していた軍隊が、このデモの行列に一斉射撃を浴びせたために、人々はバタバタ倒れて、広い街路はたちまち血の海となった。この史上に名高い「血の日曜日」の惨劇によって、社会不安がロシア全土に拡がり、ツァーリ独裁体制の根幹が揺るがされた。それは一二年後のロシア革命の前触れとなり、その導火線が無気味な音たててくすぶり出したのである。

その年の五月にバルチック艦隊が日本海で撃滅されたが、これらユーラシア大陸の西の端と東の端で起きたできごとがツァーリ・ニコライ二世に及ぼした衝撃を比べてみると、やはり「血の日曜日」の方が大きかったように思われる。そして、これら二つが重なったことがロシアの戦意を喪失させて、日本は勝利の形で日露戦争の幕を引くことができたのである。

それにしても、戦争の最中にこのようにロシアで反政府運動が燃え上がるなどというのはまったく想定外だったので、日露戦争は薄氷の勝利であり、なおかつ僥倖の勝利だと言わなければならない。実のところ、日本はロシア以上に窮地に追い込まれていたからだ。

「血の日曜日」と日本海海戦の間の三月に、奉天で日本軍二五万、ロシア軍三二万が動員された大会戦となったが、包囲を恐れたロシア軍が退却して勝つには勝ったものの、すでに補給も兵力も資金量も限界に達していて、日本軍はもうこれ以上の持久戦には堪えられそうにもなかったからである。

そこで講和が模索されることになったが、どこに仲介を依頼するかのあてもなく、戸惑ったあげくにアメリカに斡旋を申し込んだところ、シオドア・ローズベルト大統領が引き受けて、六月九日両国に講和を勧告した。

戦局の見通しから、日本は賠償金と領土の割譲は放棄する覚悟を固めていたが、ロシア側が思いのほか強硬な態度に出てきたため、条約交渉は大詰めで難航し、ニコライ二世が樺太の半分は割譲してもいいと譲歩したことで、ようやく合意に達することができた。こうして、ポーツマス条約は九月五日に調印されたのである。

朝河貫一からの警告

それでは、すでに見たように日本の太平洋進出を危惧していたローズベルトが、なぜ日ロ両国の講和の仲介を買って出たのであろうか。これは私の推測にすぎないが、もし戦争が長引いて日本が最終的にロシアに踏み潰されたら、北東アジアは満洲も中国も朝鮮も日本もロシアに呑み込まれて、この強大化したロシアとアメリカは、太平洋で直接睨み合わなければならなくなる。このロシアに比べたら日本は小国で資源も乏しいから、しばらくは泳がせておいて様子を見ていればいい。――老獪《ろうかい》なローズベルトは、このように考えていたのではなかろうか。

ところで、その当時アメリカには朝河貫一という日本人の歴史学者がいたが、イエール大学の教授たちによる講和条約の草案づくりに一枚嚙むなど、交渉の早期妥結に動いていた彼は、一九〇八年に『日本の禍機』という著書を出して、自分たちが危地に立たされていることに気づかない祖国の日本に警告を発しようとした。確かに、賠償を取れなかったことに怒り狂った群衆が、日比谷の交番や新聞社を焼き打ちするなど、ナショナリズムが燃え上がる一方で、体勢を建て直しながら着々と軍備を増強した政府は、近隣のアジア諸国に対する横柄な言動も目立つようになってきていた。

「日本が行く行くは必ず韓国を併せ、南満洲を呑み、清帝国の運命を支配し、かつ手を伸ばしてインドを動かし、フィリピン及び豪州を嚇《おど》かし、兼ねてあまねく東洋を感服せんと志せるものなりと信ずるもの、比々（どれもこれも）しからざるはなきが如し。」

日本の勝利が見かけにすぎないのに、それを知らない日本人が、ロシアを倒したからには一等国の仲間入りしたなどと浮かれはしゃいでいるのを遠くから眺めていて、朝河はその前途に不気味さ以上のものを感じていたのであろう。

「日本自ら国運を危うくして東洋の一大禍乱を来たさんことは、必ずしも架空の予測にあらずして、日本国民の態度いかんによりては、そのかえって避け難きを断言するに躊躇せざるなり。」

朝河貫一の目には、このような日本に照準を合わせつつあるアメリカの動きが、よく見えていたのであろう。

「今や急激なる（米国内の）東洋論者が、自己に便なることは国内のあらゆる機会に、民心のいかなる偏見をも利用して、輿論を感化し、同時に議会の多数を制せんと勉めつつあることは、あに重大なる事情にあらずや。……国利派はその過激なるために、その勢力侮るべからず(39)。」

ともかくも、アメリカの「世界の強国」主義は、すでに事実となっているのである。

一九一四年夏にヨーロッパで第一次大戦が勃発すると、日本は火事場泥棒よろしく、ドイツ軍の守備が手薄になった膠州湾《こうしゅう》を襲い、青島港を奪い取ってしまった。こうした日本の挙動にアメリカで批判が高まるのを座視できなくなった朝河は、自分のアメリカへの渡航を援助してくれた時の宰相大隈重信に、手紙を書いて次のように訴えた。——「日本は敵の弱きに乗じて、復仇及び土地強奪のために兵を動かすものと解釈され候。……これによって、支那に対する同情と日本に対する反情と共に加わり候。日米関係の上より言うときは、この如き点こそ最も根本的に候えば、将来に対する関係きわめて大と存じ候。」

首相とはいえ、薩長の藩閥に負い目がある大隈には、朝河の言い分を容れるような余裕はなかった。それどころか、ヨーロッパで死闘が演じられている隙に、体力と自信を回復しつつある日本は、翌年の一月に、中国に対するいけ図々しい内容を盛り込んだ二一カ条の要求を、この大隈内閣が突きつけたのである。自分のまわりにいるアメリカ人が、日本が事々に中国とアメリカに衝突して難局に立ち、誇大妄想から疲弊衰弱するのを望んでいるのに気づいていた朝河は、大隈に対してさらにこう書き送った。──「今後日米間の関係を決する大事は、移民問題にあらずして、支那に関する日本の態度の誤解及び衝突にあるべきを信じ候。」これにも大隈がなしのつぶてであったのは言うまでもない。

日本は中国に軍事的な圧力をかけて、日本人の政治と軍事の顧問を置くという第五号を除き、すべての要求を中国に受諾させてしまった。

自分の無力を思い知らされた朝河貫一は、東京専門学校時代に教えを受けた坪内逍遙にも手紙を書いて、こうぼやかずにはいられなかった。──「大隈伯は局にあたってみれば、さほどの政治家とも見えず、世界の大勢のおもむく所を観て国民を指導することもせず、百年の好機を逸しつつあることは免るまじく存じられ候[40]。」

このような朝河貫一の感傷など関知することなく、日本はその破局に向かってあわただしく進んでいった。

日本人の「拡大されたエゴ」

第一次大戦の戦後処理と新しい秩序づくりをするヴェルサイユ講和会議に、日本は戦勝国の一員として颯爽と登場した。できたばかりの国際連盟の総会でも、かつての被抑圧国の代表として諸民族の平等を訴えるなど、かっこよく振舞った。その一方で、中国では民族主義や日貨排斥運動などを頭ごなしに弾圧しながら、どんどん権益を拡張していった。

一九二九年のニューヨークの株式市場の暴落から、世界不況が日本にも波及してくると、関東軍の将校たちは満洲での政治支配を強化して、その植民地としての基盤を確固たるものにしようと満洲事変を起こした。これに対して国際連盟は、関東軍が新たに占領した奉天などの三省からの撤退を要求するとともに、リットン調査団を現地に派遣して、その報告に基づいて日本軍の満洲からの撤退を勧告した。

こうして国際的な包囲網が狭まってくるなかで、日本は一九三二年三月に満洲国を独立させ、三三年三月にはついに国際連盟から脱退してしまった。

この日本にとって最後の連盟総会の千両役者になった全権代表の松岡洋右は、「我々は現に試練に遭遇している。ヨーロッパやアメリカのある人々は、二十世紀における日本を十字架にかけようと欲しているのではないか」と演説して、国内では喝采を浴びた。そして、ジュネーヴから凱旋将軍のように帰国した松岡は、ラジオの全国放送で「私は桜の花のように、いさぎよく散りたいと思ったのであります(41)」と悪びれずに語りかけた。

こうして世界に向かって賽《さい》が投げられると、自ら「大日本帝国」と名乗るようになった日本は、一九三七年に日華事変に火をつけて、正々堂々と中国大陸を侵略していった。

その三年後に政府は「日本の戦争目的」を満天下に公表した。――「今事変の理想が、わが国肇国《ちょうこく》の精華たる八紘一宇の皇道を四海に宣布する一過程として、まず東亜に日・満・支を一体とする一大王城楽土を建設せんとするにあり。その究極において世界人類の幸福を目的とし、当面において東洋平和の恒久的確立を目的とする。(42)」

近衛内閣はすでに「東亜新秩序声明」を出し、日本は「国家総動員」体制を脇目も振らずに着々と築いていった。

このころ、海の向こうから日本の動向をはらはらしながら見つめていた朝河貫一は、旧友の村田勤に宛てて、立て続けに手紙を書き送った。

「過去数年の日本外政の失は、禅味を欠いて、機械的・自縄自縛的に物を考えたことであり、勝・西郷もしくは伊藤ほどの透明すらなかったのです。」（一九三九・一〇・二二）

「小生は、今日の日本心（ママ）の惰性的・盲目的にして、臆病なるがために、両眼を閉じて禍難の深淵に馳せ向かいつつあるに、戦慄致しおり候。(43)」（一九四〇・九・二九）

この「自己自慢と崇物」にはまり込んだ日本人について、朝河は"Magnified ego"（拡大されたエゴ）が苦しまぎれに暴れまわっているように見ていたであろう。

ヨーロッパではすでに第二次大戦がたけなわとなり、ナチス・ドイツが東欧へ破竹の進撃を続ける一方、パリを占領してフランス政府をロンドンに追い出していた。近衛内閣で外相に就任した松岡洋右は、すでに結ばれていた日英同盟に代わる日独防共協定に続けとばかりに、一九四〇年九月に日独伊三国同盟に調印するなど、世界の檜舞台で派手な立ち廻りを演じていた。

日本だけではなく、地球上のいたるところで、"Magnified ego"が暴れまわっていたのである。

戦理を超えた奇襲

このような世界の動乱から超然と構えているかのようなアメリカは、日本に対しては表向きは

「門戸開放・機会均等」で攻め立てる一方、裏からは日米通商航海条約の破棄や、資産凍結などで締め上げてきた。

こうしたアメリカの動きから、そのうち戦略物資の石油が干しあげられてしまうのではないかと恐れた日本は、満洲の統治は一段落したとして、目標の重点を南方へと切り換えた。もちろん、ビルマやインドネシアの石油資源を狙ってのことである。一九四〇年九月に日本軍が鎮南関を越えて、仏領インドシナの北部に侵入すると、予想していたように日米間の緊張はとみに高まった。

松岡外相はその緊張を楽しむかのように、十月四日に『インターナショナル・ニューズ』の記者の独占インタビューに応じてこう述べた。――「アメリカが満足しきってのあまり、盲目的かつ強情に太平洋の現状維持に固執すれば、日本はアメリカと戦うであろう。なぜなら、現状を維持するくらいなら、滅びる方がましだからだ。」(44)

松岡は政府の首脳として、外国人に言うべきことの一線を超えてしまったのである。

ワシントンで日本の野村大使とアメリカのハル国務長官が「日米諒解案」をめぐってぎりぎりの交渉を続けているうちに、一九四一年七月にこちらも一線を超えて、陸軍が南部仏印へ進駐してしまった。「平和交渉中に冷や水をぶっかけられた」と、フランクリン・ローズベルト大統領が非難し、覚悟していたように在米資産の凍結や石油の禁輸を矢継ぎ早に打ち出して、日米交渉も中止してしまった。

日本はみずから好んで、自分を身動きできなくしてしまったのである。

もはや足掻けるだけ足掻くより手のなくなった日本軍は、九月に陸軍が兵力の動員と船舶の徴用に打って出たのに対し、アメリカの太平洋艦隊を奇襲する計画を進めていた海軍も、負けてたまるかと連合艦隊の戦時編成に着手した。

「連合艦隊のハワイ奇襲作戦には、危険きわまりないと海軍の軍令部が反対したが、『戦理を超えた作戦ゆえに、敵の想像をも超えている、故に成功の公算は大きい』と、艦隊から派遣された参謀は開き直ったという[45]。」

相手の目を南へ、南へと引き寄せておいて、一気に東のハワイをたたく。——これが奇襲の奇襲たるゆえんであろう。

なんぞ謀らん、これこそがアメリカの誘いの隙であったのだ。

しかし、マハンとホーマー・リーを読んでアメリカの出方をよく研究したと自負していた海軍の参謀にとっては、緒戦でハワイ基地の艦隊を撃滅して本土攻撃への突破口を開くというのが、作戦の常道であった。

ここで思い出していただきたいのは、この章の第二節で記したように、十九世紀半ばの対メキシコ戦争で試みて見事に成功したアメリカの戦争の仕方である。それは第一に戦うべき敵は相対的に弱そうなものを選ぶこと、第二にはその敵が仕掛けてきた攻撃で、国民を動員できるようになるまでじっと待つこと、そして第三には、挑発で誘き寄せた敵をしばらく泳がせておいたあとで、軍の主力をぶつけて一気に打ちのめすことであった。

こうした三つの原則を太平洋戦争に当てはめてみると、第一の「相対的に弱い相手」とは、中国ではなくて日本である。というのは、中国は茫漠として奥が深いのに、日本人は直情径行的であるうえに、国土にも人口にも資源にも限界がある。第二の国民の動員については、アメリカ人がいちばん激発するのは卑怯な不意打ちに対してであり、ローズベルトらの首脳は日本人にそれをさせておいて、メディアを総動員して世論を爆発的に盛り上げようとしたのである。第三の挑発ということでは、日米交渉を長引かせて日本人を焦らせる一方で、いちばんの攻撃目標になりそうなハワイの防備をわざと手薄にしておいたのである。

日本人はアメリカの仕掛けた罠にまんまとはめられながら、狙いすませた奇襲で憎っくきアメリカをやっつけた、と国をあげて万歳三唱していたのだ。

参謀本部の俊英たちは、アメリカ人が書いた教科書を研究して先制攻撃とか、主力艦隊がぶつかる大海戦で敵を撃滅するとかという戦術はたっぷり学んだものの、それらを経済力や国民性や政治制度などと絡めた戦略ついては、無知も同然であった。

生兵法は怪我のもとどころか、それが国家を破滅寸前まで追い込んでしまったのだ。慢心と惰性によって、日本人は自らその恐るべき罠にはまり込んでいったのである。

東西の激突点

ここで、この著作の原点に戻ってみよう。出発点の前提として、私は東西に伸びる二本の道を設定してみた。

東に向かっているのは細くて白い道で、その両側には怒りの火の河と貪りの水の河が流れていて、そこを通る旅人は、波立ち騒ぎながら道にのしかかってくる怒りの火と貪りの水に足を取られないように、バランスを取りながら細心の注意を払って歩かなければならなかった。

ここから東へ向かった道は、中央アジアから中国、朝鮮半島、日本へと伸びていったが、とりわけ黄河沿岸や満洲の荒廃した大地から吹きこぼれた土砂によって、両側の火と水の流れは痩せ細っていった。

この道の東の果てにある日本では、近代化によって道幅が広くなる一方で、両側の火と水の河はすっかり干上がって、そんなものがあったことすら意識されないようになってしまった。そして、その広い道はコンクリートで舗装されて、戦車や銃を担いだ兵隊を満載したトラックやブルドーザーがかしましい音をたてて行進していった。

太平洋に出るとその道も行き止まりかと見えたが、大量に建造した艦船を集めてその上に鉄板を敷き延べ、この船橋がさらに東へ東へと伸びていって、遙かに火山が噴煙をなびかせるハワイ諸島が姿を見せ始めたのである。

その一方、西へ向かった道はと見れば、砂漠や大河を越え、地中海はガレー船や帆船を連ねて渡り、イタリア半島からユーラシア大陸の西の果てまで伸びていった。この道は不思議なことに、どちらへ進んでも正義の神を祀ったエルサレムの神殿が幻のように現われ、道行く人たちを力強く励ました。群がり攻める蛮人を薙ぎ倒して道を広く整備していくと、こちらも大西洋にぶつかった。それもなんのその、コロンブスをはじめとする勇敢な船乗りたちが海路を拓いて、ついにアメリカ大陸に至った。

そこにも心のなかで祈っていたように、丘の上にエルサレムの神殿が聳えているではないか。勇気百倍した人たちは原生林を伐り倒し、先住民やバッファローを根絶やしにして、さらに西へ西へと進んでいき、今度は太平洋に出くわした。それでも、神からの「明白な使命」を信じる人たちは、洋上にニュー・フロンティアを築いてたゆまず西へ進んでいくと、こちらからもやはりハワイ諸島が波の彼方に浮かんでいた。

地球が丸いのであれば、東へ進もうと西へ行こうと、いずれどこかでぶち当たらねばならないが、それが椰子の葉がそよぐ常夏の楽園ハワイ諸島であったのである。

しかし、この東と西からの地球を一周しての歴史的な出会いは、その場にふさわしい平和的なものではなかった。東西からの両勢力はそこで激突して、ハニーブロンドの浜辺は血腥い戦いの場になってしまったのである。

シナリオどおりに最初に攻撃を仕掛けたのは日本で、真珠湾を奇襲して大戦果をあげたものの、それを待ってましたとばかりにアメリカは、ミッドウェーからサイパン、沖縄へと西へ攻め寄せていって、ついに、日本列島全体が怒濤に呑み込まれてしまったのだ。

「絶対矛盾の自己同一」としての皇室

寓話はこれくらいにして、また歴史の厳しい現実に戻ることにしよう。

朝河貫一は、一九〇八年に『日本の禍機』にこう書いていた。——「万一不幸にして日米が東洋において衝突することあらば、表面の真実の事情はいかにもあれ、また争乱の曲直はいずれにもせよ、表面の大義名分は必ず我にあらずして、彼にあるべきことなり。(46)」

もちろん、朝河の言う「大義名分」はアメリカ側から見たものであるが、日本にも大義名分がなかったわけではなかろう。それでは、日本の知識人たち、とりわけ哲学者とか宗教家とか言われた人たちは、日本の大義名分をどのように考えていたのだろうか。

日本の哲学者として真っ先に名があがるのは西田幾多郎であるが、彼に名声をもたらした『善の研究』を読んでみても、これが哲学であるかどうかは私にはよく分からない。「純粋経験」という現実からまったく切り離された世界を浮遊していた彼は、「国家」という言葉に感応して地上に降りてくる。

「我々の意識活動の全体を統一し、一人格の発現とも看做すべき者は国家である。……国家の本体は我々の精神の根底である共同的意識の発現である。我々は国家において人格の大なる発展を遂げることができる。国家は統一した一の人格である。(47)」

まるで国家あっての個人であり、彼は個人の人格よりも国家の人格を重んじているようではないか。それでもここでの国家はまだ抽象的で、その実体がはっきりしないが、西田が二六年後に出した『第三論文集』のなかの『種の生成発展の問題』になると、様相が変わってくる。

「自己自身を越え、自己自身を限定する現実は動揺的である。一面に混乱的であり、滅亡的である。」なにやら穏やかならざる雰囲気が漂っているが、それはこの年に始まった日華事変からの影響であろうか。

「一つの環境において、種々なる主体的なものが相対し、相争う。かかる関係は歴史的現実の個性的自己形成において成立し、時代は時代の方向を有つ。これに従うものは栄え、あるいは次の時代を担うものとなる。……深い大きな伝統を有する国民のみ、世界歴史的に生きるということができる。生々発展の伝統を有するわが国民は、思いをこれに致さなければならない。皇室というものは、かかる伝統の基礎となったものと思う。(48)」

瓢箪から駒というべきか、あの純粋経験の哲学からひょっくり「皇室」が出てきたのだ。

一九四〇年に岩波新書の一冊として刊行された『日本文化の問題』になると、時代の窮迫に押されたのか、抽象的な叙述のなかから、「皇室」が光彩陸離として浮かび上がってくる。

「絶対矛盾的自己同一的に自己自身を限定する世界は、自己自身を形成して行く世界、創造的世界でなければならない。」

「何千年来、皇室を中心として生々発展してきた我国文化の迹を顧みるに、それは全体的個と個別的多との矛盾的自己同一として、作られたものから作るものへと、何処までも作るというにあったということではなかろうか。……歴史において主体的なものは色々に変わった。……しかし、皇室はこれらの主体的なものを超越して、主体的一と個別的多との矛盾的自己同一として自己自身を限定する世界の位置にあったと思う。」

ここには西田特有の哲学用語と皇室という現実が入り混じっているので、それを解きほぐす必要があろう。まず後半の「歴史における主体的なもの」とは、蘇我氏とか藤原氏とか徳川氏とかの、ある時代の政治的支配者のことであるが、皇室はそれらを超越して、「主体的一と個別的多との矛盾的自己同一」なのである。つまり、国家と国民、共同社会と個別、一と多との矛盾は、皇室という超越的な存在によって「自己同一」になってしまうとされるが、それなら、これらの矛盾は絶対的なものではなくて、歴史的なものではないのか。哲学でも何でもない一と多との形式的な矛盾の上に、皇室が乗っかっただけのことではないか。

「我々の歴史においては、主体的なものは、万世不易の皇室を時間的・空間的なる場所としてこれに包まれた。」

「皇室というものが、矛盾的自己同一的な世界として、過去未来を包む永遠の今として……万民輔翼の思想でなければならない。」

西田はこのように皇室は歴史をも超越した「永遠の今」だと言いながら、それを歴史的に限定しようとしている。

「我々は我々の歴史的発展の底に、矛盾的自己同一的世界そのものの自己形成の原理を見出すことによって、世界に貢献しなければならない。それが皇道の発揮ということであり、八紘一宇の真の意義でなければならない。」

この「八紘一宇」などというものは永遠のものではなく、あの異常な時期に限られたものである。西田幾多郎は、これを本心からではなく時代の圧力に強制されて書いたと自己弁護するなら、そのような権力の矛盾のなかから出てきたものを焙り出すことこそが哲学というものではないか。その逆に、彼の哲学そのものが権力に焙り出されてしまったのだ。

西田はその翌年にも『国家理由の問題』という論文を発表したが、彼の権力に対するスタンスは少しも変わっていない。

「歴史的世界の創造ということが、わが国体の本義であろう。この故に内には万民輔翼であり、外には八紘一宇である。かかる国体を基として、世界形成に乗り出すのがわが国民の使命でなければならない。(49)」

哲学者西田幾多郎にとって、天皇中心の国体に寄与することこそが、「明白な使命」であり、大義名分であったのだ。

絶対無の他力哲学

西田と並ぶに哲学の双璧であると持ち上げられた田辺元も、現実から遊離していることにおいては西田に遜色しない。ただ田辺の場合は、ヘーゲルからの影響で弁証法的に考えようとしたことと、マルクスの社会主義に惹かれて唯物論を採り入れたところに、違いといえば違いがあろう。それでも、一九三七年に発表した『種の論理の意味を明にす』になると、西田と同じような国家主義的な色彩が濃厚に出てくる。

「自己が無に帰することによって、かえって主体的に現実そのものが全体として自己を満たし、自己即現実として無制約的普遍性が成立する。」

「理性的個人は世界精神の担い手として、世界審判者としての神の部分的代表となり、それぞれ世界歴史の審判に堪える如き国家の建設に従事するのでなければならない。」

田辺元には禅的な趣味があり、よく「無」とか「絶対無」という言葉を使うが、人間は無になるだけで普遍者や神の代行者になれるのか、そもそもそんなに簡単に「絶対無」になれるのかなどについてはほとんど説明されてはいない。ただヘーゲル流の「世界精神」の担い手として「国家の建設に従事する」というメッセージだけは明瞭に聞こえてくる。

日本が降伏してから二月後に書き、一九四六年四月に公刊された『懺悔道としての哲学』は実に奇妙な書物である。――「今や私自身が哲学するのではなく、懺悔が哲学するのである。懺悔が私の自覚を懺悔の行そのものにおいて課すのである。……まさに他力哲学である。……絶対無が私を復活せしめるにより、私には無限愛として体験される。」

彼にとって「絶対無」とは魔法のごときものであろう。ここでは、田辺が懺悔しているのではなくて、懺悔が懺悔しているのである。懺悔すべきは絶対無の哲学であり、それを大学で講じたり書物に発表したりした田辺自身でなければならないのに、懺悔が自動的に懺悔するというのは、なんという他力本願な責任逃れであろうか。

それにしても、「無」というものは絶対的であろうとなかろうと、その空っぽの中には何でも詰め込めるのだから、重宝なことこの上ない。戦争たけなわのころ「無」は普遍性であったが、敗戦にうち沈むと「無」は「無限愛」に豹変したではないか[50]。

自動装置《オートマトン》になったサムライ ――「悪魔の道」

それでは日本の宗教界、なかでも仏教界は、日本の軍国主義化にどのようにかかわったであろうか。

アメリカの仏教研究者、ブライアン・ヴィクトリアは『禅と戦争』のなかでこう述べている。――「日清・日露の勝利で日本が大陸に進出すると同時に、（浄土）真宗の開拓者的活動も何倍にも拡大した。一九一八年までに、本願寺派と大谷派は朝鮮半島で合わせて九二か所に布教所を設立した。さらに一九四一年までに、この両派は満洲で合わせて一四六か所の布教所を設置した。」布教意欲も企業家精神も旺盛な浄土真宗は、軍隊も顔負けするような植民地進出を果たしたのである。しかも、これらの大量に作られた真宗の布教所は、必要に応じて日本軍の宿泊施設にもなり、さらには日本の支配に反対する人たちを憲兵に密告することもしたという。

これらの植民地に出向いた仏教者のなかには、戦いは「釈尊と天皇に対する報恩」であり、日本の軍隊は「菩薩」であるなどと放言する者までいた。

沢木興道という禅宗の指導者は、『大法輪』という雑誌にこう書いた。――「日本も我が有、世界も我が有の中で、秩序を乱す者を征伐するのが即ち正義の戦さである。ここに殺しても殺さんも不殺生。この不殺生戒は剣を揮う、この不殺生戒は爆弾を投げる[51]。」

仏教者の最も心すべき不殺生戒すら、植民地では吹き飛ばされてしまったようだ。

それでは、禅宗の対外スポークスマンの鈴木大拙がどんなことを語っているか、太平洋戦争中に初版が出た『日本的霊性』で聴いてみよう。――「『大東亜』を引っくくって一つにして、それを動かす思想がどこにあるかと云うと、それは『日本』仏教の中に探るよりほかあるまい。……その中に流れている渾然たる日本的霊性なるものを見つけて、それを近代的思考の方向で宣布しなければならぬ。日本的霊性には、世界的に生きるものを包摂しているのである。」

大拙の言う日本的霊性とはなにやら霊妙なものらしいが、「大東亜共栄圏」とも関係しているようでもある。

「ただこの身の所有と考えられるあらゆるものを、捨てようとも留保しようとも思わず、自然法爾として大悲の光被を受けるのである。それが日本的霊性の上における神ながらの自覚にほかならない。」

仏ながらか、神ながらか分からないが、なまぐさの凡人にはこれもよく理解できない。

「日本人の存続が世界的に何か意味があって、その歴史的生成に何か寄与すべき使命を持っている、と本書の著者は確信している。[52]」

これなら私ごときにもよく分かるが、それでも、「日本人の存続だけが世界的に意味がある」、と言わんとしているのではないかなどと勘繰りたくもなる。

鈴木大拙は戦前の一九三八年に、『禅と日本文化』を英語で出版している。こちらはそれほど宣伝臭がなく、禅の持つ魔力によく迫っているように見える。(“devilish”や“destruction”という単語を何度も使っている。)

「偉大な仕事は、気が狂うほどでなければやりとげられない。それは意識のありきたりのレベルを突き破り、その深層に潜む力を解き放つのである。このような力は時に悪魔的にもなるが、疑いもなく人間業を超えていて、奇蹟をもたらすのである。」

禅が無意識のなかから引き出す「悪魔的な力」を、大拙は重んじているようである。「禅剣一如」と言われるように、それがサムライの剣の力に通じているからであろう。

「禅は二面の働きを持っている。一つはそれを持つ者に反撃するすべての者を滅ぼすこと、もう一つは自己保存の本能から現われるすべての衝動を犠牲にすること。その一つは愛国心、ときには軍国主義の精神と結びつき、もう一つは忠誠心や自己犠牲という宗教的な意味を持つ。前者の場合、剣は純粋かつ単純な破壊を意味して、力、時として悪魔的な力のシンボルとなる。」

剣の力は、軍国主義とその純粋かつ単純な破壊へと至り、悪魔が揮うものとなる。暴力が牙をむいて対峙する緊迫した時代のなかで、大拙は、ともすればその暴力に共感してしまいそうになる自分を怖れていたのではないか。

「こうして剣士たるものは、自分の意識に関するかぎり自動装置《オートマトン》になってしまうのだ。」自分の意志とはかかわりなく、敵に向かって剣が勝手に動いてしまうのである。「空なるものは心を持たない。敵に襲いかかる人間はもはや人間ではない、その手に握った剣は剣ではない。」もはやこの男は「悪魔の道《パス・オブ・デヴィル》」に入り込むほかはないのだ(53)。

禅の悟りとしては、これはあまりにも生々しい。

アジアを解放しようと「正義の剣」を振りかざして、日本人が奈落の底へ突き進んでいくのを見据えながら、鈴木大拙は、それに刃向うことのできない自分の空しさを鎮めようと、時代の悪魔的な力に自分に能うかぎり肉薄していったのであろうか。

ジョン・ダワーの『容赦なき戦争』によると、日本が悪魔にそそのかされるままに本土決戦に追い込まれていったころ、「連合軍のなかには、日本は絶滅に値するばかりでなく、絶滅しなければならないという見方が強まっていた(54)」ということだから、そのころ空襲で逃げまわっていた私などが、今こうして生きながらえているのが不思議に思えてくる。

無限の宇宙に憧憬して汎神論を唱えた十六世紀イタリアの哲学者、ジョルダーノ・ブルーノの言葉によって、この章をしめくくることにしよう。

「世界を混乱させ、世界を分裂させ、それを鉄と汚泥と陶土の時代へと導いたのは、『労苦』ではないか。この『労苦』は諸民族を車輪に据えて、彼らを高慢や好奇心や個人の名誉欲によって持ち上げたあとに、まっ逆様に突き落としてしまったのだ(55)。」

二十年以上前に私がローマのカンポ・ディ・フィオーリを訪れたとき、その名にあやかるかのように、何軒もの露店が色とりどりの切り花や鉢植えの花を店先に並べていた。

ローマ・カトリックに逆らったジョルダーノ・ブルーノは、一六〇〇年にこの広場で火刑に処せられた。広場の中央にすっくと立っている彼の銅像の頭巾をかぶったあたまに、鳩たちが入れ替わりたち替わり飛んできては羽根を休めているのを見ていて、しばしなんともいえない思いにふけっていた。

第七章　道の彼方に

〈一〉憎悪と絶望からの協調　——素晴らしい新世界か？

「一億総玉砕」寸前に

太平洋戦争が大詰めを迎え、サイパン島を占領して連合軍の勝利が確固不動となった一九四四年の夏、マッカーサー総司令官の幕僚たちが敗北した日本をどう処理するかについて議論した。彼の秘書で心理戦の責任者であったフェラーズ准将は、「日本への回答」という報告書のなかでこう記している。——「我々のなかには、日本人をすべて虐殺せよ、日本を事実上絶滅せよと主張する者もいる。アジアの戦争は大きな犠牲をもたらし、多くの人命を奪ったのだから、日本人をどうしようと残酷すぎることはないと。(1)」

肉弾戦の末、沖縄を制圧して日本本土が爆撃できるようになると、「もっと多くのジャップを殺せ！」とばかりに、B29の大編隊が都会の人口密集地に焼夷弾を雨あられと降らせて、非戦闘員を無差別に殺傷した。フェラーズ自身、「史上最も冷酷、野蛮な非戦闘員の殺戮」だったと後に回想している。

日本の抵抗に止めを刺そうとアメリカ軍は原爆を投下したが、それはあやうく思惑外れになるところだった。というのも、想像を絶する原爆の惨禍にもめげず、日本軍は徹底抗戦の構えを崩さなかったからだ。松代の象山の下を掘った地下要塞はほぼできあがっていて、天皇や皇族をそのなかへ避難させたうえで、そこを作戦本部にして本土決戦をする覚悟を固めていたのである。

米軍は沖縄の地上戦で多大の犠牲者を出していたから、本土決戦は望むところではなく、空からの爆撃と海からの艦砲射撃で住民を痛めつけながら時間稼ぎをして、広島と長崎に投下した試作品に続く新製品が供給されしだい、原爆投下を続行したであろう。それを迎え撃つ日本の武器としては、「一億総玉砕」という悲壮な美辞麗句しかなかった。

この「玉砕」というのは、六世紀の中国の史書に見える言葉で、翡翠《ひすい》のように美しく砕け散ることを表わし、それと対で使われる泥にまみれた瓦のように生きる「瓦全《がぜん》」と比べて、敗北の潔さを称えている。もしどたん場での昭和天皇の勇気ある決断がなかったら、私たち日本人は、放射能まみれの翡翠か瓦の破片になっていたであろう。

日本の戦争突入に最も大きな責任がありながら、腹も切らずに生き存《なが》えた人たちは、戦争犯罪者として裁判にかけられた。その二五人を厳しく糾問したキーナン主席検事は、次のような感想を残している。――「すべての者から、我々は一つの共通した答弁を聴きました。それは即ち、彼らのうち誰一人としてこの戦争を惹起することを欲しなかったというのであります。これは一四年にわたる止み間のない一連の侵略行動たる満洲の侵略、続いて起こった中国戦争、および太平洋戦争の何れにも右の事情は同様なのであります。(2)」

これらのA級戦犯のうち誰一人として「戦争を欲しなかった」というのが事実であったとして

も、また、誰一人として戦争を止めようとしなかったことも紛れもない事実ではないか。とするなら、日本ばかりか朝鮮半島や満洲や中国、それに東南アジアの一部まで焼け焦がしたあの戦争は、自然発火して自然鎮火したというのであろうか。

それとも、政治の最高指導者から軍人や官僚や経済人まで、責任ある立場の人間は揃いも揃って、重度の脳性麻痺や痴呆症になってしまっていたのだろうか。

そうではあるまい。天皇の錦の御旗を掲げて幕府と戦い、意外とあっさりと打ち倒すことができた薩長を中心とする政治家や軍人は、自分たちの実力に自信過剰になり、日清・日露の連勝でそれはますます過剰になっていった。そして、「神州不敗」とか「天壌無窮」とか「八紘一宇」とかのシンボル化した言葉で、自分たちが酔い、国民も酔わせながら、神がかりの快い戦争ムードに舞い上がっているうちに、気がついてみたら、「一億総玉砕」に追い込まれていたというのが、真相なのではあるまいか。

「超悪魔」から優等生に

日本が無条件降伏してしばらくしてアメリカの『フォーチュン』誌が行った世論調査によると、「アメリカ国民の一〇〜一三%は一貫して日本人の『絶滅』あるいは『根絶』を支持しており、同様の割合で日本敗戦後の厳しい処罰を支持していた」という(3)。

ところが、米軍が進駐していったん占領行政が始まると、アメリカ人の日本人に対する見方はがらりと変わった。叩いても叩いてもすぐ起き上がって食らいついてくる不気味な「超悪魔《スーパーデヴィル》」のような日本人が、直に接してみると、素直で向学心に富んだ生徒であることが分かってきたのである。そこで、昨日までの憎悪はどこへやら、アメリカ人持ち前の宣教師魂がうごめきだして、日本人に民主主義教育なるものを施してみたところ、たちまちその優等生になってしまったというわけだ。

これを日本人の方から見れば、「鬼畜米英」とは言っていたものの、アメリカ人を憎んで戦争したのではないというのは本音であり、民族の滅亡という絶望の淵から立ち上がると、心を開いてアメリカ人の長所を積極的に取り込もうとした。

それに、日本人にはもともと民主主義の素養も伝統もあった。もちろん、民主主義とはいってもアメリカ流の個人の主張の強いものではなく、いわば「集団的民主主義」、「隣百姓的民主主義」というようなものであった。それは自分だけが衆から抜きん出ればよしとするものではなく、それぞれに精いっぱい努力しながらも、他人や全体との協調を心がけようとするものであったのである。

そして、日本人は意識しなかったものの、この日本的民主主義こそが、資本主義的な大規模生産に最もよく適合するものであり、アメリカから導入した最新技術を使ってしゃにむに働いているうちに、ふと気づくと、日本の経済は戦前の水準をとっくに超えていた。それから高度成長路線を突っ走って、一九七〇年になるころには、唯一絶対の存在であるアメリカをも脅かすまでになったのだ。日本からの繊維製品や自動車の輸出は、アメリカからの度重なる自主規制の要求にもかかわらず勢いが止まらず、ついにドル・ショックを見舞われることになったが、その後も引き続いた円高もものかは、日本経済の奇蹟としか言いようのない進撃が衰えることはなかった。

ヨーロッパでは、日本と同じように敗戦で地にまみれたドイツが、その技術と堅実無比の国民性にものを言わせて、日本と先を競うように台頭してきて、周辺の諸国ばかりかアメリカすらも警戒させるようになった。このように日本とドイツが灰燼の中から経済強国としてのし上がってこられたのは、それぞれの国民の奮闘もさることながら、大戦後に構築されたきわめて安定した国際環境に恵まれたところが大きい。

悪の極限状態

第二次大戦が終わったとき、アメリカは軍事力でも政治力でも経済力でも、世界に突出した覇権国であり、盟主であった。このアメリカにしてただ一つ意のままにならなかった国があったが、それはスターリンに率いられる共産主義国家のソ連であった。大戦の終了間際に、スターリンは東欧の大部分を自分の勢力圏に囲い込み、それを部厚い鉄のカーテンで包み込んでしまった。ヨーロッパの戦後処理と降伏後の日本の処遇を決定するために、一九四五年の七月から八月初めにかけて開かれたポツダム会談でも、スターリンはことごとく米英に楯突き、掠め取った権益を譲ろうとはしなかった。

会談が始まった直後に、それまで地団太を踏まされていたトルーマン大統領に原子爆弾の実験に成功したという快報がもたらされた。かくなるうえは、あのスターリンの厚顔に目にものを見せてやろうと、トルーマンは原爆の実戦配備を急がせ、八月の六日と九日に広島と長崎の上空で最初の二発を爆発させた。その惨状を東京から急行した二人の外交官に知らされたスターリンは、さぞ仰天したことだろう。

しばらくしゅんとなっていたスターリンも、すぐさま反撃に転じて、アメリカに送り込んだスパイがもたらした極秘情報などを利用して、ひとまず原爆を作りあげると、一九四九年に実験の成功を世界に発表した。その間にソ連の核開発の技術者も育っていって、水爆の実用化ではアメリカを出し抜いて、アメリカをあわてさせた。それから米ソによる核の脅し合いと蓄積競争が始まったのは誰もが知るところであろう。アメリカのノーベル賞化学者のライナス・ポーリングによると、一九五八年の段階で、アメリカは原水爆を七万五千、ソ連はその半分ぐらいは貯蔵していて、アメリカだけでも地球を破壊するに足る十倍の量を保持していたという。

そのころ日本では、日米安全保障条約の改定が国をあげての大問題になっていて、まだ学生であった私は、自分で編集していた雑誌に安保特集を組んで、「奇蹟は始まった」という一文を寄せた。未熟なものであるが、その一部を以下に引用してみたい。

「人間は、その出現以来、飽くこともなく、悪に悪を積み重ねてきた。そして、その盲目的な悪の蓄積が、今日に至って初めて、一種の悪の『極限状態』とでもいうべきものを作りあげたのである。人類は、いまや自己の種族を完全に滅亡させるために、ごく少量の悪しか必要としない。ほんの少量の悪の添加だけで、『悪の極限状態』は直ちに破れ、原水爆の荘厳な祝砲が轟くうちに、地球は太陽系から永遠にその姿を消す。

人間は自ら蓄積した悪によって、自らの悪から疎外されているのである。(4)」

若気の至りで、表現がいささか生硬できざっぽいが、私の基本的な考えは、半世紀以上たった今も少しも変わっていない。ただし、それがそのまま当てはまるのは、超大国の核戦争だけだということをつけ加えなければならない。

それにしても、人間が悪そのものによってその悪を抑制しているとしたら、やむをえずであろ

う と何であろうと、人間は平和的に共存していくほかはない。日本が敗戦のどん底から経済成長によってなんとか復興できたのも、このような大国間の平和共存のおかげではなかったか。

確かに、第二次大戦が終了してから七十年以上過ぎても、人間は核爆弾を一発も落としていないし、大国が主導して多くの国を巻き込んだ大戦争も一度も起こしてはいない。それを一九四五年以前の七十年間と較べてみたら、その様変わりぶりは歴然とするだろう。その同じ時間に、人間は二度の世界大戦をはじめとして、ヨーロッパの強国によるアフリカやアジアでの植民地獲得戦争、日本によるアジア大陸の侵略戦争、それに露土戦争やバルカン戦争など、人間はほとんど絶え間なく戦い続けていたではないか。

そうした意味では、「悪の極限状態による悪の疎外」というのは、いまなお続いていると言ってもいいのかもしれない。

しかし、それは人間が悪から最終的に解放されたということでは決してない。通常兵器による局地的な戦争なら、人間はそれからも数え切れないほどやってきたし、いまなおどこかでやっている。東西両陣営が対決するイデオロギー戦となった朝鮮戦争やベトナム戦争では、核の引き金を引く一歩手前までいったではないか。それればかりか、超大国以外にも核兵器を保有する国が増えて、イスラエルとイランとか、インドやパキスタンとかの宗教や民族やイデオロギーで敵対関係にある国家は、核による先制攻撃も辞さない臨戦態勢にあるのである。

人間が核兵器の使用を禁欲しているからといって、人間がそれだけ善になったのではない。以前は重要な資源を獲得するためにしばしば戦争が起こったが、いまは全体として物資が豊かになったせいか、それだけを目的とした戦争はあまりない。現代の主戦場は物質的なものよりも、心理的なものである。自分たちの主張が受け容れられない、自分たちとは違った価値観を持ち考え方をしている、自分たちと違った宗教を信仰したり宗派に属している。――このような心理的な理由によって、狂信的ともいえる人たちは戦争という暴力に訴えているのである。

領土や資源をめぐる戦いであるなら、国家や民族はこぞって敵に立ち向かうから、その悪は一元化され、凝縮されて、誰にでも容易に把握することができる。ところが、このような心理的な戦いになると、正体がぼやけるうえに、悪は分散されてしまって、どのような敵がどのような組織をつくって何を企んでいるかなどは、専門の情報機関でもなかなか見定めにくい。

ここで私もまた、テロによるゲリラ戦に足を踏み込まざるをえなくなる。

「イスラム国」との非対称的な戦い

殉教とか聖戦というのは、現代のイスラム教徒の専売特許ではない。歴史をたどれば、あのイエス・キリストにしても、危険な時期に危険な場所に飛び込んで、わざと殉教したと言えなくもない。初期のキリスト教徒のなかには、そのキリストに天国で会おうと、ローマのコロシアムでの興行でライオンの餌食になった司教もいる。

勃興期のイスラム教徒は、布教のために「左手にコーランを、右手に剣を」を掲げて異教徒と闘ったが、そのジハードのなかで結果的に殉教することはあっても、殉教そのものを武器にすることはなかった。イスラム教の伝統に忠実なスンニ派は、いまをときめく「自爆テロ」などは否定していたのである。

この自爆テロに馴染みやすいのは、どちらかといえばシーア派であろう。カルバラーで待ち伏せされて受難した、ムハンマドの血を引くフサインを聖者《イマーム》と仰ぐシーア派は、殉教の悲劇に陶酔しやすい。その死を悼むアシュラーの祭りでは、信者たちはその裸身に鞭打ち、血まみれになって行進するのである。ときにはそれがいきすぎて死に至ることもあっただろうが、自殺そのものを戦いの武器とすることはあまりなかった。

「自爆テロ」という戦術は、一九八〇年代のアフガニスタンにおけるソ連軍との戦いにはまだ存在しなかった。それが出現したのは二十一世紀になってからのことで、二〇〇五年から六年ごろに急増したと言われる。それには二〇〇一年9・11のアメリカでの同時多発テロが影響したと思われるが、この自爆テロが作戦として本格的に取り入れられたのは、パレスチナやレバノンでのイスラエルに対する戦いであった。

ハマスやヒズボラというイスラエル軍とゲリラ的に戦う抵抗集団は、その軍事的劣勢を補う起死回生の手段として、自爆テロに頼るようになったのである。爆薬を満載したトラックがイスラエル軍の陣営に突入して、大きな被害を与えたのはそれほど古い出来事ではない。

二〇〇三年のアメリカのブッシュ大統領が火をつけたイラク戦争のあと、少数派のシーア派が政権を握ったので、それを不満とするスンニ派の人たちが隣のシリアに逃げ込んで、「イスラム国」なる奇妙な組織をつくった。それはイラクやシリアでかなりの領土を獲得して、カリフ制の行政機構を整え、国家を自称しているものの、まだどの国も国家として承認していない。そこへチュニジアやロシアから義勇兵が大量に流れ込んできて、この「イスラム国」はいまや自爆テロの総本山のようになり、世界各地に恐怖をまき散らしている。

得体の知れない「イスラム国」との戦いは、「非対称で不均衡な戦争」などとも言われる。周辺の国家の正規軍が攻め込んでも敵は住民のなかへまぎれ込んでしまい、その逆に、うかうかしているとどこからともなく奇襲攻撃や自爆テロを仕掛けてくる。ジル・ケペルが『テロと殉教』のなかで言っているように、「自爆テロは、イスラムとジハードを信仰する人々が持つ不敗の絶対兵器である。敵が所有する兵器は、ただ生きたいと思う者にしか有効ではない。だから、殉教を信じる者には役に立たない(5)。」

生きて恥をさらすより死ぬことを名誉と考える者、神を裏切って罰せられるより死んで天国に迎えられるのを望んでいる者を、いくら殺しても「戦果」とはならないだろう。

覇権国家アメリカへのダメージ

この「イスラム国」が対外的に公言しているのは「世界全体をイスラム化する」ぐらいしか見当たらないが、それは誇大妄想的な宣伝文句であるとしても、一時に何十人、何百人もの民間人を無差別に殺傷するのは、その過程における生け贄だと見立てているのだろうか。このように目的と犠牲が「不均衡」であることがまた、不安をかきたてるのである。

「イスラム国」の戦士たちは、マルコポーロの『東方見聞録』に出てくる「山の老人」に操られるシーア派の一派、イスマイール派の過激青年たちのように、大麻吸引《ハシュシュ》による楽園幻想のなかで自爆テロの暗殺を繰返しているだけかもしれないが、彼らは王とか宰相とかカリフとかの高位にある特定の人物しか狙わないのに、こちらは無辜の人たちをどれだけ巻き添えにしようと意に介さない。しかも、その指導者たちは最新の情報技術に精通して、複雑な戦略を組立てているようにも見える。彼らはユーチューブやツイッターにアクセスを持っていて、残虐なシーンや得手勝手なメッセージを流す一方で、パリのコンサート・ホールやサッカー場で自爆テロを実行させて、あとはマスメディアの報道合戦にまかせておけば、実戦さながらの迫力満点の映像を衛星放送の電波に乗せて、地球の隅々まで何度でもただで流してくれる。

このようにヴァーチャルとリアルがごた混ぜになって、どこまでが演出されたもので、どこからが現実に起こったことか見分けがつかないことが、恐怖を意識の奥底まで押し込むのである。

この「イスラム国」の攻撃を完全に封殺するには、第二次大戦で連合軍が日本とドイツに加えた絨毯爆撃しかないように思われるが、それはまたテロリストを地下に潜らせ、住民を難民化してテロを誘発することになろう。最も現実的な防止策は、「イスラム国」に地上軍を投入して、その司令本部や最高幹部を抹殺することであろうが、それには自国の兵士はもちろん住民を巻き込んだ多大な犠牲を覚悟しなければならず、世論の動向を気にしなければならない人道主義的な国家は、なかなかそこまでは踏み込めない。

無差別殺人という人道主義の盲点を衝いてくる敵に対して、人道主義的にしか対処できない「非対称で不均衡な戦い」では、先進国側に人道主義の縛りが解けるまでは、とても勝ち目はないだろう。

「イスラム国」の自爆テロには明確な目的がないから、いつまでたっても目的の完遂ということはありえず、その攻撃はだらだらと続くことになる。そして、先進国の人口密集地で自爆テロがやってのけられるごとに、アメリカ大統領をはじめ先進国の首脳たちは、「テロは断じて許さない」とテレビ・カメラの前で非難することぐらいしかできず、いたずらに国民を苛立たせるだけである。

このようなことが度重なれば、もともと目的のなかった自爆テロは、思ってもいなかった副産物を生み出すことになる。それはこれまで全能のごとき権威を誇ってきた覇権国たるアメリカが、この殺人鬼集団になんら有効な手を打てないことをあからさまにして、その面目を失墜させることである。

このダメージは、全世界の人たちにとって、計り知れないほど大きい。

〈二〉覇権なき覇権 ——中心を欠いた世界

覇権における道義

これまで私は「覇権」という言葉をなんの説明もなしに使ってきたが、このあたりでその何たるかをはっきりしなければならないだろう。

まず「覇」とは天下に覇を唱えることで、「覇王」とか「制覇」とか「覇道」という熟語で使われ、具体的には秦の始皇帝のように全国を統一して、その上に君臨することである。それはまたギリシア語の hegemon に対応して、端的に支配ないし支配者をも意味する。

覇者は支配するといっても、むき出しの権力によって支配するのではなく、それには道義が伴わなければならない。つまり、常に天下の安寧を配慮して、その秩序が乱れないように支配しなければならないのである。

ここに一つの疑問が出てくる。それは覇者の道義とはいっても、覇者自身にとって都合のいいものにすぎないのではないか、ということである。

それはまさに図星であり、覇者の振りかざす道義というものは、絶対的な正義ではない。覇者の道義とは自分の権力を維持するために必要なものであり、それによって全体の秩序を保とうとするのである。

そんな正義にもとる道義など投げ棄ててしまえといえば、潔いことはいいが、そうなったらなったで、群雄が割拠するのを堪えなければならない。

ここで、古代ヨーロッパに七百年以上も君臨したローマの道義について見てみよう。

「ローマの平和」（Pax Romana）というのは、ただの平和ではない。それはローマによる支配という「道義」を受け容れた者だけに赦された平和である。その支配を拒否した者に対しては、ローマは容赦なく力で滅ぼしてしまうが、それに恭順を誓う者には、ローマはその力によって保護するばかりか、ある程度の権利まで与える。こうしたローマの道義によって、あの「ローマの平和」は確保されていたのである。

ということは、ローマの支配が衰えることはローマの覇権が緩んで、人々は道義から解放されるものの、地中海を包む広大な世界がばらばらに動き出して、もはや全体としての平和が維持できないことになる。紀元後五世紀になると、ローマ帝国は辺境からイタリア半島にまで蛮族に侵入されるようになり、あの「永遠の都」ローマすら、彼らの土足に繰返し蹂躙されることになった。そして、四七六年に西ローマ帝国が滅亡すると、ヨーロッパ世界は千年近くも「中世の暗黒」に沈み込むことになる。

赤字に脅かされる唯一の超大国

第二次大戦後の世界で、かつてのローマのような覇者の役割を担ってきたのは、言わずと知れたアメリカであった。

アメリカはあらゆる分野で単独でも最強であったが、政治では国際連合、経済では国際通貨基金（ＩＭＦ）などを立ち上げて、その支配をより客観的かつ包括的なものにした。そして、それらを通して働く力がアメリカの「道義」となったが、戦争で疲弊した各国は、覇者たるアメリカの顔色をうかがい、その資金に頼らなくては何もできなかった。

しかし、この現代のローマともいうべきアメリカにも、共産主義を表看板にするソ連という目障りな存在があり、その「資本主義的道義」を批判していたが、国内では共産党の強権政治に不満が高まる一方で、計画経済が破綻して国民が貧困にあえぐようになり、一九九一年には共産党そのものが支配の座から追放されてしまった。ここにアメリカは名実共に唯一の超大国になり、どこからも文句のつけようのない覇権国家になったのである。

しかし、ようやく確立したアメリカの覇権も、すぐさま動揺をきたすようになった。はやくも一九六〇年代の末からアメリカ経済の変調が目立つようになり、貿易赤字の累積はニクソン・ショックなどの政治的な強行手段で切り抜けたものの、一九九〇年にイラクのフセイン大統領がクウェートに侵攻すると、それを撃退する自由陣営の十字軍の戦費をアメリカは単独で賄うことができず、日本などに支援を要請して、その経済の弱体化が露呈してしまったのである。

このようにアメリカの覇権を掘り崩していったのは、ほかでもない、アメリカが手厚く援助した敗戦国のドイツと日本の経済的復興であった。この二国は安くて良質の製品をアメリカに大量に輸出して、その富を蚕食していったが、まだアメリカの覇権にとって代わるにはほど遠い。

ドイツはフランスと手を組んでヨーロッパ連合（ＥＵ）を結成し、ヨーロッパ共通通貨（ＥＵＲＯ）を創出して、アメリカに次ぐ第二の政治・経済圏を出現させたが、まだナチスの後遺症を引きずっていて、世界に号令をかける覇権国としては実力も信頼感も不足している。

日本に至っては、刻苦して蓄積した厖大なドル資金を、アメリカが演出した金融危機でごっそり持っていかれたあげく、すっかり自信を喪失してしまった。日本が強いのは個々の企業だけで、それらの力を統合する意欲も野心も下心もない。

日本もドイツも、どこかアメリカのクローンのようなところがあり、腰を入れてアメリカに立ち向かっていけそうもないようだ。

アメリカの覇権は、あちこちで虫食い状態になっているものの、その骨格は意外と丈夫そうで、よほど異質で強靱な力が加えられないかぎり、まだ簡単には崩れそうもない。

内部から崩壊したローマ帝国

ここで、現代のアメリカの覇権の状況を、ローマ帝国末期のそれと比べてみよう。当時のローマには、直接脅威を及ぼしそうな隣接する強国は、ササン朝ペルシアぐらいしか見当たらなかったが、大軍を率いたローマ皇帝が敵地深く攻め込んで捕虜になったことはあったものの、相手側から侵略してくるような動きはまったくなかった。西や北の国境を越えてゲルマンやスラブの蛮族がなだれ込んではいたが、すぐにもローマの存立を脅かすほどのものではない。ローマの真の敵はその内部にいる、飽食して惰弱になった市民たちであった。彼らは危険な戦場に身をさらすのを避けるようになり、それを蛮族から集めた傭兵に代行させるようになったが、その給料すら遅配や欠配続きで、不平たらたらの傭兵隊は隙あらば反乱に立ちあがろうと手ぐすね引いていたのである。

そうした危険を最もよく察知していたのは、皇帝をはじめとするローマの支配層であった。そして、箍《たが》の緩んだ行政機構や軍隊を締め直すのに選び出されたのが、そのころ躍進著しいキリスト教徒たちで、皇帝は気前よく彼らの宗教を公認したばかりでなく、税金や不動産で優遇までした。そのあげくに、キリスト教をローマの国教にしてしまったのだ。

ローマとキリスト教ほど異質なものは、そんなにざらにあるものではない。一方は寛容で享楽的で開けっ広げであるのに、他方は偏狭で禁欲的で閉鎖的である。確かに精神的には異質さが目立つが、一歩下がって組織の面からみると、これがまた驚くほどよく似ている。それも当然といえば当然で、厳格な中央集権制でも、階級の上下のヒエラルヒーでも、迅速な情報伝達でも、キリスト教側はローマのそれを真似て自家薬籠中のものにしてしまったからである。それどころか、教皇を頂点とするローマ・カトリックの組織は、ローマ帝国よりも規律正しく非情なものになっていったのだ。

こんな具合だから、あのローマ帝国が姿のはっきりしない、剃髪した黒衣の集団に骨抜きにされ、乗っ取られてしまったのも、いくらかは納得できるだろうか。

あの不滅のごとく見えたローマ帝国も、外部からの敵の攻撃によるよりも、その内部における力の縮減や攪乱によって自壊していったのである。

それにしても、ローマ帝国とローマ・カトリック教会とは、組織や機構で共通する要素が多かっただけに、思いのほかスムーズに権力の移行ができたのではあるまいか。

借金大国にして超大国

現代のアメリカ帝国には、いますぐにも覇権を覆しそうな強力な敵は見当たらない。ローマ末期の蛮族に相当するのは、さしずめ中近東のイスラム教徒であろうが、彼らはずっと以前から文明化されていて、イスラエルとは戦うことはあっても、アメリカの覇権に挑戦するようなことはまずなかろう。「イスラム国」は獅子身中の虫ではあるが、アメリカにとっては虫であることには変わりない。

二十一世紀に入って、アメリカは、未来への道をはっきり見定めにくくなった、というよりも、見定めたくなくなったような気がしてならない。これまでことあるごとに、他の国々に対して文明化や公正さを言い立ててきたアメリカが、最近はその点で妙に静かになってしまった。堅苦しいキリスト教的道義にこだわるアメリカの押しつけがましさが、私にはうるさく感じられたが、もの分かりがよくなってそれがひっ込められると、かえってさみしくもなる。あの堂々たる「明白な使命《マニフェスト・ディスティニー》」は、アメリカ人自身にもあまり明白ではなくなってしまったのだろうか。奴隷国家の現代版のような北朝鮮が核武装して、大気圏外までミサイルを飛ばしても、アメリカは制裁を口にするだけで指一本動かそうとはしない。

アメリカが神の高みから世界を見下すのをやめてこんなに謙虚になったのは、世界の警察官の役を果たすのが重荷になり、わずらわしくもなってきたからであろう。

一九九〇年に米ソの冷戦が終結したとき、アメリカの軍事予算は他のすべての国のそれを総計したものにほぼ匹敵していたから、アメリカの発言にはそれなりの迫力があったが、それなりのコストもかかった。「世界中に八〇〇以上の軍事基地を擁する強大な軍事プレゼンスを維持するための財政負担は、二〇〇六年にはGDPの六・五％を占め、巨大な経常赤字の原因となった。[6]」

もちろん、アメリカは二十一世紀になって突如として赤字大国に転落したのではない。アメリカが覇権国になって二十年もしない一九六〇年代に、軍事費や経済援助でアメリカの国際収支の赤字が目立つようになり、一九七〇年になるとそれに貿易収支の赤字がつけ加わるようになった。それから年を追うごとにアメリカに経常収支の赤字は積み上げられていったから、一九八六年にはアメリカの対外資産から対外負債を引いたもの、即ち「対外純資産」なるものはゼロになってしまったのである。

圧倒的な生産力で第二次大戦以前から蓄積されてきたアメリカの貯金は、もう三〇年も前にすっからかんになってしまっていたのだ。

覇権国といえども貯金がゼロになって赤字が止まらなければ、外国からの借金でそれを穴埋めするほかはない。それが経常赤字の累積であり、つまりは「対外純債務」が膨れ上がっていかざるをえないのである。

それでは、アメリカが外国から借金した総額＝純債務はどれくらいになるかということだが、これがいっこうにはっきりしない。少し古い数字で恐縮だが、アメリカの商務省がぽろっと洩らしたところによると、二〇〇三年末には二兆四五〇〇億ドルになったが、国際経済学者吉川元忠氏の試算によると、アメリカの純資産がゼロになった時点から二〇〇三年までに累積された経常赤字は三兆六四〇〇億ドルであった。[7] これがアメリカの純債務の正体であるとするなら、商務省の発表より一兆ドル以上も上まわることになるが、それは誤差というにはあまりにも大きすぎる。

もっとも、何でもうるさくほじくり出すマスメディアも、覇権国アメリカの赤字は赤字ではないと思い込んでいるのか、思い込まされているのか、それとも国際的な箝口令がしかれているせいか、このアメリカが抱える巨大借金についてはだんまりを決め込んでいるから、私など門外漢に正確に分かるはずがない。

とはいうものの、アメリカの外国からの借金がその後どうなったか気になったのでインターネットで調べたところ、商務省のホームページに掲載された統計表が見つかった。(8)それからは色々なことが読み取れるが、アメリカの経常赤字は二〇〇三年以降も年平均で五五〇〇億ドルも増え続けて、統計の最終年次の二〇一一年までに五兆ドル余り累積している。こうした赤字は吉川氏流に計算すれば、そのままアメリカの対外純債務に上積みされて、一一年の純債務は八兆五千億ドル以上になっているはずなのに、この表では対外純債務の欄には四兆ドル強と記載されている。こうした二つの数字の間の四兆五千億ドルもの巨大な差額がどうして生まれるかは、吉川氏ならずとも疑問に思わずにはいられない。そのカラクリはすぐあとで解くことにして、まずアメリカが外国からの負債をどのように処理しているか見てみよう。

いかなアメリカといえども赤字は赤字、借金は借金であるから、外国から資金をかき集めて穴埋めしなければならず、もしそれができなければ国家破綻ということになるが、アメリカに関するかぎりそんな声はまったく聞こえてこない。それは世界からどんどん資金がアメリカに流れ込んでくるからで、機関投資家やエコノミストたちは、アメリカがこんなに借金ができるのはアメリカ経済が強い証拠なのだと開き直っている。

それでは、アメリカに流入した資金はどうなっているかだが、それはただ借金の尻拭いをしているだけではなく、ニューヨーク市場などで株式や為替の取引で運用されている。しかし、この期間中にリーマン・ショックが起こったために、それらからの利益は八年間で一兆ドルに達していない。それよりも、アメリカの資金を膨らませているのは統計上「その他」に分類されているもので、それがおよそ二兆ドル以上も計上されている。そして、いまあげた二つを合わせれば三兆ドルになって、先ほどの差額の四分の三が埋まる勘定になる。

しかし、商務省は「その他」の中味の詳細は明らかにしていないから、疑問は宙ぶらりんになったままである。私が見たブログを主宰しているアダム・スミス二世氏によれば、その大口は中国やロシアの富豪からのアングラマネーで、アメリカでの永住権を得るためにドルを買っているということだが、そうした身許のあやしい金が大量に流れ込んできて、アメリカの対外赤字をファイナンスしているのだろう。

商務省の公表した数字は部外者の目をくらますために細工されている可能性が高く、アメリカの外国からの借金は、すぐ前で見たように経常赤字を単純に加算した八兆五千億ドルの方が実態に近いように思われる。しかも、これは二〇一一年の数字でそれから五年以上たっているが、最近になってアメリカの国際収支が劇的に改善されたということは聞かないから、経常赤字は最小限に見積もって五年間に三兆ドルほどが上積みされているはずであり、直近の対外純債務の総額は一二兆ドルに迫っているのではないか。これは世界最大のアメリカのＧＤＰの三分の二という途方もないものである。

これからもっと深刻な問題が出てくる。それはアメリカがあの手この手でかき集めている正体不明というよりも、正体を明かすことのできない巨額のマネーは、どれも利に聡くて安全性に極度に敏感で、アメリカの将来に何か不穏なものを嗅ぎ取ったら我勝ちにと逃げ出すものである。どんなに隠蔽したり操作したりしても、アメリカが抱える借金の正体はいずれ暴露されるであろうから、そういったことが引金になって株や債券やドルが暴落したうえに、金利高と通貨乱発によるハイパーインフレが重なったりしたら、アメリカは金融パニックから大不況に呑み込まれかねない。そのとき、借金は借金として、アメリカの経済にも国家にも市民にも、容赦なく猛威を揮うだろう。

アメリカにとっての最大の脅威は、その超絶的な豊かさの幻想が吹き飛び、強さの神話が打ち砕かれることであろう。

大殿様のトランプ手品

アメリカ経済の衰退ぶりは、GDPの数字からもはっきりと裏づけられている。

第二次大戦が終わって五年後の一九五〇年には、全世界に占めるアメリカのGDPは二七・三%もあったのに、二〇一二年には二〇%かすかすになっている。これに対して、中国を含めた新興国のGDPに占める比率は、二〇〇〇年には二〇%程度だったのに、いまや四〇%を超えている。それだけ追い上げが急だということだ。

それよりもさらに問題なのは、アメリカのGDPの中身である。いまなお世界最大とはいっても、そのうちの約七割は個人消費によるもので、製造業は一二%、鉱業は二・六%にすぎない。私がかねがね疑問に思っているのは、よくアメリカは消費が好調でGDPが何%成長したなどと言われるが、そもそも消費がGDPの大宗をなして、それが成長を牽引するなどということがありうるのか、ということである。常識的に考えれば、消費はすでに造られていたものを使うというだけのことで、それ自体が富を生み出すものではない。それなのに、アメリカ人はGDPの二割しか生産していないのにその七割を消費しているというのは、過去に生産されてどこかに貯蔵されていたものを国民全体が寄ってたかって食いつぶしているにちがいないと思えてくる。

こんなことを書いていると、それはあなたが覇権国の威力と金融経済の何たるかを理解していないからだ……という忍び笑いが聞こえてきそうだ。

覇権国というのは、昔風にいえば世界で最大の権力を持つ殿様だということだが、その殿様にはセニョリッジ（seigneuriage）という、結婚する乙女の初夜を奪うなどの殿様だけに認められた特権があり、その最たるものが領地内で流通する通貨の鋳造と発行権であった。現代世界の大殿様であるアメリカは、黄金にもまがうドル札を必要なだけ印刷して、地球上の領地内にばらまくことができるのだ。

しかし、いかにセニョール様とはいえ、原価がゼロに近い印刷したばかりのドル札で何でも買い漁っていたら、インフレに襲われるのは必定であるから、ここに金融経済なるものの登場となるのである。

アメリカ政府が印刷するドル札は基軸通貨として海外にも出ていくが、そこで第二弾として、アメリカ政府や企業が発行する債券や株券にそのドル札を交換させたうえで、機関投資家がお手のものの情報操作でマスメディアと共謀してそれらの付加価値を高めたら、とりわけ政情不安やインフレ傾向に悩まされている国では、それがドル札以上に珍重されることになる。さらに、機関投資家は自分で保持する債券や株券の価格を上げ下げしてその差益を巧妙に掠め取るから、その繰返しで巨額の利益が領地内から転がり込んでくる。

こうした金融経済というトランプ手品でアメリカにもたらされる利益によって、ほとんどが輸入された高級車やファッション製品やスマートフォンの部品やスニーカーなどをお好みのままで買いまくれば、アメリカの消費が伸びて経済が成長するという仕掛けになっているらしい。

晴れた日にもGMは見えない

しかし、金融経済にはこのようなご馳走ばかりが並んでいるわけではない。こんな高い収入にあずかれるのは、自ら債券や株式を直接売買する人や、高配当のヘッジファンドに投資する資産家や、金融機関の戦略的な地位で働いている人たちに限られているから、それから外れた人たちとの所得格差が拡大するのは当然である。アメリカ全体の富のうち上位一%に属する人たちの懐にその半分近くが集中しているといわれているのに、それ以外の人たちはここ何十年来ほとんど収入が増えていないか、物価上昇分を差し引けば下がっている人もかなりいるという。

なかでも、とりわけ恵まれないのは、アメリカ産業を支えてきた製造業に従事してきた人たちだ。『週刊エコノミスト』誌によると、「全世帯の約六割を占める中低位所得層の実質所得は、二〇〇八年の水準を下まわったままだ。」リーマン・ショック後のアメリカ経済の立ち直りで、失業率は改善されているとも言われているが、「フルタイムに従事できない労働者および求職を断念した労働者を含む広義の失業率は回復が鈍く、パートタイムの労働者などは拡大が見られる」ということだ。(9)

サブプライム・ローンの破綻で持ち家から放り出されて、いまなお路上生活を余儀なくされている人もいるという。

「晴れた日にはGMが見える」とか、「アメリカのGMか、GMのアメリカか」などと言われて、多くのアメリカ人を高い賃金や保障で雇ってきたゼネラル・モーターズは、倒産から立ち直ったものの、アメリカの企業か中国の企業か分からなくなっているではないか。

覇権国家というアメリカの特権的なポジションは、金融経済で労せずして稼いでいる人たちに贅沢三昧の生活をさせる一方で、その中核をなすべき人たちを貧しいままに放置している。

このようなことがアメリカ人の精神や社会関係に断層をもたらし、それを内部から空洞化せずにはすまないだろう。

地殻の割れかかったハイ・イールド債

リーマン・ショックから十年近くたっても、アメリカ人はまだあのデリバティブやサブプライム・ローンの悪夢から覚めきっていないようであるが、このところまた、信用リスクの地雷源がくすぶり出したようだ。

それは「ハイ・イールド債」と言われているもので、信用格付けの低い企業が特別に高い金利を払って資金を集めようとするものだが、かつては「ジャンク（屑）債」とも呼ばれていた。

最初の金融ブームだった一九八七年に発行が始まったが、まだ償還が終わっていない残高が一兆五千億ドル以上（約一八〇兆円）もあり、シェール・オイル開発など最近のエネルギー関連投資の盛り上がりで、二〇〇五年だけで新たに四六〇〇億ドルが発行されている。

十九世紀後半から掘削が始まったアメリカの石油産業は、一九七三年のオイル・ショック前後に、自然に噴出するかあまりコストをかけずに回収できる優良な油田がめっきり少なくなっていた。その後は産出量は減る一方で、世界最大の石油輸出国から輸入国へと、あっという間に転落してしまったのだ。それがアメリカの経常収支の赤字を膨らませていったのは、まぎれもない事実である。

そのアメリカの石油産業が息を吹き返してきたのは、石油を含んだ硬い地殻《シェール》に砂や化学物質を混ぜた水を流し込んで隙間を作り、その中に溜っていた石油を効率的に回収する技術が開発されたからである。しかし、これにも泣き所があって、もともと油分を回収できる地殻が狭く限られているから、操業してから数年後にすぐピークになって、その後は生産が急に落ち込んでしまう。ということは、絶えず有望な地殻を見つけて掘削投資を続けなければ、生産が維持できないということでもある。

それでも、テキサスやコロラドでは掘削リグが乱立して、シェール・オイルの生産量は予想を上まわる勢いで増え、二〇一五年末にはアメリカ産原油の輸出を四〇年ぶりに解禁する法案が議会を通過した。

しかし、それ以前から国際石油価格は一バーレル三〇ドル近くまで暴落し、シェール・オイルの生産コストは一バーレル三〇から四〇ドルだと言われているから、いまやアメリカのシェール企業は、石油を汲み出すと同時に赤字も吸い上げることになってしまった。

シェール関連企業はもともと債務比率が高いうえに、高利回りのハイ・イールド債を多く抱えているから、このような状況に追い込まれてみると、社債が償還できずにデフォルトに陥る企業が続出することも予想されている。そうなれば、危険を承知でそれらに投資した人たちの家計が火を噴くことになり、それがまた体質の弱い油田地帯の中小の金融機関に飛び火するのではないかと恐れられている。

アメリカの金融界には、リーマン・ショックの前夜のような不穏な空気が漂い始めたようにも見える。

オーバー・プレゼンスからアブセンスへ

アメリカ経済再生の切札になるかと期待されたシェール・オイルが、連鎖的な不況の発信源になるようなことがあれば、さすがに強気で楽天的なアメリカ人の心理も委縮するであろうから、経済成長の残された唯一のエンジンである消費にも罅《ひび》を入らせかねない。もしこのようになったら、アメリカの景気は減速とか失速ぐらいではすまされずに、国家も企業も家計も赤字の累積に脅かされ、マイナス成長からリセッション、さらには大不況に落ち込むことも避けられなくなる。

こうしたなかで目を中東に転じれば、あの殺人集団の「イスラム国」にすら世界の警察官アメリカは懲罰を与えることができず、それが生み出す難民問題にもこれといった有効な手を打てない。このところアメリカは覇権国家としての面目を失墜するばかりであるが、それが一世紀近く世界一の快い座に胡坐《あぐら》をかいてきたアメリカ人のプライドをぐらつかせ、心理的なフラストレーションを高めていくことになる。

現在のアメリカの八方塞がりの状況を最も如実に表わしているのが、共和党の大統領候補トランプの打ち出している政策である。それは社会保障の充実のために連邦予算の増大を打ち出す一方で、一〇年で一〇兆ドルという超大型減税を約束して、なおかつ財政赤字の削減をうたい、中東からはもちろんメキシコからの不法移民も排除して対外的な関与を拒否するという、整合性も連続性もまるでない八方破れのようなものである。それがまた、選挙民から喝采されているというのは、政治的というよりも、精神病理学的な現象であるようにも見える。

すぐ前で見た『エコノミスト』を読んでみると、「現在の米国社会は、中間層や労働階層を中心に閉塞感・絶望感が漂っており、既存の社会、政治、経済への不満が高まっている」ということだ。[10]とりわけ中年の白人は、自殺や薬物・アルコール中毒で、一九九〇年代の後半から死亡率が上がっている。

テレビの画面にクローズアップされたトランプの表情を見ていると、赤ら顔の目の下が白くふやけて、覇権国家の指導者に要求される知性や品格といったものがまるで感じられないし、その言辞は大胆というよりも乱暴に聴こえる。

ただでさえ体力の衰弱しているアメリカ経済に、思いつきでトランプ流の荒療治を強行したりしたら、その結果は想像するだに怖ろしい。

こうしたことから私がいちばん恐れるのは、アメリカ人があの居心地のよかった十九世紀のモンロー主義に戻ってしまうのではないかということだ。――いまなおアメリカには、広大な国土も豊富な資源も優秀な人材もあり余るほどあるから、（それに、借金もあり余るほどある！）アメリカに関することはどんなことでもアメリカ単独でやっていける。アメリカは他国のことには口を挟まない代わりに、他国であろうと国連であろうとアメリカに対してとやかく言うのはいっさい許さない！……（借金などはデフォルトすればすむ！）

これは第二次大戦後の覇権国としてのアメリカのオーバー・プレゼンスを裏返しにした「オーバー・アブセンス」のようなものだが、もし現実にこんなことになったら、アメリカはもちろん世界中がそうとうの激震に見舞われるだろう。

覇権国家というのは、うるさい厄介な存在ではあるが、その覇権国家なしでは地球は丸く収まりそうもないのである。

あのしたたかなアメリカ人が、そんなにあっさりと覇権国家の地位を明け渡すとは思われないが、それでも、覇権国家の空位がほの見えただけでも、世界は不安定になりかねないのだ。

〈三〉接近する二つの大陸——中国による王朝交代はありうるか

覇権予備国の台頭

私はこれまで現代の中国についてほとんど触れてこなかったが、それは叙述の都合で延期しただけで、ことさら無視したわけではない。むしろ、中国の躍進を無視していたのは、アメリカであった。

アメリカ人にとって、中国人は他の惑星からやってきたかのように異質であるばかりか、あまりに遅れていて、あまりに貧しかった。だから中国人はいくら数が多くても、アメリカ人の目には入らなかったのである。

アメリカ人は独立自尊で、新しいものなら何でも果敢に挑戦するが、中国人は因循姑息で、家族主義的でまことに動きが鈍い。それでも、十八世紀までは中国人は文化水準でも所得でも国力でも、世界のトップクラスにあった。それだけに、自分の文明に対する誇りやこだわりが強すぎて、ヨーロッパからやってきた急激な変化を内包する近代文明に乗り遅れたために、半植民地にされたあげく、内乱や共産主義化でますます差が開いていって、アメリカ人には中国は苦力《クーリー》の供給地ぐらいにしか見えなかったであろう。

しかし、一九八〇年代に鄧小平の指導のもとに急ピッチで改革が進むと、共産党によって鍛えられた規律ある集団主義的なパワーが一気に開放されて、いままで桎梏でしかなかった人間の数の多さが逆にものをいうようになってきた。そして、アメリカ人が何か胸騒ぎしてふと振り返ってみると、そのすぐ背後には、想像もしなかったような巨人が立っていたのである。

中国がアメリカ人の視野の外で巨大化できたのは、中国は太平洋戦争の連合国の仲間で戦勝国の一員であったから、アメリカからことさらに警戒されなかったことも幸いしたかもしれない。

中国はいまや押しも押されぬ経済大国で、GDPで計ったその規模はすでに日本の二倍になり、アメリカの六割にまで迫っている。しかも、その成長率は一時の一〇%前後からは落ち着いて「中高速」にギア・チェンジしたとはいっても、まだ五%台は維持しそうであるから、一%から二%をうろうろしているアメリカとの差が縮まっていくのは、時間の問題であるのは明白であろう。

たとえ中国が世界一の経済大国になったとしても、まだ発展途上の部分も多く同居していて、国民一人当たりの所得ではアメリカにはとうてい及びそうもない。アメリカの投資銀行ゴールドマン・サックスも言っているように、「それはまだ近代経済に移行する中間段階にすぎない」のが事実であるにもせよ、それはこれからもなお成長余力が大いにあるということでもある。

それに、『中国が世界をリードするとき』でジェイクスが指摘しているように、「中国は本質的に国民国家ではなく、文明国家と見るべきだ」[11]とするなら、「文明国家」としての中国の経済規模は、今日すでにアメリカにさほど遜色しないほどになっている。というのも、台湾とシンガポールが人種的にも伝統的にも「中国文明」に属しているのは当然としても、タイやマレーシアやインドネシアにも三千万人以上の華僑がいて、それらの国の経済の実権を握っていると言われているからだ。

この「中華文明国家」が名実共に世界一の経済大国になったとき、政治的にも経済的にも文化的にも「覇権国」として振舞うであろうが、それがどのようなものになるか現在では推察するのも難しいにしても、そのおぼろげな姿は浮かんでこよう。

中国の雄大な構想

中国が世界に冠たる経済大国になったとしても、それはGDPの数字の上だけのことで、まだ覇権国としての実質を備えるまでにはかなりの時間がかかりそうなことは、中国の指導者自身がいちばんよく心得ている。

中国は、十九世紀のイギリス、二十世紀後半のアメリカのように、世界の頂点に立って他の国々に采配を揮おうなどとはしないだろう。そのような力がまだないことを知っているから、まず自国の足元とその周辺から固めていこうとするだろう。

中国は国境線が長くて多くの国々と直接に接しているし、その向こうのヨーロッパや中近東やアフリカとの距離は遠い。そこで、習近平政権が二〇一三年に打ち出したのが「一帯一路政策」

というものであった。それは「新シルクロード構想」とも呼ばれるように、陸上では鉄道や自動車道路やパイプラインを建設し、海上では港湾や航路を整備することによって、いにしえのローマ時代のように中国とヨーロッパを結びつけ、安定した一大貿易圏を生み出そうというものだ。まず陸路では、首都北京を起点に中央アジア、西アジア、さらに黒海、ロシア、ヨーロッパへと至り、海路では東南アジアからインド洋、アフリカ、紅海、地中海を繋ごうというもので、私が第二章で描いた古代の東西交流図にほぼ重なり合う。

最終的なデザインは遠大であるが、中国は手近なところから着実に進めようとしている。すでにカザフスタン経由でヨーロッパにまで伸びる国際鉄道の整備や、新疆ウイグル自治区のカシュガルとパキスタンを結ぶ道路の建設を進めている。石油資源に恵まれているカザフスタンでは、中国企業がその開発や関連事業に加わることが期待されているし、中国の西側に接するパキスタンなど五か国との貿易額は、日本と中国との一五％に相当する規模になっているという。

中国はこのように線や面ばかりでなく、点としても各地に根拠地づくりも狙っている。その第一弾となるのがギリシア最大の港ピーレウス港で、中国はその株式を買収したと伝えられている。ここは海陸の両ルートの結節点ともいうべきところで、「中国全土から出荷する電子機器や繊維製品をここに集め、中東欧へ鉄道輸送すれば、ドイツやオランダで陸揚げするよりも日程として七日から十日も短縮できる(12)」のだという。

中国が真に狙っているのは、いま拓きつつあるこの「一帯一路」の領域を金融によって統一することである。そのために中国が二〇一五年末に肝いりで立ち上げたのが、アジアインフラ投資銀行（ＡＩＩＢ）なのだ。中国はそれ以前の二〇一四年末に、独自に四〇〇億ドルを出資して、「シルクロード基金」を設立し、それによって各国のインフラ整備を支援している。すでにカザフスタンとは三〇〇億ドルの経済契約を結び、ウズベキスタンには一五〇億ドルの借款を供与している。

こうした権益の拡張の軍資金にあてようかと、アメリカが巨額の経常赤字の穴埋めに乱発した国債を、中国は律義そうなふりをしてせっせと買い集め、それを含めて中国が二兆ドル以上の対外純資産を保有しているのに対し、アメリカは実質では一二兆ドルを超える対外純債務を抱えて、いまや中国の顔色をうかがわなくてはやっていけない。

日本のメディアは中国のマイナス面ばかりを強調して書くきらいがあるが、「『フィナンシャル・タイムズ』によると、二〇〇九～一〇年に中国の発展途上国への融資は、世界銀行を上まわった。中国の国家開発銀行と輸出入銀行がこの二年間に、一一一〇億ドルを途上国の政府と企業に融資したのに対し、世界銀行は一〇〇三億ドルにとどまった。[13]」このような実績にＡＩＩＢが加われば、国際経済における中国の地位と役割は侮りがたいものにならざるをえない。

豊富な資金を背景として、中国はこれらの金融インフラで「一帯一路」地域の貿易や投資を活発にするのはむろんのこと、その取引に人民元を浸透させることによって、少しずつドルの衣を脱ぎ捨てたうえで、「元経済圏」を築き上げることを遠くて近い目標にしているようだ。

それは第二次大戦後にアメリカが構築したドルによる世界支配体制を分断しようとするものであり、中国はアメリカ帝国主義の最後の牙城である金融支配を瓦解させるとともに、国際金融のルールを中国とアジアの重みを反映したものに作り変えようと目論んでいるように見える。その実現を促進するために、中国は自らが主導する「アジア金融協力会議」なるものを立ち上げて、各国に参加を呼びかけている。

東への野望

中国は西ばかりでなく東に向かっても、柔和そうでいかつい顔を見せている。しかも、西へは主として経済によって権益を伸ばそうとしているのに、東に対しては軍事的な実効支配も辞さないという強い意志をちらつかせている。

かねてから中国は南シナ海に「九段線」なるものを一方的に設定して、そこには中国の主権が及ぶと主張しているばかりか、すでに埋め立てによっていくつかの人工島を造成している。

そのうちベトナムとマレーシアのサワ州の中間にある南沙（スプラトリー）諸島には、滑走路や軍港を建設して軍事基地化を進めていたが、これにアメリカ海軍が「航行の自由」を掲げて二度にわたりイージス艦を派遣したのに対抗するかのように、今度は中国本土に近い西沙（パラセル）諸島の人工島にミサイルを配備したことを明らかにした。これは射程二〇〇キロの地対空ミサイルで、いますぐ南シナ海上空の飛行に脅威を与えるようなものではないにしても、オバマ外交の弱腰ぶりを世界に見せつけるだけの効果はある。それに、アメリカのイージス艦に中国が艦船を追尾させるなど、この海域における米中の偶発的な接触の危険も高まっている。

アメリカの政策に影響力を持つとされるハーバード大学のナイ教授は、「人工島は『動けない空母』のようなもので、固定された攻撃目標であり、沈めるのは容易だ」と語っているが[13]、アメリカの軍事力をもってすればそれほど警戒するに値しないといっても、そのアメリカによる軍事的な威嚇が中国には通じなくなっているのも事実であろう。

中国はその西沙諸島の人工島にレーダー施設を建設したことが確認されており、やがて南シナ海の上空に中国が防空識別圏を設定すれば、軍用機の緊急発進などで米中間でトラブルが発生する可能性も出てくるだろう。

中国は航空母艦を建造するなど海軍力の強化に力を入れているが、まだまだアメリカの第七艦隊との実力の差は大きく、いますぐアメリカに本格的に挑戦するようなことはないにしても、国内向けの国威発揚の勢いが止まらなくなって、演習が実戦になることもまったくないとは言い切れまい。

フィリピンを防衛ラインに

ともかくも、中国が大陸沿岸から南シナ海に向けて、軍事的な支配圏を拡大しようという決意をかためているのは間違いないようだ。

南シナ海の人工島の彼方に横たわっているのがフィリピン諸島である。

このフィリピンは一八九八年の米西戦争のあとでアメリカの植民地にされたが、その苛酷な支配に対して根強い反乱が続き、アメリカは独立の約束はしたものの、それが実現したのは太平洋戦争後の一九四六年であった。その後も中国や朝鮮半島に対する防衛拠点として、アメリカはクラーク空軍基地とスービック海軍基地を維持してきたが、ソ連との冷戦が終結してからはアジアの基地を沖縄に集約して、フィリピンの両基地からは撤退してしまった。

こうしてフィリピンは軍事的な空白地帯になっていたが、中国からの圧力が強まってきたために、二〇一四年に米比防衛協力強化協定が結ばれて、アメリカ軍による再拠点化への道が拓かれた。その候補地としては、かつてのスービックとクラークの両基地があげられている。

しかし、アメリカの財政が予想外に好転でもしないかぎり、この協定に基づいてフィリピンをアジア有数の基地にするのはむずかしいだろうし、それに、新しいアメリカの大統領が海外とのかかわりを避けようとする「モンロー主義」を持ち出さないともかぎらない。

このようなアメリカのあいまいさを見透かすかのように、中国はフィリピンに近いスカボロー礁や南沙諸島の実効支配をめぐってフィリピンとの対立を強めており、二〇一二年四月には両国の艦船がこれらの海域に出動して、一触即発の状況になったこともある。

これから中国がアメリカに代わる世界一の経済大国になったら、中国はフィリピンを軍事力によって植民地にはしないとしても、アメリカに対する第一の防衛ラインにすることはためらわないだろうし、フィリピンを自己の経済圏にがっちりと取り込んでいるだろう。

おそらく二〇三〇年までには、中国はフィリピンやグアムを最前線として、広大な太平洋を挟んでアメリカと対峙しているであろう。

もっとも、中国はそこからさらに太平洋に乗り出してハワイ諸島まで奪おうなどという、いつか日本がやってのけたような愚行は冒すはずはなく、フィリピンにじっと腰を据えて、大艦隊の演習などを繰返しながら、アメリカをじりじりと心理的に追い詰めていこうとするにちがいない。

時はアメリカではなく中国に味方することを、いつも含み笑いをしている習近平をはじめとする中国の首脳たちは、しかと承知しているのである。

環境の悪化や若年労働者の減少

しかし、その同じ時間は、中国をもその内部から蝕んでいくであろう。

急激な工業化で揚子江の上流や内陸部では、大量の石炭の燃焼で煤塵を含んだ煙が放出されて、季節や時間を問わず空気は灰色どころか鉄錆色に曇り、部厚く幅広いマスクをつけなければ日常生活ができない。モータリゼーションや都市化の進行で自動車が激増して、PM二・五などの濃度が高くなり、防毒マスクが必需品になるようだ。

中国は二〇〇七年にはアメリカを抜いて、二酸化炭素の排出量では一足早く世界一になった。空気とともに欠かせない水についても、「中国の一人当たりの水資源はアメリカの五分の一しかない。すでに水不足が深刻化していて、四分の三以上の河川が飲用にも漁業にも適さず、三億人が衛生的な飲料水にこと欠いている。[15]」

私が江南の無錫へ行ったときには、日照り続きで水源の太湖の蒸発が激しくて汚染が濃くなり、給水タンク車のまわりにはポリバケツなどを持った人たちが列をなしていた。

中国は森林の破壊で緑が最も少ない国の一つとなり、六億人もの人たちが住む北部の乾燥地帯は、世界最大の砂漠になるかもしれないといわれている。

このような環境の急速な劣化に加えて、最近は無尽蔵のごとく見えた人口資源にも、かんばしくない変化が出てきているという。生産年齢人口、すなわち若年労働者が減少してきているのだ。中国政府が強行してきた一人っ子政策のつけがまわってきたといえばそれまでだが、「生産年齢人口が減少して高齢化が進行すれば、労働供給量の減少と貯蓄率の低下を通じて、潜在成長率が抑えられることになる。[16]」

このような環境や労働供給からの制約は、公害防止技術の導入や経済の構造改革によってなんとか凌げたとしても、あの驚異的な成長率が五%以下にダウンすることは避けられないだろう。

それどころか、中国は高度福祉社会に入る前に、高齢者社会になってしまうかもしれないのだ。

あの例外的であった中国が、こうして「新常態」に収斂していくとすれば、国内における社会的緊張が高まらずにはすまないから、中国政府はそれを緩和するためにも、西方や南方ばかりでなく、衰えつつある覇権国家アメリカの控える東方に向かっても、進出していかざるをえなくなるだろう。

ドルの枕でうたた寝している日本

日本列島の西も東もこんなに激しく動いていたというのに、その間、日本人はいったい何をしていたであろうか？——ほとんど何もしていなかったと言わざるをえない。

それは日米安保条約というクッションがあまりにもたれ心地がよかったために、ついつい日本人はうたた寝を続けてきたからだ。いくら寝ぼけ癖がついた日本人でも、たまには目覚めることはあるが、またいつものうたた寝にもどってしまう。

その珍しい例をいくつか挙げれば、一九九八年にタイや韓国やインドネシアなどアジア諸国が、降ってわいたような金融危機に襲われて、国際的な投機集団に貴重な貯金を手づかみで持っていかれたばかりか、ＩＭＦから緊縮財政を押しつけられて四苦八苦しているのを見るに見かねて、「アジア通貨基金」なるものを思いついた。それは日本がもてあましているドルを中心に各国が外貨を出し合い、投機集団に攻撃された国にそれを融資して、危機を乗り切ろうというものである。だが、このせっかくのグッド・アイデアも、首相がアメリカに呼びつけられて出すぎた真似をするなと一喝されたらしく、たちまちぽしゃってしまった。

そのとき、日本政府が断固たる態度を貫いていたら、それ以後に日本自身があれほど投機集団につけ込まれることはなかったであろう。

いまは日銀総裁におさまって顔面が仮面のように強ばってしまい、金融緩和と金利引き下げのほかには何もできなくなった黒田東彦氏も、アジア開発銀行（ADB）の総裁時代には、なかなかのアイデア・マンであった。そのころできたばかりのヨーロッパ共通通貨ユーロが世界的に評判になっていたが、黒田氏はそのアジア版を作ろうとしたのである。そして、アジア開発銀行が音頭取りになって、アジア諸国の通貨をバスケットにした共通の通貨単位を設定し、それに基づいた債券を発行してアジア域内で流通させようとした。

ヨーロッパではそれと同じ仕組みがユーロの誕生に発展していったのに、このアジア共通通貨の構想は、日本政府のバックアップが得られなかったために、うやむやのうちに消えてしまったのである。

そのアジア開発銀行は、日本が最大の一二六億ドルを出資して一九六六年に設立したものであるが、いくつかのインフラ投資案件で成功を収めたものの、こちらも中国のアジアインフラ投資銀行（AIIB）にお株を奪われてしまったようだ。

一方、このAIIBにはアセアンの全一〇か国が加盟しているが、もちろん、日本は入っていない。アジアの金庫番のような日本不在のAIIBについては、こんな声も聞こえてくる。――「東南アジアの諸国は、日本がAIIBの外部にとどまって批判するのではなく、AIIBに入って内部から、そのガバナンスや透明性という問題を改善し、より高い水準を達成するよう直接的かつ積極的な役割を果たすべきだ、と考えている。(17)」

日本がアメリカの顔色をうかがってビビっていたら、中国がアジアでの唯一の経済大国だと見なされるようになり、それに比して日本の存在感はますます薄くなるばかりではないか。ドルが日本へ流れ込んできたころ言われだした円の国際化にいたっては、掛け声倒れどころか、さして掛け声もあがらないうちにうやむやになってしまった。

株価という歪んだ鏡

黒田日銀総裁が二〇一六年二月に「マイナス金利」を発表すると、年初から二割以上も低落していた株価は、またまた売り込まれてしまった。経済学の初歩的な教科書によれば、株価は金利すなわち市場利子率に反比例する、つまり金利が下がればそれに反比例して株価は上がるとされており、金利がゼロ以下のマイナスになったら株価は暴騰してもおかしくない。ところが、まったく理屈どおりに動かないのが、日本経済の摩訶不思議さというものなのである。

なぜこんなことになっているかと言えば、日本人の頭の中に自虐的なマイナス思考や、マイナス感覚や、マイナス選好がびっしりとこびりついてしまっているからだ。

アメリカのマスメディアやエコノミストや機関投資家が、まことしやかな理屈をつけて、日本の株価は下がると言って日経平均の先物を空売りすれば、ほぼ確実に株価は下がるから、彼らの言っていることはますますまことしやかになる。そして、下がったところで買い戻して株価が上がったところでまた空売りすれば、この単純な繰返しでおもしろいように儲かり、日本の金をアメリカに吸い上げていくのである。

一九九〇年にバブルがはじけてからずっと私はこのように見てきたが、最近日本経済新聞の編集委員、滝田洋一氏が書いた記事を読んで、やっとその証拠をつかんだように思えた。

まずその記事を引用してみよう。――「『円換算のニューヨーク・ダウ工業株三〇種平均』という物差しがある。米国の株価指数に円相場をかけたものだが、日経平均株価はここ数年、この『円換算ダウ平均』に寄り添うように推移している。つまり、日本の株価は、米国株と為替相場という二つの要素によって左右されているのである。[18]」

この記事に合わせて載せられたグラフを見てみると、日経平均と「円換算のニューヨーク・ダウ」とは、二〇〇一年つまり二十一世紀に入ってからほとんど同じように動いていて、特に二〇一一年からは見事なほどぴったりと重なり合っている。

経済活動の反映でもあり指標でもある株価が、企業の業績やその見通しではなく、アメリカ人が操る数字によって動かされているのである。

それからもうひとつ、数年前から日本の代表的な企業の株価は、円ではなく銭単位で表示されるようになったが、これはアメリカなどの機関投資家が株価のごくわずかな変動をコンピューターで自動的にキャッチして、自動的に大量の売買を超高速で繰り返すことで、ノー・リスクで利ザヤを稼ぎやすくしたものであろう。

このような日経平均の指数取引やコンピューターによる自動取引は、株価の変動を激しくするばかりでなく、経済の実態や企業業績から乖離させてしまうから、一般の株主はもちろん日本の利益をも損なうものであり、政府が介入して禁止するか、それがすぐにできなければ制限すべきだと私は考えている。もしそうなったら、日本の株価の形成もいくらか正常化されるであろう。

決断できない日本人

日本の国益ばかりでなく、私たちの個人的財産までもアメリカによって削り取られているのに、私たちがほとんど何の痛痒も感じないのは、アメリカ中心に作られた枠組みやシステムを、私たちが絶対不変なものだと思い込んでいるからであろう。防衛ばかりでなく、文化も学問も言論もアメリカに任せきりにしているうちに、私たちは自分で考えることを放棄して、迷うことも悩むこともなく、まして決断するなどということはできなくなってしまった。

国家の安全を依存するために、私たちは相当の手数料をアメリカに支払ってきたし、今なお支払い続けているが、このような精神の汚染や損傷や虚弱化は、計算のしようもない大きなコストではないのか。

もちろん、アメリカがこれからずっと日本の安全保障を保証してくれるなら、アメリカに頼るのに越したことはないかもしれないが、アメリカのそれほど長くもない歴史を見てみると、大統領選挙の結果ひとつでアメリカの政策がドラスチックに変わることは何度もあった。それがアメリカ民主主義の魅力ではあっても、その怖さでもある。

第二次大戦後、アメリカはずっと上げ潮に乗っていたから、多少の舵取りの変化はあっても、それが日本に直接影響を及ぼすようなことはなかった。しかし、すでに潮目は変わりかけており、それが近いうちに逆流するようなこともまったくありえないことではない。

そのとき、いまのままでは、日本人は国際的な孤児になるほかないではないか。

悠久の歴史を誇る中国は、長期的な目標を立て、腰を据えながらゆっくりとそれに向かって進んでいく。相手がこのような中国であるなら、日本がいくらか遅れをとったからといっても、遅すぎるということはなかろう。アメリカの黒衣《くろこ》ではなく、一個の独立国家として、先を見通した国家関係をじっくりと構築すべき時にきているように私には思われる。

中国がこれから覇権国家としての道を進んで行くとしたら、これまで日本が培ってきた資本や技術、それに、民主主義の経験や知識は大きな価値があり、中国は密かにそれを狙っているようにも見える。もしそうであるなら、中国を中心とする覇権国家ないしは体制のなかで、日本は端倪すべからざる役割を果たすことができるではないか。

東南アジアの諸国は、中国に劣らないほどの成長セクターである。そこは人口に恵まれていて、資源も多様であり、なによりもそこに住む人たちは寛容でおおらかで、ねばり強くもある。

すでに述べたように、日本はこの地域にいくつかの金融制度を立案し、いくらかは現実に動き出したが、それが成熟する前に中国に譲り渡してしまった。これから日本が単独でそれらを再構築するのはむずかしいであろうが、アセアン諸国と手を組めば、アジアインフラ投資銀行でも一帯一路構想でも、中国が覇権国家ぶりを押し通そうとするなら、それを抑制することもできなくはない。もちろん、そうするためには、日本人も中国人に対抗できる「大人」にならなければならないが。

アメリカの蔭から外れてみると、日本は意外と大きく、力強く見えるではないか。

未来への架け橋

いかな中国といえども、太平洋は広くて深いから、フィリピンから東へ向かって浅瀬や岩礁を埋め立てながら、アメリカ大陸へ近づいていくことはできない。だから、これから私が述べるのは想像的で観念的なものであり、時間単位も地質学的なものではない。

海底にはプレート・テクトニクスというものがあって、それはマントル対流によってきわめてゆるやかに移動しているという。想像的・観念的に見ると、アジア大陸は、中国のずば抜けた経済成長力と中華文明の偉大さを復活させようという精神力の、二つのマントル対流によって、すでに太平洋を東へと押し出され、アメリカ大陸が望見できるほど間近に迫ってきている。

そこで、ズーム・レンズを絞ってアメリカをくわしく見てみると、そのあまりにも奔放な経済活動によってエネルギーが枯渇してきて、それを載せた大陸は漂流状態となり、わずかずつではあるが太平洋へ地滑りしているみたいである。

この東からと西からの動きは、現在の趨勢のまま進んでいけば、アジア大陸とアメリカ大陸の激突ということになるが、あと数十年のうちには中国の経済成長も正常値に戻るだろうし、アメリカも消費への沈溺が弱まって安定化するだろう。つまり、東西からの地殻変動はほぼ収まって、両大陸は固定化されていくのである。

そのときこそ、待望久しい日本の出番ではないか。この両大陸の間の狭まった海峡に、日本はその優れた橋梁技術によって、夢の大橋を架けるのである。私はアジア大陸とヨーロッパ大陸が向かい合うボスポラス海峡に懸け渡された橋を見たことがあるが、あの橋脚のない長大な橋は日本のゼネコン連合が造ったというではないか。

だが、このアジア大陸とアメリカ大陸を繋ぐ新しい橋には、ちょっとした仕掛けを施さなければならない。それは怒りと欲望に身も心も焼け焦がしている人間が渡ろうとすると、橋の幅が急に狭まってきて海に突き落とすのである。

この両大陸が向かい合う深い海峡には、怒りの炎で真っ赤に燃える火と欲望にどす黒く汚れた水が渦巻きながら流れているから、そこへ落ちた人間はもう二度と浮かび上がることはない。また、この海峡を船で渡ろうとしても、怒りと欲望の大渦の中に呑み込まれてしまう。

そこで、アジアとアメリカを往来しようとする者は、この危険であって危険でない橋を渡らざるをえないのである。

ここに、日本人の二番目の出番がくる。それはこの未来の「チンワト橋」の、日本人は「橋守り」になるということだ。

この橋守りがなすべきことは、第一にこの橋を管理して、その機能が低下するようなことがあったら、直ちに修復するということである。第二には、この橋が邪魔になる連中が押しかけてきて、橋を爆破しようとしたら、断固として戦うことである。

戦争に敗れてから日本人は平和、平和と声が嗄れるほど叫んできたが、それは口先だけの怯懦で感傷的で自己満足的な理想主義ではなかったか。だが、あのミトラ神の代役を務める「チンワト橋」の橋守りには、剣や爆弾を掲げて襲いかかってきても一歩も退かない剛毅な理想主義が求められているのである。

この橋守りがいるかぎり、中国人の中華帝国的な傲慢さも、アメリカ人のキリスト教的な独善も、自由に通行することはできないのだ。そして、この橋の上においてこそ、東と西から伸びてきたあの「白い道」は、一本に繋がることができるのである。

終着点としてのあとがき

二〇一五年の夏の終わり、私はアルバニアの首都ティラナから、バルカン半島西部の五か国をバスで縦断するツアー旅行に参加した。シリアなど中東地方から「イスラム国」に追われた人たちが船でバルカン半島に渡り、陸上をオーストリアやハンガリーに向かっていることは伝えられていたが、私たちの旅行はその「難民ルート」にぶつかっていた。何か所もある国境ではどこも車の長い列ができて、出国と入国のパスポート・チェックに一時間前後の時間がかかった。期せずして、民族や宗教問題の厳しい現実に遭遇したことになる。

その二〇年前には、私たちが通った数か国はユーゴ内戦の戦場になっていた。旧ソ連が解体して東欧諸国が自由化されると、もともとモザイク国家といわれていたユーゴスラビアは六つの共和国に分裂して、民族や宗教や言語が違う国々は、少しでも自分たちの支配地域を広くしようと猛烈な陣取り合戦を始めた。

旧ユーゴのほぼ中央に位置するボスニアは、オスマントルコの統治が長く続いてイスラム教徒が多く住んでいたが、隣接するセルビア人やクロアチア人が入り混じって、モザイクの中のモザイクのようになっていた。そんなところにユーゴ解体の混乱に乗じて、東からはセルビア、西からはクロアチアが領土を拡大しようと攻め込んできたから、最も凄惨な内戦の舞台となった。しかも、侵入した両軍は「民族の浄化」を掲げて、占領した地域の住民を納屋や家畜小屋を改造した収容所に連行して、兵士になりそうな男性は虐殺し、老若を問わず女性はレイプしたという。

このボスニアの南部に張り出した地域がヘルツェゴビナであるが、その主邑であるモスタルを二分して流れるネレトヴァ川には、一五六六年に当時の強国であったオスマントルコが技術の粋を集めて建設した、石造の見事なアーチ橋が架けられていた。「スタリ・モスト」（文字通りには「古い橋」）と呼ばれたその橋は、幅が四メートル、長さは三〇メートル、シングル・スパンのアーチの高さは二四メートルもあって、そこを通る旅人から「天までかかる虹のようだ」と称えられていた。（ちなみに、モスタルとは橋の番人を意味する「モスタリ」から生まれた地名だという。）

ネレトヴァ川の両岸に広がるモスタルの町に住む人たちは、宗教的には寛容で、内戦が始まるまではイスラム教徒はむろんのこと、カトリック教徒も正教徒も、この「スタリ・モスト」を自由に行き来して暮らしていたという。

内戦が激化すると、ネレトヴァ川の東には二万人近くのボスニア人の避難民が流れ込み、対岸に陣を敷くクロアチア軍は、そこに追い込まれたボスニア政府軍からの反撃を恐れて猛烈な砲撃を加えた。そして、そのうちの数発があの「スタリ・モスト」に命中して、粉ごなに砕けた橋は川底に陥没してしまったのである。

四五〇年も民族の友好と宥和の絆だった「スタリ・モスト」は、怒りと欲望による憎悪の爆発で虚空に消えた。川によって隔てられた人々は、平和だった時代に思いを凝らしながら、さぞ悲しみに沈んだことだろう。

内戦が終結してから十年近い二〇〇四年七月二十三日、橋の喪失を惜しむ世界の国々から集められた一二〇〇万ユーロの資金で、伝統の工法を受け継ぐトルコの企業によって再建された「スタリ・モスト」は、盛大に祝われた開通式で、昔ながらの優雅にして堂々たる姿を披露することができたのである。

この橋の組み立てに使われた石は大小とりまぜて一〇八八個、そのなかには川底から拾い上げられた石も多数あるという。


入り組んだ湾に島々が点在するアドリア海を東へ曲がって、私たちが乗ったバスは石灰質のごつごつした白い岩肌からまばらに糸杉の伸びている山間を通り抜けていった。のどかな農村地帯に出ると、ところどころに放置された家があり、屋根は吹き飛ばされ、ドアやガラス窓は打ち破られたままで、壁には無数の弾痕が痛々しく残っている。略奪されたあとで放火されたらしい家の跡には、焼けただれた柱が何本か立っていた。ふと野菜畑の向こうを眺めると、碧《みどり》色を帯びて深い青をたたえた川が静かに流れている。もしかしたらあれがネレトヴァ川かと思っていると、その碧と青は透明度を増しながらも濃くなっていった。

モスタルに着いてバスを降りると、道路際にかなり広い墓地があったが、その一角に、鳥が天に向かって羽ばたくような形をした、まだ新しい石の墓標がいくつもかたまって立てられていた。私はあれは何ですかとガイドに聞こうとしたが、口をつぐんでしまった。

国連などの調査によると、このボスニア戦争では二十万の人たちが死亡して、二百万人が難民になったが、その難民の数はボスニアの人口の半分に匹敵するという(1)。ネレトヴァ川も血で赤く染まり、いくつもの遺体が浮き沈みしながら追いかけ合うように流れていった。

川沿いの道を歩いていくと、再建されたばかりのモスクのミナレットがすっくと立ち、土産物屋が両側に軒を並べて、観光客の雑踏が激しくなってくる。そして、川岸に張り出したホテルのテラスの向こうに、あの「スタリ・モスト」が軽々と天翔けるようにネレトヴァ川に懸っているではないか。

しばらく佇んだあと、私も観光客の一人として橋を渡り始めた。床に敷きつめられた石は磨きあげられたように艶々と丸みを帯びていて、アーチは意外と急角度であったから、下りのときは何度も足を滑らせてつんのめりそうになった。対岸の廃墟から立ち直った旧市街の一部を駆け足でまわって橋へ戻ると、欄干から川へ転落することもなく、なんとか無事に往復することができた。バスへ帰る道すがら、あの時の惨禍を示すものが何か残されてはいないか探して見たが、DON'T FORGET という文字が彫られた一メートル足らずの長方形の石が、けばけばしい色の土産物に隠れるように路傍に横たわっているのが目についただけであった。

ホテルが近くにあったので、夜にはライトアップされるという橋を見ようと、もう一度出かけた。その夜はたまたま満月であったが、人工の光に満月の光はほんのわずかに白粉《おしろい》をパフではたいたようなものであったものの、アーチの半円をくっきりと逆様に映した川面には、その満月の光がきらきらと燦めいていた。

この現代の「チンワトの橋」が、いつまでもいまのままの姿であるように祈りたい。

わけ知りて転哀《うたた》しきモスタルの満月《つき》

April 12, 2016

ネレトヴァ川畔の破壊されたままのホテル

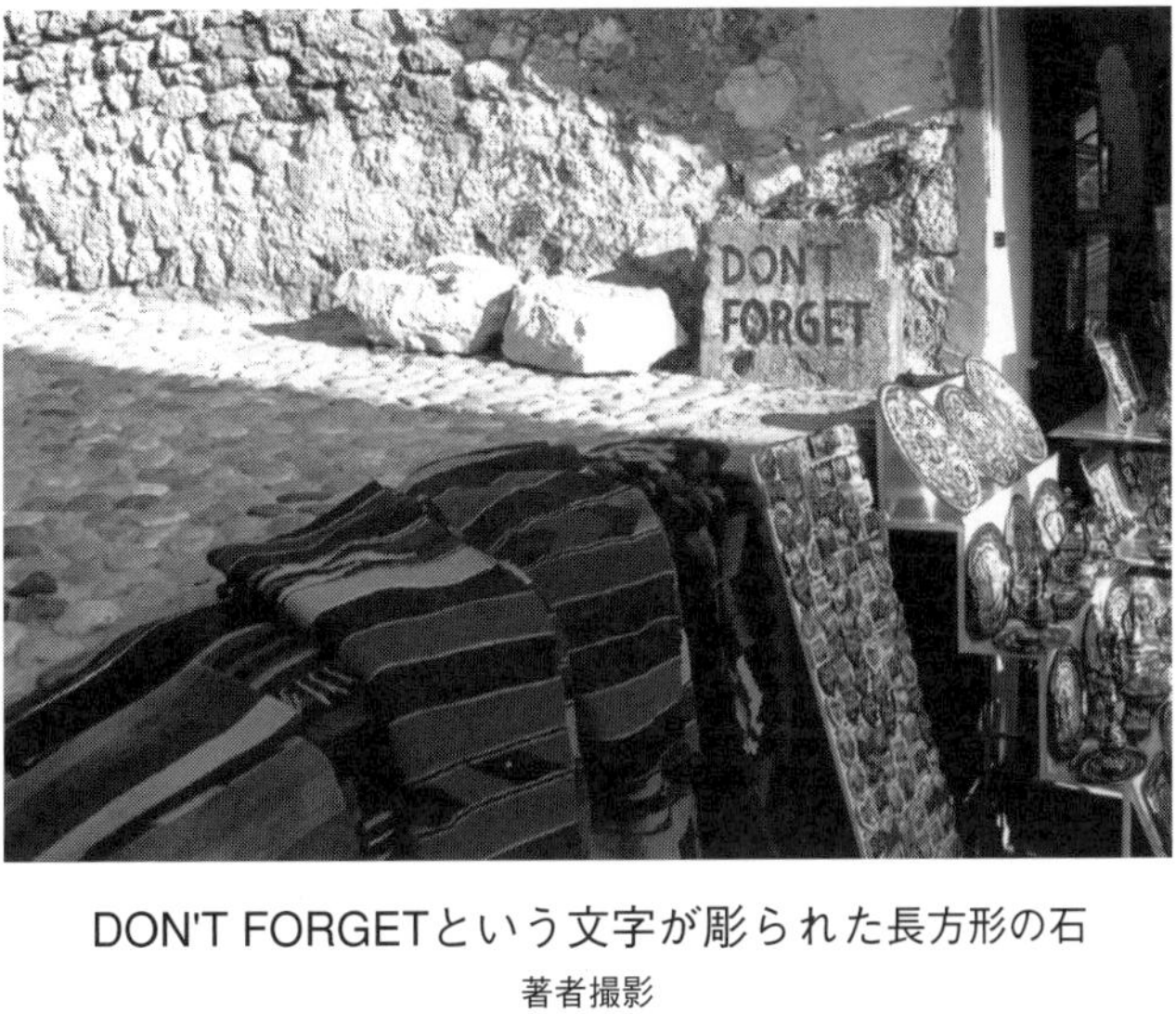

DON'T FORGETという文字が彫られた長方形の石

著者撮影

追記

アメリカのトランプ新大統領は、最後の全能神を演じようとして悪あがきをしているように見える。

Feb 5, 2017

註

文献からの引用は、原文が文語体の場合は江戸時代以前は歴史的仮名遣い、明治以降は翻訳を含めて現代仮名遣いにした。また、漢文の名残の指示代名詞、副詞、接続詞などは、漢字を平仮名にした。原文のままでは読みにくい古文は、現代語訳を用いたところもある。カッコ内の補足や傍点は、特にことわらないかぎり、著者がつけたものである。

出発点

（1）善導『観無量寿経疏』二九七～九九頁　藤田宏達訳編『人類の知的遺産一八』講談社一九八五年

（2）『アポクリファ』旧約聖書外典「エズラ第二書」五一頁　聖公会出版。なお〈アポクリファ〉というギリシャ語は〈隠されたもの〉という意味であるが、この「エズラ第二書」に限っては、特にその感が深い。（ラテン語訳の「ウルガータ」聖書では「エズラ第四書」となっている。）

序章

（1）昭和新纂『国訳大蔵経』経典部巻六　二五頁

（2）同右　論律部巻五　一一五九頁

（3）善導前掲書　二二四頁

(4) 同右　三〇二、三〇四頁
(5)『スッタニパータ』一四頁　中村元訳　岩波文庫
(6)『ダンマパダ』一三、四五頁　中村元訳　岩波文庫
(7)『ブッダ最後の旅』一二三、一二四頁　中村元訳　岩波文庫
(8)『アポクリファ』三一、三三頁
(9) 同右　四四頁
(10) 同右　五〇、五一頁
(11) 同右　五四頁
(12) 同右　五五頁
(13) 同右　五九、六一頁
(14) 同右　六三頁
(15) 同右　八五、九六頁
(16)『申命記』四・二三、二四　『聖書』からの引用は章と節の番号を記す。また、旧約・新約とも原則として岩波版の聖書翻訳委員会の訳によるが、一部は日本聖書協会の訳（一九七八年版）も用いた。なお、「嫉妬」というのはヘブライ語カンナーの訳であるが、あまり人聞きがよくないせいか、最近は「熱愛」と訳されることが多い。引用した岩波版もそうなっている。
(17)『申命記』九・三
(18)『ダニエル書』七・一〇、一一
(19) プラトン『法律』二一七頁　全集一三　森進一他訳　岩波書店　二〇〇六年

(20) クセノポン『キュロスの教育』三三五頁　松本仁助訳　京都大学学術出版会　二〇〇四年
(21) 『エズラ記』一〇・三
(22) 『イザヤ書』四五・一～二　「油を注がれた者」のヘブライ語は「マーシーアハ」で、日本聖書協会の訳では「受膏者クロス」
(23) 『フロイト著作集』一一　三〇二頁　高橋義孝訳　人文書院　一九八四年
(24) I・ハレヴィ『ユダヤ人の歴史』六三頁　奥田暁子訳　三一書房　一九九〇年
(25) 『アポクリファ』「トビト書」一〇九頁
(26) プラトン『アルキビアデス』(一)　六〇頁　全集六　田中美知太郎訳　岩波書店　二〇〇五年
(27) 伊藤義教訳『アヴェスター』三六、三八頁　ちくま学芸文庫　一字一句忠実に訳そうとされたので、部分的な引用では判りにくいところもあり、説明を加えたり、省略したりもした。なお、本文では『アヴェスタ』に統一した。
(28) M・ボイス『ゾロアスター教』四七、四八頁　山本由美子訳　講談社学術文庫
(29) 『アヴェスター』三八、三六、五八、五九、一一七～一二一頁
(30) 伊藤義教『ゾロアスター研究』三四七頁　岩波書店
(31) 伊藤義教『ペルシア文化渡来考』一七二頁　ちくま学芸文庫
(32) 『アヴェスター』五五、五七、二七、六六、三七、六三頁
(33) 伊藤義教『古代ペルシア・碑文と文学』二二、二四頁　岩波書店　一九七四年
(34) A・コーヘン『タルムード入門』(一)　一七一、二三三頁　(二)一九二頁　村岡崇光訳　教文館　一九九八年

(35) 同右 (一) 一五八頁

第二章

(1) 青木健『アーリア人』一三九頁 講談社選書メチエ
(2) 岩村忍『文明の十字路・中央アジアの歴史』五五頁 講談社学術文庫
(3) 前田耕作『バクトリア王国の興亡』三三頁 第三文明社
(4) 山本由美子『オリエント世界の発展』一〇二頁 中央公論社『世界の歴史四』
(5) ヘロドトス『歴史』(上) 三三八〜四一頁 松平千秋訳 岩波文庫
(6) 中村元『インドと西洋の思想交流』四三、三九頁 春秋社 一九九八年
(7) 中村元訳『ミリンダ王の問い』(一) 一一六、一八八、二二三、二三七頁 平凡社 一九六三年
(8) 同右 (二) 一〇五頁 (三) 三七頁 (「生天」は訳文のまま)
(9) 同右 (一) 三六九、三七〇頁
(10) 司馬遷『史記列伝』四八三頁 貝塚茂樹他訳 中央公論社『世界の名著一一』以下中公世界の名著とする
(11) 『エリュトゥラー海案内記』一一七、一二三、一三一、一四三頁 村川堅太郎訳 中公文庫
(12) 『プリニウス博物誌』(一) 二六八頁 中野定雄他訳 雄山閣 一九八六年
(13) 加藤九祚『シルクロードの古代都市』八八、九二、一〇二、一二六頁 岩波新書
(14) 同右 一三四、一四一頁
(15) V・マッソン『埋れたシルクロード』四五、七一、七三頁 加藤九祚訳 岩波新書

(16) 奈良康明『文明・文化の交差点』二八六頁　佼成出版社　二〇一〇年
(17) 伊藤義教『ゾロアスター研究』四〇〇、四〇二頁　岩波書店　一九七九年
(18)『維摩経』一二七、一二九、一四七、一五七頁　長尾雅人訳　中公世界の名著二
(19)『ミリンダ王の問い』(一) 四頁
(20) 中村元『インド古代史』(下) 二七一頁　春秋社　一九六六年
(21) 藤田宏達『原始浄土思想の研究』五頁　岩波書店　一九七〇年
(22)『浄土三部経』(上)『無量寿経』七五、一五七頁　中村元他訳　岩波文庫
(23) 同右　九八、九九、一一〇、一一六、一一九、一二〇頁
(24)『浄土三部経』(下)『観無量寿経』五〇、四七頁　中村元他訳　岩波文庫
(25) 善導『観経疏』二六七、二八四、二八七、二二八頁『人類の知的遺産一八』講談社
(26) 善導『般舟讃』三三八〜　同右
(27) 中村元『東西文化の交流』一二一頁　春秋社

第三章

(1)『法然・一遍』一七頁　日本思想大系一〇　岩波書店
(2) 源信『往生要集』一九四〜五頁　中央公論社『日本の名著四』以下中公日本の名著とする
(3) 法然『選択本願念仏集』一〇三、一〇一頁　日本思想大系一〇　岩波書店
(4) 同右　一一三頁
(5) 同右　一一五頁

(6) 法然　中公日本の名著五　一六四頁　石上善応氏の現代語訳
(7) 同右　一三六頁
(8) 法然　岩波日本思想大系一〇　一六八、一六九頁　原文は片仮名
(9) 『法然上人のご法語』(二) 二九七頁　浄土宗総合研究所
(10) 岩波日本思想大系一〇　一〇六頁
(11) 『法然上人絵伝』(下) 一三八頁　岩波文庫
(12) 中公日本の名著五　三五七頁　佐藤成順氏の現代語訳
(13) 岩波日本思想大系一〇　一七三頁　原文は片仮名
(14) 中公日本の名著五　二二一～二二三頁
(15) 名島潤慈『夢と浄土教』一七一頁　風間書房
(16) 親鸞　中公日本の名著六　一三一頁　石田瑞磨氏の現代語訳
(17) 親鸞『教行信証』岩波日本思想大系一一　二一、五三、六三頁
(18) 同右　七六、八五、八七頁
(19) 同右　九四頁
(20) 同右　一九一頁
(21) 親鸞　中公日本の名著六　一〇三～〇七頁
(22) 岩波日本思想大系一一　四八頁
(23) 『無量寿経』一六〇～一頁
(24) 今井雅晴『親鸞と浄土真宗』一七九頁　吉川弘文館

（25）中村元『浄土三部経』解説（下）　二四九頁
（26）H. J. Klimkeit "*Gnosis on the Silk Road*" p.18 Harper San Francisco　拙訳
（27）ibid. p.281
（28）ibid. p.125
（29）ibid. pp.101-2
（30）ibid. p.99
（31）M・タルデュー『マニ教』一一〇頁　大貫隆他訳　白水社
（32）同右　五一頁
（33）Klimkeit op. cit. p.259
（34）Klimkeit op. cit. p.87
（35）護雅夫『古代遊牧帝国』一七七頁　中公新書
（36）Klimkeit op. cit. pp.364-5
（37）円仁『入唐求法巡礼行記一』一九一頁　足立喜六訳注　平凡社『東洋文庫』

第四章

（1）『サムエル記』（下）六・一四〜一五
（2）レザー・アスラン『イエス・キリストは実在したのか？』七四頁　白須英子訳　文芸春秋社
　原題は "Zealot"
（3）同右　p.22

（4）同右　p.105
（5）笈川博一『物語エルサレムの歴史』四一頁　中公新書
（6）タキトゥス『同時代史』二七五〜六、二六八頁　国原吉之助　筑摩書房　一九九八年
（7）『フィリポによる福音書』六二頁　大貫隆他訳「ナグ・ハマディ文書II」岩波書店
（8）H・シャンクス他『イエスの弟』九一頁　船渡佳子他訳　松柏社
（9）『使徒行伝』八・三
（10）『コリント人への第一の手紙』一五・五〜八
（11）『ローマ人への手紙』三・二九、六・六、一三・一、一・一八、一六・二〇、三・二六
（12）『コリント人への第一の手紙』四・一六、五・一、五・一二〜一三、九・一一、一五・二八
（13）『コリント人への第二の手紙』一〇・八、一一・五、一一・一四、一一・一八、一一・二一
（14）S・ベンコ編『原始キリスト教の背景としてのローマ帝国』七四頁　新田一郎訳　教文館
（15）同右　三七七頁
（16）オリゲネス『ケルソス駁論』（一）三九、四〇頁　出村みや子訳　教文館
（17）同右　五九、九四、一六二頁
（18）同右　（二）六二、六四、八〇、八五、一九七頁
（19）アウグスティヌス『告白』一一八頁　山田晶訳　中公世界の名著一四
（20）アウグスティヌス『基本書と呼ばれるマニの書簡への駁論』一四一、一六二、一五九頁　岡野昌雄訳　教文館　著作集七
（21）アウグスティヌス『善の本性』一七七頁　岡野昌雄訳　教文館　著作集七

(22)『クレメンスの手紙』七七、八二、八七頁　小河陽訳「使徒教父文書」講談社
(23) W・ミークス『古代都市のキリスト教』二一四、二三三頁　加山久夫訳　ヨルダン社
(24) B・アーマン『キリスト教成立の謎を解く』二三二頁　津守京子訳　柏書房
(25) J・ブルクハルト『コンスタンティヌス大帝の時代』三六〇、四〇九、三八三頁　新井靖一訳　筑摩書房　二〇〇三年
(26) N・ブロックス『古代教会史』九六頁　関川泰寛訳　教文館　一九九九年
(27) B・アーマン前掲書　二八六頁
(28) エウセビオス『コンスタンティヌスの生涯』一六八、一五九頁　秦剛平訳　京都大学学術出版会　二〇〇四年
(29) P・ジョーンズ他『ヨーロッパ異教史』一二〇、一二三頁　山中朝晶訳　東京書籍　二〇〇五年
(30) G・パワーソック『背教者ユリアヌス』一二九、三九、一四三頁　新田一郎訳　思索社　一九八六年
(31) P・ジョーンズ他前掲書　二一九頁
(32) K・アームストロング『神の歴史』一三三、一三九頁　高尾利数訳　柏書房　一九九五年
(33) 松谷健二『東ゴート興亡史』九七頁　白水社　一九九四年
(34) 五十嵐修『地上の夢キリスト教帝国』七三、一四四、一七一頁　講談社　二〇〇一年
(35) ジョーンズ他前掲書　二〇九頁
(36) J・リシャール『十字軍の精神』五九頁　宮松浩憲訳　法政大学出版局　二〇〇四年
(37) J・カール『キリスト教の悲惨』四二頁　高尾利数訳　法政大学出版局　一九七九年

(38) A・マアルーフ『アラブが見た十字軍』八六頁　牟田口義郎他訳　リブロポート　一九八六年
(39) 橋口倫介『十字軍』一一一頁　岩波新書
(40) 原田武『異端カタリ派と転生』一五六頁　人文書院　一九九一年
(41) R・W・ルーイス『アメリカのアダム』九頁　斎藤光訳　研究社　一九七三年
(42) 小倉いずみ『ジョン・コットンとピューリタニズム』五七、七八頁　彩流社　二〇〇四年
(43) A・スミス『選ばれた民』一七七頁　一條都子訳　青木書店　二〇〇七年
(44) B・マック『キリスト教という神話』二一二、二六五頁　松田直成訳　青土社　二〇〇三年

第五章

(1) 蓮如『御文』から一一、二一、二三、二五、四八頁　『続・日本仏教の思想四』岩波書店　一九九五年
(2) 辻川達雄『本願寺と一向一揆』三三頁　誠文堂新光社　一九八六年
(3) 神田千里『一向一揆と真宗信仰』三一一頁　吉川弘文館　一九九一年
(4) 辻川達雄前掲書　三七頁
(5) 蓮如前掲書　一〇八頁
(6) 辻川達雄前掲書　二〇二頁
(7) 神田千里前掲書　二三〇頁
(8) 井上鋭夫『一向一揆の研究』一四三、二五四頁　吉川弘文館　一九八八年
(9) 黒田俊雄『日本中世の国家と宗教』三三七頁　岩波書店　一九七五年

（10）神田千里前掲書　二七七頁
（11）水本邦彦『徳川の国家デザイン』一一六、一二二、一二七頁　「日本の歴史」一〇　小学館　二〇〇八年
（12）『中世政治社会思想』（上）三七九頁　岩波日本思想大系二一　一九七二年
（13）「家訓」からの引用は、桑田忠親編『武士の家訓』（講談社学術文庫）と小沢富夫編『家訓』（講談社学術文庫）による
（14）鈴木正三からの引用は、すべて鈴木鉄心編『鈴木正三道人全集』（山喜房仏書林、一九八八年）による。ページ数は煩雑になるので記さない。正三の考えに興味を持たれた方は、拙著『甦る自由の思想家鈴木正三』を参考していただきたい。
（15）ルター『キリスト者の自由』六七、七七頁　塩谷饒訳　中公世界の名著一八
（16）『二宮翁夜話』二〇九、二一〇頁　児玉幸多氏の現代語訳による。中公日本の名著二六
（17）同右　二六一、二三八頁
（18）山片蟠桃『夢の代』三九八頁　岩波日本思想大系四三　一九七三年
（19）富田高慶『報徳記』一〇八頁　岩波文庫
（20）二宮尊徳全集第一巻　一一三一頁　二宮尊徳偉業宣揚会　一九三一年
（21）『二宮翁夜話』三四九、三四三、三二五頁
（22）尊徳日記　天保三年十二月二日　中公日本の名著二六　五〇八頁
（23）尊徳書簡　文政三年十二月　中公日本の名著二六　四四九頁
（24）『ローマ人への手紙』一六・一七、二〇

(25) J・B・ラッセル『ルシファー・中世の悪魔』二二六頁　野村美紀子訳　教文館　二〇〇〇年
(26) 小田内隆『異端者たちの中世ヨーロッパ』一〇二頁　NHK出版　二〇一〇年
(27) 同右　二八四頁
(28) 渡邊昌美『異端審問』六二頁　講談社現代新書
(29) 小田内隆　前掲書　一六六頁
(30) 上山安敏『魔女とキリスト教』一八二頁　人文書院　一九九三年
(31) 渡邊昌美　前掲書　一八八頁
(32) K・バッシュビッツ『魔女と魔女裁判』二九五頁　川端豊彦他訳　法大出版局　一九七〇年
(33) P・ベール『彗星雑考』二〇九、二七六、二一四、三七四頁　野沢協訳　法大出版局　一九七八年
(34) P・ベール『歴史批評辞典第四巻』七三六、七四一、七四七、七五二頁　野沢協訳　法大出版局
(35) ヴォルテール『哲学書簡』八九、九〇頁　中川信訳　中公世界の名著二九
(36) ヴォルテール『哲学辞典』二五八、二六七、二八〇、二八七、三〇八頁　高橋安光訳
(37) 同右　三一七、三三〇～三五頁
(38) ヴォルテール『カンディード』一八七、一九八、二一二頁　丸山熊雄訳　世界文学大系一六
筑摩書房　一九六〇年
(39) D・ヒューム『自然宗教に関する対話』一六〇、五五頁　福鎌忠恕他訳　法大出版局
(40) D・ヒューム『奇蹟論・迷信論・自殺論』八七、八八頁　同右
(41) D・ヒューム『宗教の自然史』一二、五九、六二頁　福鎌忠恕訳　同右
(42) D・ヒューム『道徳・政治・文学論集』四六六、四七四頁　田中敏弘訳　名古屋大学出版会

二〇一〇年
(43) T・ハーディ『帰郷』小林清一訳　千城　一九九一年
(44) D・ヒューム『人間本性論』三　三四、五二、八〇、九七頁　伊藤俊彦訳　法大出版局　二〇一二年
(45)「アダム・スミスの書簡」前掲『奇蹟論他』一三七頁

第六章

(1) J・M・ケインズ『貨幣論II』一六四頁　長沢惟恭訳　東洋経済新報社　一九八〇年
(2) 鈴木正四『セシル・ローズと南アフリカ』一四四頁　誠文堂新光社　一九八〇年
(3) M・ボー『資本主義の世界史』一六四頁　筆宝康之訳　藤原書店　一九九六年
(4) J・シュンペーター『帝国主義と社会階級』一九、三〇、三九頁　都留重人訳　岩波書店　一九五六年　カッコ内はシュンペーター
(5) 同右　一五九頁
(6) C・ディケンズ『Hard Times』一一九、四四、四七四頁　山村元彦他訳　英宝社　二〇〇〇年
(7) C・ディケンズ『リトル・ドリット』(一) 六二、九四頁 (二) 二三二、二四三頁　小池滋訳　ちくま文庫
(8) 竹内幸雄『自由主義とイギリス帝国』九一頁　ミネルヴァ書房　二〇一一年
(9) 木畑洋一「帝国の残像」二〇三頁　山内昌之他編『帝国とは何か』岩波書店　一九九七年
(10) 加藤祐三『アジアと欧米世界』八八頁　中公世界の歴史二五　一九九八年

(11) 宮崎正勝『鄭和の南海大遠征』一〇四頁　中公新書
(12) J・ホブスン『帝国主義論』(下) 五六頁　矢内原忠雄訳　岩波文庫
(13) 渡辺惣樹『日米衝突の根源』二三一〜二頁　草思社　二〇一一年
(14) 紀平英作他『アメリカ合衆国の膨張』一一五頁　中公世界の歴史二三
(15) B・カミングス「アメリカの戦争のやり方」菅英輝編『アメリカの戦争と世界秩序』七一頁
法大出版局
(16) 同右　六四頁
(17) 同右　七三頁
(18) 渡辺惣樹前掲書　五〇三頁
(19) A・マハン『海上権力論集』七六、一二五、一三三、一三五頁　麻田貞雄編訳　講談社学術文庫
(20) 同右　一五〇、一五六〜五八、一六三、一六五、一七八頁
(21) 渡辺惣樹前掲書　五四八頁
(22) ホーマー・リー『日米必戦論』(上) 一一二頁　望月小太郎訳　原書房　原題は "The Valor of Ignorance" (無知の勇気) 日本語訳は一九一一年刊行で文語体　一九八二年
(23) 同右　(上) 二八、七一〜二頁　(下) 二二、二七、二八、四七、九五、一四六、一〇三頁
(24) 福沢諭吉『文明論之概略』三八、四一、四二、四三頁　現代日本文学大系二　筑摩書房
一九七二年
(25) 福沢諭吉『民情一新』四〜五、二〇、二八、六〇頁　著作集六　慶大出版会　二〇〇三年
(26) 福沢諭吉『通俗民権論』他　一〇九、一一三、一九四、一九六、二五七頁（傍点は筆者）著作集

七　二〇〇三年
(27) 福沢諭吉『時事小言』他　一三一、一三六、二一一、二二二、二三〇、二六二、二六四頁　著作集八　二〇〇三年
(28) 福沢諭吉『時事新報論集』四九一〜二、五〇〇、五一一、五一三、五二八、六七二頁　全集八　岩波書店　一九六〇年
(29) 福沢諭吉『時事新報論集』九一頁　全集一五　一九六一年
(30) 『内村鑑三集』三〇八、三〇九、三一〇、三二一頁（傍点は内村）明治文学全集三九　筑摩書房　一九六七年
(31) 松浦玲『明治の勝海舟とアジア』七九頁　岩波書店　二〇〇五年
(32) 江藤淳・松浦玲編『氷川清話』二六九、三五三、二八〇、二七二頁　講談社学術文庫
(33) 由井正臣・小松裕編『田中正造文集』（一）三六一、三六四頁　岩波文庫
(34) 岩本善治編『海舟座談』一七六頁　岩波文庫
(35) 福沢諭吉『時事論説集』三三、三七頁　全集一六　岩波書店
(36) 陸奥宗光『蹇蹇録』一八〇頁　岩波書店
(37) 横手慎二『日露戦争史』二一、一一五頁　中公新書
(38) 朝日新聞一九〇三・八・一七
(39) 朝河貫一『日本の禍機』一三七、一三八、一八三頁　講談社学術文庫
(40) 『朝河貫一書簡集』二一〇、二二八、二四三頁　早稲田大学出版部　一九九一年
(41) D・ルー『松岡洋右とその時代』一三五、一五〇頁　長谷川進一訳　TBSブリタニカ

一九八一年
(42) 半藤一利『昭和史』二〇五頁　平凡社　二〇〇九年
(43) 朝河書簡集　五三六、五五六頁
(44) D・ルー　前掲書　三一九頁
(45) 半藤一利　前掲書　三六二頁
(46) 朝河貫一　前掲書　二一三頁
(47) 西田幾多郎『善の研究』二〇〇頁　岩波文庫
(48) 西田全集八　一四六、二一一〜二頁　岩波書店
(49) 西田全集九　一八、四八、五〇、五二、五三、三五四頁
(50) 田辺元からの引用は近代日本思想大系二三　一〇〇、一〇二頁　全集九　四頁　筑摩書房
一九六三年
(51) B・A・ヴィクトリア『禅と戦争』八五、五三頁　エィミール・ツジモト訳　光人社
二〇〇一年
(52) 鈴木大拙『日本的霊性』七一、一〇六、一一九頁　全集八　岩波書店　一九九九年
(53) T. Suzuki "Zen and Japanese Culture" p.70,89,94,114,140 Tutle Publishing　拙訳
(54) J・ダワー『容赦なき戦争』一一一頁　猿谷要訳　平凡社　二〇〇一年
(55) J・ブルーノ『傲れる野獣の追放』一八五頁　加藤守通訳　東信堂　二〇一三年

第七章

(1) J・ダワー『敗北を抱きしめて』(下) 一〇~一一頁 三浦陽一他訳 岩波書店 二〇〇四年
(2) 堀真清『近代日本の国家政治』三五三頁 早大出版部 二〇一五年
(3) J・ダワー『容赦なき戦争』一一四頁
(4) 森『漁火』一六頁 昭和三十四年十一月号 名古屋正色青年会
(5) G・ケペル『テロと殉教』八一頁 丸岡高弘訳 産業図書 二〇一〇年
(6) M・ジェイクス『中国が世界をリードするとき』(上) 一一頁 松下幸子訳 NTT出版 二〇一四年
(7) 吉川元忠『円がドルに呑み込まれる日』三四頁 徳間書店
(8) http://stockbondcurrency.blog.fc2.com/blog-entry-37.html
(9)『週刊エコノミスト』二〇一六・三・八号 三六、三七頁 毎日新聞出版
(10) 同右 九〇頁
(11) M・ジェイクス前掲書 (上) 二三五~六頁
(12)『日本経済新聞』二〇一六・一・一六
(13) M・ジェイクス前掲書 (下) 一五六頁
(14)『日本経済新聞』二〇一五・一〇・二九
(15) M・ジェイクス前掲書 (上) 二三四~五頁
(16) 関志雄「新常態に移行した中国経済」『學士会報』二〇一六 第二号 一五頁
(17) 平和・安全保障研究所編『対立深まる南シナ海』一九二頁 朝雲新聞社 二〇一五年

（18）『日本経済新聞』「不思議の国のマイナス金利」二〇一六・二・二三

終着点

（1）千田善『ユーゴ紛争』一七頁　講談社現代新書
R・ドーニャ、J・ファイン『ボスニア・ヘルツェゴヴィナ史』一五四頁　佐原徹哉他訳　恒文社　一九九五年

〈著者紹介〉

森　和朗（もり　かずろう）

昭和 12（1937）年、名古屋市生まれ。
名古屋大学経済学部卒。
NHK で報道番組などを担当。国際局チーフ・ディレクター、日本大学芸術学部文芸学科講師などを経て、現在フリー。
著書としては、『たそがれのキッチュ日本』（かや書房）、『マルクスと悪霊』（勁草書房）、『ドストエフスキー　闇からの啓示』（中央公論社）、『虚仮の島』（近代文芸社）、『仮象の迷界』（D 文学研究会）、『吸金鬼ドルキュラの断末魔』（本の風景社）、『神と科学と無』、『自我と仮象第Ⅰ部』『自我と仮象第Ⅱ部』『自我と仮象第Ⅲ部』、『自由の破局』、『甦る自由の思想家 鈴木正三』、『黄金を食う神』、『漱石の黙示録』（以上鳥影社）、などがある。

東西を繋ぐ白い道
—地球をめぐる思想のドラマ

定価（本体 2200 円 + 税）

乱丁・落丁はお取り替えします。

2017年4月13日初版第1刷印刷
2017年4月19日初版第1刷発行
著　者　森　和朗
発行者　百瀬精一
発行所　鳥影社 (choeisha.com)
〒160-0023 東京都新宿区西新宿3-5-12トーカン新宿7F
電話 03(5948)6470, FAX 03(5948)6471
〒392-0012 長野県諏訪市四賀229-1(本社・ 編集室)
電話 0266(53)2903, FAX 0266(58)6771
印刷・製本　モリモト印刷・高地製本

ISBN978-4-86265-609-4 C0095